지속되는 반복은 결국 나의 것이 된다

나를 바꾸는 챌린지 100

지속되는 반복은 결국 나의 것이 된다
나를 바꾸는 챌린지 100

초판인쇄	2024년 8월 20일
초판발행	2024년 8월 30일
지은이	우상권
발행인	조현수
펴낸곳	도서출판 더로드
기획	조영재
마케팅	최문섭
편집	문영윤
본사	경기도 파주시 광인사길 68, 201-4호(문발동)
물류센터	경기도 파주시 산남동 693-1
전화	031-942-5366
팩스	031-942-5368
이메일	provence70@naver.com
등록번호	제2015-000135호
등록	2015년 6월 18일

정가 19,800원
ISBN 979-11-6338-464-9 (13090)

― 지속되는 반복은 결국 나의 것이 된다 ―
"씨알엠 공식" CR = M(Continuous Repetition = Mine)

CHALLENGE

나를 바꾸는

챌린지

100

우상권 지음

도서
출판 **더로드**
The Road Books

이 책의 저자인 우상권 작가가 몸소 체험한 '나를 바꾸는 프로
그램'인 챌린지 100을 좀 더 많은 사람들에게 알리고자 쓴 책이다.
더불어 챌린지 100 프로그램을 통해서 늘 작심삼일에 그쳤던 계획
들을 실천에 옮기고 그 과정에서 변화되어 가는 자신의 모습을 보
면서 자신감을 회복하고, 단 한 번뿐인 독자들의 삶을 더욱 의미
있고 행복하게 사는 것에 도움을 주고자 하는 목적이 있다. 우선
저자의 소개를 간단히 한다면, 무일푼으로 시작해서 연 매출 100
억을 달성하는 브랜드 판매 대리점을 운영하는 회사의 CEO이자
조직의 리더이다. 수많은 시행착오를 통해서 팀원들의 개인 성장을
위한 여러 문화를 만드는 과정에서 '챌린지 100'이라는 프로그램을
만들게 되었다. 챌린지 100은 실패율이 가장 낮은 획기적인 습관
만들기 프로그램이다. 인간이라면 누구나 좋은 습관을 만들고 싶
어 한다. 하지만 작심삼일의 한계에 부딪혀 늘 과거의 모습에서 벗
어나지 못하는 삶을 살게 된다. "습관이 사람을 만든다." 이 말은

누구나 공감하고 이미 알고 있는 말이지만, 누구나 쉽게 그 습관을 만들지는 못한다. 인간은 누구나 관성의 법칙을 따르게 된다. 관성의 법칙이란 외부에서 힘이 가해지지 않는 한 모든 물체는 자기의 상태를 그대로 유지하려고 하는 것을 말한다. 우리의 행동 또한 관성의 법칙을 그대로 따른다.

누구나 의도적으로 새로운 습관을 만들지 않으면 어제의 모습대로 오늘을 산다. 즉, 과거와 똑같은 패턴으로 삶을 반복하며 살아간다. 챌린지 100은 원치 않은 습관의 울타리에 구속되는 삶이 아니라, 챌린지 100 프로그램으로 스스로가 원하는 습관을 만들고, 이것을 통해서 원하는 자신의 모습으로 변화되어 가는 것을 체험할 수 있는 이 시대의 가장 획기적인 자기혁신 프로그램이다. 챌린지 100 프로그램을 삶에 적용을 시키면 "살던 나로 사는 것이 아니라 살고 싶은 나로 살게 될 것이다." 챌린지 100이라는 것은 말 그대로 자신이 도전하고 싶은 행동습관을 100번 반복하는 프로그램을 말한다. 여태껏 수많은 습관 만들기의 프로그램이나 책들이 출간되었지만, 챌린지 100 프로그램만큼이나 성공률을 높일 수 있는 단순하고 획기적인 방법으로 알려주는 프로그램이나 책은 없었다. 나를 바꾸는 챌린지 100을 통해서 스스로 바뀌고 싶거나, 짧은 시간 동안 반복 프로그램을 통해서 무언가를 얻고 싶은 것이 있다면 지금 당장 실행해보라. 지금부터 여러분을 바꿔줄 챌린지 100을 공개한다. 그리고 실행방법에 대해서 구체적으로 공개한다. 늘 실패만 경험하였거나, 과거의 자신의 모습이 한탄스럽기만 하거나, 이제는 바뀌고 싶은데 말에만 그친 사람이 있다면 《나를 바꾸는 챌린지 100》이라는 책 한 권이 독자들의 삶에 강력한 터닝포인트가 되어줄 거라 확신한다. 삶의 변화를 꿈꾸는 독자라면 두 번의 정독을 꼭 해보기를 바란다. 인간에게는 태어날 때부터 주어진 권리가 있다. 단 한 번뿐인 인생을 의미 있고 행복하게 살 권리다. 가장 의미 있고 행복하게 산다는 것을 이 책에서는 "내가 원하는 나의 모습으로 살아가는 것"으로 정의한다. 내가 바뀌지 않으면 내가 숨 쉬는 세상 또한 바뀌지 않는다. 내가 원하는 나의 모습으로 살기 위해서는 우선 내가 바뀌어야 한다. 나를 바꿔주는 것은 오직 나의 습관뿐이다. 습관은 오직 수많은 반복을 통해서만 만들어진다. 습관이 만들어지면 스스로 의식하지 않아도 우리는 그 행동습관을 반복하게 되고, 자신이 만든 그 습관을 통해 자신의 삶이 바뀌게 된다. 진정 내가 원하는 모습으로 나를 바꿔줄 챌린지 100을 실행할 준비가 되어있는가?

그럼 지금부터 당신이 진정으로 바꾸고 싶은 나의 모습을 상상해보라. 그리고 지금부터 그 모습만 생각하며 챌린지 100의 여행을 시작해보자!

프롤로그 • 4

제1부 외면 바꾸기

제1장 나는 진정 어떠한 삶을 원하는가?

1. 정체성 ··· 18
2. 내가 원하는 삶은 무엇인가? ······························· 24
3. 내가 원하는 나의 모습을 분명하게 정해보자 ·············· 27
4. 나를 바꾸기 전 알아야 할 3가지 ·························· 31
5. 반복의 힘은 무엇인가? ······································· 34
6. 챌린지 100은 능력이 아니라 시스템이다 ··············· 37
7. 팀, 목표, 보상, 패널티, 결과나눔 ························· 40
8. 실행의 힘 ··· 45
9. 스스로에게 주는 최고의 선물 ······························ 49
10. 우리의 뇌 ·· 56

제2장 나를 어떻게 바꿀 것인가?

1. 나는 왜 변해야 하는가? ····································· 60
2. 과거, 현재 그리고 미래 ······································ 65
3. 빼기 ·· 68

4. 더하기 ·· 71

5. 농도 ·· 80

6. 나의 부모님, 그리고 지나고 보니 나도 부모님 ·················· 83

7. 자율과 의무의 합작품 ····································· 87

8. 위기의식 ·· 90

9. 달라질 거라는 믿음 ······································· 94

10. 변해야 할 것, 변질되면 안 되는 것 ························· 96

제3장 바뀐 나로 무엇을 또다시 바꿔갈 것인가?

1. 챌린지 100은 나비효과를 만든다 ························· 104

2. 세상 바꾸기 ··· 108

3. 문화의 힘 ··· 111

4. 성장 ·· 115

5. 영향력(influence) ·· 120

6. 변화는 옳다 ··· 123

7. 희망을 파는 상인 ·· 126

8. 좋은 멘탈 vs 현실감각 ··································· 129

9. 책임(responsibility) ······································ 133

10. 자기유전 ··· 136

11. 부담 활용법 ·· 138

제4장 완전히 다른 나로 살아가는 법

1. 착각 ·· 144

2. 환상 ·· 146

3. 개척하는 삶이란 ··· 149

4. 두려움과 설렘의 차이 ···································· 152

5. 인간의 세 가지 욕구 ‥‥‥‥‥‥‥‥‥‥‥‥ 155

6. 내가 만든 프레임에서 벗어나다 ‥‥‥‥‥‥‥ 158

7. 진정한 자유 ‥‥‥‥‥‥‥‥‥‥‥‥‥‥‥ 161

8. 정상에 오르기 위해 꼭 필요한 준비물 ‥‥‥‥‥ 165

9. 챌린지 100이 나에게 주는 선물 ‥‥‥‥‥‥‥ 168

제5장 실천

1. 나만의 챌린지 100 달력 만들기 ‥‥‥‥‥‥‥ 172

2. 챌린저 100 그룹 만들기 ‥‥‥‥‥‥‥‥‥‥ 175

3. 달성 여부 공개 그리고 공유하기 ‥‥‥‥‥‥‥ 178

4. 서로 함께 체크해주기 ‥‥‥‥‥‥‥‥‥‥‥ 180

5. 챌린지 100 스토리북 만들기 ‥‥‥‥‥‥‥‥ 182

6. 다음 실천 목록 정하기 ‥‥‥‥‥‥‥‥‥‥‥ 184

7. 챌린지 100으로 얻은 삶의 영향 나누기 ‥‥‥‥ 186

8. 스스로에게 보상하기 ‥‥‥‥‥‥‥‥‥‥‥ 188

9. 나의 챌린지 소문내기 ‥‥‥‥‥‥‥‥‥‥‥ 190

10. 나의 일과에는 챌린지 100이 포함된다 ‥‥‥‥ 192

제6장 독자들의 의무

1. 도전. 그리고 나눔 실천하기 ‥‥‥‥‥‥‥‥‥ 196

2. 코이노니아 만들기 ‥‥‥‥‥‥‥‥‥‥‥‥ 199

3. 동행하기 ‥‥‥‥‥‥‥‥‥‥‥‥‥‥‥‥ 201

4. 나의 반응 그리고 주변의 반응 체크하기 ‥‥‥‥ 203

5. 챌린지 100 전염운동 동참하기 ‥‥‥‥‥‥‥ 205

6. 챌린지 100 여행하기 ‥‥‥‥‥‥‥‥‥‥‥ 207

7. 내 안의 잠든 거인 깨우기 ························· 209

8. 나를 강하게 만드는 챌린지 100 경험하기 ············· 212

9. 나를 더욱 좋은 사람으로 만드는 챌린지 100 공유하기 ·········· 214

제7장 진정한 변화의 완성

1. 챌린지 100의 진정한 목적 ························· 218

2. "씨알엠 공식" CR = M(Continuous Repetition=Mine) ········· 220

3. 스스로가 정한 결과 피드백과 주변 피드백을 기록으로 남기기 ····· 222

4. 나에 대한 끊임없는 탐구 ·························· 224

5. 주변에 대한 감사는 곧 응원과 책임감을 불러온다 ············· 227

6. 챌린지 100으로 진화되는 나 ······················· 230

7. 무한 가능성을 지닌 나, 그리고 끊임없이 도움을 주는 나의 신 ····· 232

제2부 내면 바꾸기

제1장 보이지 않는 것이 보이는 것을 지배한다

1. 운칠기삼 ······································· 238

2. 보이는 세상보다 보이지 않는 세상이 더 크다 ·············· 242

3. RAS와 챌린지 100의 만남 ························· 244

4. 가치가 높은 것은 눈에 보이지 않는다 ·················· 247

5. 삶의 태도 ······································ 249

6. 지성, 인성, 영성 ································· 253

제2장 관계십

1. 인간의 이해 ·· 256
2. 겸손 ·· 259
3. 액션과 리액션 ·· 262
4. 말의 태도 ··· 265
5. 사과와 용서 ·· 267
6. 신뢰 ·· 272
7. 감사 ·· 276
8. 정화 ·· 279
9. 쉼표와 마침표 활용법 ·· 281
10. 나 자신과의 관계 ·· 284

제3장 동기 부여

1. 내적 동기부여 vs 외적 동기부여 ···························· 288
2. 호기심 관리 ·· 291
3. 목표의식 ··· 294
4. 인정 ·· 297
5. 피드백 ··· 300
6. 미래 상상하기 ·· 303
7. 결핍 에너지의 역이용 ·· 306

제4장 삶의 흑과 백은 늘 동반된다

1. 인간의 양면성 ·· 312
2. 상황의 양면성 ·· 315
3. 위기 대처법 ·· 318

4. 기회 활용법 ·· 321

5. 인생은 굴곡과 패턴의 연속이다 ················ 324

6. 옳은 방식이 어둠을 밝힌다 ···················· 328

7. 감사의 흑과 백 ···································· 331

제5장 인내의 정석

1. 절제 성공학 ······································· 334

2. 인내가 성공을 완성시킨다 ···················· 337

3. 시간의 힘 ·· 340

4. 반복의 힘 ·· 343

5. 포기하기에는 내일이 적합하다 ················ 347

6. 참는 것도 경쟁력이다 ·························· 351

7. 세 가지 보람 ······································ 355

제6장 사람을 바꾸는 일

1. 존중과 배려 ······································· 360

2. 공감 ··· 363

3. 유익함과 편리함을 제공 ························ 366

4. 설득에는 신뢰가 바탕이 되어야 한다 ·········· 370

5. 청사진 ··· 373

6. 시스템 심어주기 ································· 376

7. 누군가의 멘토가 되어주라 ···················· 379

제7장 좋은 기운 만들기

1. 신앙 ··· 384

2. 덕을 쌓으면 삶의 기운이 좋아진다 ···················· 387

3. 인간의 네 가지 부류 ······························· 392

4. 웃음, 박수, 감사 ································· 395

5. 올바른 과정이 올바른 미래를 만든다 ··················· 399

6. 운의 경영법 ································· 402

7. 복의 통로는 부모님 ·························· 405

제3부 나를 바꾸는 데 걸림돌이 되는 것들

1. 손해의식과 피해의식 ···························· 410

2. 불평불만 ································· 414

3. 오래된 습관 ······························· 417

4. 자만 ··································· 421

5. 되면 한다 ································· 423

6. 고정형 마인드셋 ···························· 426

7. 게으름 ································· 429

8. 포기 ··································· 432

9. 우유부단 ································ 435

10. 편안함 ································· 439

■ 챌린지 메뉴판 ····························· 442

■ 나를 바꾸는 챌린지 100 챌린저 후기 ················ 454

제1부

- - - - -

외면 바꾸기

제1장

나는 진정 어떠한 삶을 원하는가?

정체성

질문:

나는 누구인가?

나는 무엇을 좋아하는가?

나는 무엇을 위해 열심히 살아가는가?

나에게는 지금 어떠한 변화가 필요한가?

누구나 단 한 번뿐인 인생을 의미 있고 행복하게 살기를 원한다. 그럼 의미 있고 행복한 인생이란 무엇인가? 그것은 분명 내가 원하는 삶을 살아가는 것을 말한다. 그럼 내가 원하는 삶이란 무엇인가? 우리의 행복에 영향을 주는 3대 요소는 경제적 풍요로움, 넉넉한 자기 시간, 주변 사람들과의 좋은 관계라고 한다. 건강은 너무나 당연한 것이라서 제외하고 이야기하면 돈, 시간, 관계가 우리의 행복에 영향을 주는 3대 요소라고 한다. 하지만 필자는 이것이 과연 행복에 절대적인 영향을 주는지 의문이 생겨났고, 그래서 좀 더 확실한 답을 찾고 싶었다. 돈이 아무리 많은 슈퍼리치들 또한 그들만의 우울감이 있을 것이다. 필자는 가난한 삶도 살아봤고, 슈퍼리치는 아니지만 부유한 삶 또한 경험해보았다. 경제적인 부는 물론 삶의 편리함을 제공해주는 것은 확실하다. 하지만 경제적인 부가 나의 행복에 절대적 조건은 아니었다. 두 번째 시간은 나를 더욱 자유롭게 한다. 하지만 이 또한 나의 행복에 절대적인 요소는 아니다. 40~50년 직장생활을 하며 은퇴만을 기다렸던 우리 부모님 세대는 막상 은퇴시기가 다가왔을 때 그들만의 불안감이 찾아왔다고 한다. 우리는 무언가에 소속되고 스스로가 중요한 사람으로 느껴질 때 행복감을 느낀다. 시간의 자유가 절대적으로 행복을 보장해주지는 못한다. 세 번째 관계는 어떠한가? 우리가 그들로부터 힘을 얻기도 하지만 상처를 받기도 한다. 헤어져서 상실감에 빠지기도 하고, 다툼이나 괜한 오해들로 상처를 받기도 한다. 결국 우리의 행복은 우리 자신에게서부터 찾아야 한다는 것이 필자의 절대적인 생각이다. 우리가 원하는 삶을 산다는 것은 어쩌면 우리가 원하는 자신의 모습으로 삶을 살아가는 것일지도 모른다. 그래서 우리는 스스로를 먼저 알아가는 것이 행복한 삶을 살기 위한 첫 번째 준비 작업이 된다. 이에 해답을 찾기 위해서는 '나는 누구인가?'를 스스로 물어보는 것이 첫 번째 물음이 되어야 한다.

첫 번째 질문: 나는 누구인가?

나는 대한민국에서 태어나 42살로 살아가는 남자이다. 좋다. 이렇게 단순하지만, 사실을 근거로 적는 것도 좋다. 적어보자.

나는 _____ 이다.

두 번째 질문: 나는 무엇을 좋아하는가?

나는 사람들과 대화하는 것을 좋아하고, 운동은 농구와 골프를 좋아하고, 음식은 치킨과 고기를 좋아하고, 커피는 아이스 아메리카노를 좋아한다. 가끔씩 미래계획을 짜는 것도 좋아하고, 호기심 있는 것을 실행에 옮기는 것도 좋아한다. 이렇게 스스로가 좋아하는 것들을 솔직하게 나열해보자.

나는 _____

_____

_____

_____

_____

세 번째 질문: 나는 무엇을 위해 열심히 살아가는가?

우리는 열심히 살아야 하는 것은 알지만 진정 무엇을 위해 열심히 살아가야 하는지 분명한 이유를 못 찾은 채 의무적인 열심을 쫓아가며 살아간다.

나는 나의 꿈과 목표를 위해 열심히 살아간다.

나는 나의 가족의 평온을 위해 열심히 살아간다.

나는 집안의 가장으로서 부끄럽지 않은 삶을 살기 위해 살아간다.

나는 후회를 남기지 않기 위해 열심히 살아간다.

나는 한 번뿐인 인생임을 알기에 지금의 순간에 최선을 다해 열심히 살아간다.

나는 부모님께 자랑스러운 아들이 되기 위해 열심히 살아간다.

나는 나 스스로 뿌듯한 나의 족적을 남기기 위해 열심히 살아간다.

이렇게 내가 지금 열심히 살아야 하는 분명한 이유를 생각나는 대로 나열해보자.

나는 _____

_____

나는 _____

_____

나는 _____

_____

나는 _____

_____

나는 _____

_____

마지막 질문: 나에게는 지금 어떠한 변화가 필요한가?

앞서 '내가 누구인지?', '나는 무엇을 좋아하는지?', '나는 왜 열심히 살아야 하는지?'를 적었다면, 지금 나에게 필요한 변화는 무엇인지를 적어보자.

나에게 지금 필요한 변화는 챌린지 100을 통해서 수많은 사람들에게 삶의 희망과 용기를 주는 것이다.

이렇게 나에게 지금 어떠한 변화가 필요한지를 적어보자.

나에게 지금 필요한 변화는 _____
_____
_____ 이다.

지금까지 우리는 '나는 누구인지?', '나는 무엇을 좋아하는지?', '나는 무엇을 위해서 열심히 살아야 하는지?', '나에게는 지금 어떠한 변화가 필요한지?'를 스스로 적어보았다. 이 4가지의 질문만으로도 스스로를 탐구하는 데 있어서 충분한 자료가 되었다고 확신한다.

나를 알기 위한 핵심 질문 4가지

1) 나는 누구인가?

2) 나는 무엇을 좋아하는가?

3) 나는 무엇을 위해 열심히 살아가는가?

4) 나에게 지금 필요한 변화는 무엇인가?

나에 대해 충분히 알게 되었으니, 이제는 내가 어떠한 삶을 살기 원하는지를 탐구해보자.

내가 원하는 삶은 무엇인가?

내가 원하는 삶은 무엇인가? 누구나 자신이 원하는 삶을 살고 싶지만, 진정 내가 원하는 삶이 무엇인지는 알지 못한다.

내가 원하는 삶은 자유롭고 풍요로우며, 선한 영향력을 줄 수 있는 삶을 살고 싶다. 이렇게 자신이 원하는 삶은 어떠한 삶인지를 적어보자.

내가 원하는 삶은 _____

_____

_____

_____ 이다.

우리의 삶은 스스로가 원하는 삶을 살아야 한다. 하지만 대부분의 사람들은 그렇게 살 수 없다고 믿고 스스로가 원하는 삶도 모른 채 그저 환경에 이끌리는 데로 살아간다. 자유는 인간이 누리는 권리 중 가장 소중한 가치이념이다. 누구나 스스로가 원하는 삶을 살 수 있다. 다만 그 방법을 모르기 때문에 자유롭게 살지 못하는 것이다. 내가 원하는 삶을 살기 위해서는 우선 내가 원하는 모습을 분명하게 정하고, 그다음 내가 정한 모습대로 스스로를 변화시키는 힘을 가지는 것이 가장 중요하다.

2000년대 초반까지만 해도 지식이 가장 중요한 시대라고 믿고 살았다. 모든 성공의 기준이 IQ(intelligence quotient)지수의 기준으로 똑똑한지를 판단하고 성공지수로 여기며 살아왔다. 하지만 시간이 흘러 2010년 이후에는 새로운 성공의 기준이 생겨났다. IQ 시대에서 EQ(emotional quotient) 시대로 바뀐 것이다. 즉, 지능지수에서 감성지수로 성공의 기준이 바뀐 것이다. 감성지수는 지능지수(IQ)와 대조되는 개념으로, 자신의 감정을 적절히 조절, 원만한 인간관계를 구축할 수 있는 "마음의 지능지수"를 뜻한다. 즉, 자신의 감정을 잘 조절하고 주변 사람들과 공감을 잘하는 사람이 성공하는 삶에 더욱 유리하다고 여기기 시작했다. 하지만 그것도 잠시, 또 시간이 흘러 2020년대 이후로는 CQ(change quotient) 시대가 열린 것이다. 즉, 변화지수가 높을수록 성공하는 삶에 더욱 유리하다는 것이다. 그렇다. 지금은 무한경쟁 시대가 아니라 무한 변화시대이다. 즉, 남들보다 잘하는 것도 중요하지만 남들보다 빠르게 스스로를 변화할 수 있는 사람이 성공하는 시대가 열린 것이다. 나의 모습이 삶에 유리해질 때까지 기다리는 삶이 아니라 삶에 유리해지는 나의 모습으로 내가 빠르게 변화하는 것이 중요하다. 그럼 나를 어떠한 방법으로 바꿀 것인가? 나를 변화시켜 줄 확실한 방법만 알 수 있다면 누구나 당장에 실천하고 싶은데, 그 방법을 상세히 알려주는 곳은 어디에도 없었다. 하지만 실망은 잠시 접어두고 희망을 기대해도 좋다. 이 책을 읽는 독자라면 누구나 스스로를 변화시켜 줄 확실한 방법을 알게 될 것이다.

진정한 행복은 내가 원하는 삶을 사는 것이다. 내가 원하는 삶을 산다는 것은 내가 원하는 나의 모습을 분명하게 정하고, 정해놓은 나의 모습으로 지금의 나를 바꿔 가는 것이다. 결국 나를 바꾸면 나의 삶이 행복해진다.

내가 원하는 나의 모습을 분명하게 정해보자

누구에게나 내가 원하는 나의 모습이 있다. 하지만 자신을 변화시키는 방법을 모르거나 알아도 쉽게 포기해버리는 경우가 많다. 우리는 우리 스스로를 변화시키기에 앞서 내가 원하는 나의 모습을 설정하는 것이 우선시 되어야 한다. 필자의 경우 내가 원하는 나의 모습은 늘 자기계발을 하는 리더가 되어 내가 리드하고 있는 멤버들 개개인이 성장할 수 있는 방법을 제시하고 문화를 만들어 가는 것이다. 이렇게 내가 원하는 나의 모습을 적어보자.

내가 원하는 나의 모습은 _____

_____

_____

_____이다.

우리는 스스로가 마음에 들지 않을 때가 참 많다. 때로는 누구처럼 시원시원하게 일 처리를 하고 싶고, 싫은 소리라도 솔직하고 용감하게 말하고 싶고, 때로는 진심으로 고마운 사람에게 고맙다고 용기 내어 이야기하고 싶은데 소심한 성격 때문에, 낯을 가려서, 혹시나 관계가 나빠질까 봐 머뭇거리다 시간을 보내기만 한 적이 참 많다. 또한 꾸준한 자기계발로 자신이 하고 있는 일에 있어서 끊임없이 스스로를 성장시키고 싶은데 말처럼 쉽지가 않다. 영어단어를 외우고, 독서를 꾸준히 하고, 운동도 꾸준히 하고 싶은데 늘 계획만 짜놓고 작심삼일에 그친다. 그러고는 "나는 의지가 약해서 안 돼."라고 비관하며 자존감이 떨어진 채 살아간다. 그렇다면 내가 원하는 모습으로 변화시키는 데 있어서 정말 획기적인 방법은 없을까? 이 책의 제목이 말해주듯이 바로 챌린지 100이 여러분을 변화시켜 줄 것이라 확신한다.

챌린지 100은 자신이 반복하고자 하는 행동을 설정하고 그것을 100번 반복하는 것이다. 누구나 쉽게 도전할 수 있고, 누구나 성공할 수 있다.우리의 뇌는 21일 동안 똑같은 시간에 똑같은 행동을 반복하면, 그 행동을 완전히 기억하게 된다. 마치 알람처럼 기억된 시간이 되면 우리의 몸이 반응을 한다. 이것을 우리는 습관 프로그래밍이라고 한다. 보통 우리 몸에 저장되는 습관은 21일 동안의 반복으로 형성된다. 이것은 우리의 생각이나 행동이 의심, 고정

관념을 담당하는 대뇌피질과 두려움, 불안을 담당하는 대뇌변연계
를 거쳐 습관을 관장하는 뇌간까지 가는 데 걸리는 시간이 21일이
라고 한다. 이처럼 뇌가 새로운 행동에 익숙해지는 데 걸리는 최소
한의 시간을 21일로 보는 이유이다. 챌린지 100에서 100번을 반복
하는 행동의 양은 보통 습관이 형성되는 21일에 곱하기 5번을 반
복하는 양과 같다. 챌린지 100 프로그램은 반복된 행동을 더욱 완
벽하게 우리 뇌와 몸속에 기억시키는 프로그램이다. 필자는 일찍부
터 의류브랜드 사업을 하다 보니 아들과 함께 놀아주는 시간이 거
의 없었다. 열심히 목표를 향해 달려가는 것에 성취감도 있었지만,
한편으로는 아들에게 늘 못난 아빠로 살아가는 것 같아서 마음 한
구석에는 미안한 마음이 커져만 갔다. 챌린지 100이라는 프로그램
을 만들고 가장 먼저 실행한 것이 아들에게 100일 동안 하루 편지
1통씩 쓰기였다. 결과는 물론 성공이었다. 하루도 빠지지 않고 100
일간 그동안 아빠가 아들에게 너무나 해주고 싶었던 이야기와 사랑
표현을 100통의 편지를 통해 전달했다. 아들은 단단한 파일철에다
100통의 편지를 담아두고 평생 간직할 것이라며 좋아했다. 챌린지
100을 통해서 다소 서먹했던 14살의 사춘기 아들과 관계도 회복
되었다. 이제 아들은 농담도 하고, 때때로 속내도 꺼내서 아빠에게
대화신청을 한다. 이 모든 것이 챌린지 100이라는 프로그램이 없었
다면 불가능했을 것이다. 챌린지 100은 단순히 정해진 행동을 100
일 동안 100번 반복하는 것이다. 정말이지 누구나 쉽게 도전할 수
있다. 지금까지는 독자들이 '말은 쉽지...'라는 의심과 푸념을 할 수

도 있다. 조금만 더 기다려보라. 챌린지 100이라는 프로그램이 왜 그 성공률이 높은지를 알려주겠다.

> ### 📋 핵심요약 ────────
>
> 챌린지 100 프로그램은 자신이 정한 행동을 100일 동안 100번 반복하는 것이다. 단순히 습관을 만드는 것이 목적이 아니라 100번의 반복을 통해서 나 자신을 바꾸는 것이 주된 목적이다.

나를 바꾸기 전 알아야 할 3가지

앞 장에서 우리는 내가 원하는 나의 모습을 적어보았다. 그럼 내가 원하는 나의 모습으로 바꿀 수 있는 방법은 무엇인지 생각해 보자.

우리는 평생을 나 자신과 뗄 레야 뗄 수가 없는 관계로 살아간다. 심지어 가족조차도 언젠가 헤어진다. 살면서 영원히 함께하는 존재는 나 자신뿐이다. 우리는 이것을 망각한 채 자기 자신을 제대로 가꾸지 못하고 주변 사람들에게만 신경과 에너지를 쏟아부으며 살아간다. 기억하자. 우리 자신은 그 누구와도 대체 될 수 없으며, 평생을 함께하는 유일한 존재라는 것을...

그렇다면 우리가 원하지 않는 못난 모습으로 평생을 함께한다면 이것 또한 지옥을 살아가는 것과 같을 것이다. 반대로 우리가 원하는 모습으로 스스로를 변화시키고 그 모습으로 살아갈 수만 있다면 하루하루가 너무나 흥미롭고 행복한 삶을 살게 될 것이다. 나를 바꾸기 전에 알아야 할 3가지가 있다.

첫 번째, 한 번에 모든 것을 변화시킨다는 생각을 내려놓자. 차근차근 바꿔나가면 된다.

두 번째, 내가 변화시키고 싶은 목록을 설정하자. 그 목록은 구체적일수록 좋다. 그리고 그 목록대로 하나씩 챌린지 100을 통해서 변화시켜 나가자.

세 번째, 주변 사람들에게 변화의 목록을 공개하고 공유하는 것이다. 공개와 공유의 힘은 크다. 주변 사람들에게 자신의 목록을 공개하고 공유하면 우선 스스로 달성하고자 하는 책임감이 생긴다. 달성하지 못하면 자존심이 구겨질 것을 알기 때문이다. 때로는 자신의 자존심을 걸고 도전하는 것이 실천력을 극대화할 때가 많다. 그리고 자신의 목록을 공개하고 공유하면 그것을 알게 된 주변 사람들이 그것을 달성할 수 있게 도움을 준다거나 응원을 해주게 된다. 주변의 도움과 응원은 혼자의 힘으로만 달성하는 것보다 훨씬 큰 성공 확률을 만들어 준다.

위에서 말한 것처럼 내가 원하는 나의 모습으로 나를 바꾸는 방법은 한 번에 모든 것을 바꿀 수 없다는 것을 인정하는 것, 바꾸고자 하는 행동 목록을 구체적으로 설정하여 나열하고, 챌린지 100 프로그램을 실천하는 것, 마지막으로 주변 사람들에게 그 실천목록을 공개하고 공유하는 것이다.

나를 바꾸기 전 알아야 할 3가지

1) 한 번에 모든 것을 바꿀 수 없다.
2) 나를 변화시키고 싶은 목록을 구체적으로 정한다.
3) 구체적 목록을 주변 사람들에게 공개하고 공유한다.

이렇게 우리는 내가 원하는 모습으로 나를 바꾸는 방법에 대해서 알아보았다. 다음 장에서는 챌린지 100의 기본원리인 반복에 대해서 알아볼 것이다.

반복의 힘은 무엇인가?

반복. 우리의 삶에는 반복을 빼고는 설명하기 힘들 정도의 패턴으로 반복을 하며 살아간다. 이것은 누구에게도 예외는 아닐 것이다. 인간이라면 누구에게나 자신의 삶의 패턴이 있고 그것을 반복하며 살아간다. 모든 우주 만물과 자연에도 사이클이 있고, 패턴이 있어서 그것을 끊임없이 반복한다. 그렇다면 우리는 왜 이 같은 패턴으로 반복을 하며 살아가는 것일까? 반복에 가장 큰 영향을 주는 것은 관성을 따르기 때문이라고 일부 심리학자나 뇌과학자들은 말한다. 관성이란 물체가 밖의 힘을 받지 않는 한 정지 또는 등속도 운동의 상태를 지속하려는 성질을 말한다. 즉, 과거의 운동 방향대로 유지하려는 힘이 강하다. 여기서 특별한 외부의 저항이나 자극이 없으면 패턴을 이루게 되고, 일정 사이클을 유지하며 끊임없이 반복하게 된다. 우리의 행동 패턴도 관성을 분명히 따르게 된다. 새로운 행동의 변화나 의식적인 다른 패턴을 실천하지 않으면 늘 똑같은 패턴으로 사이클을 형성해 그것을 끊임없이 반복하며 살 것이다. 즉, 어제의 나로 또다시 오늘을 살게 된다. 반복에 대해서 알아봤다면 이제는 힘에 대해서 알아보자. f=ma, 물리적인 힘을 말하는 f(force)=m(mass)×a(acceleration)이다. 즉, f의 값을 높이기 위해서는 질량과 가속도의 크기를 높여야 한다. 대부분의 질량은 비슷하거나 일정하다고 보았을 때, 우리가 f의 값을 높이기 위해서는 가속도를 높여야 한다.

가속도 a=m/s2를 말한다. 우리는 여기서 가속도를 높이기 위해서는 시간이라는 자원이 절대적으로 필요하게 된다. 필자가 말하고 싶은 것은 과학적 논리를 논하자는 것이 아니다. 시간을 말하고 싶은 것이다. 정리해보면 힘은 질량과 속도에 비례한다. 질량이 높을수록, 속도가 빨라질수록 힘은 강해진다. 질량을 우리의 몸으로 본다면 거의 변함이 없다. 그렇다면 우리는 가속도에 관심을 가져야 한다. 그중 시간에 관심을 가져야 한다. **결론은 우리가 어떠한 힘을 발휘하기 위해서는 반복과 시간이 필요하다는 것이다.** 반복과 시간으로 힘을 만들어 내고 관성의 법칙에 의해서 그 힘을 계속해서 사용할 수가 있다는 것이다. 이것이 챌린지 100의 원리다. 반복과 시간을 통해서 자신만의 일정 패턴과 사이클을 만들어서 끊임없이 반복하게 하는 힘을 기르는 것이다. 그 패턴과 사이클은 100번의 반복과 100일의 시간이 만든 합작품이 되는 것이다. 이제 챌린지 100의 원리와 힘을 조금씩 이해하게 되었을 것이다.

그렇다면 다음 장에서는 챌린지 100은 나의 능력이나 의지가 아니라 시스템이라는 것을 알게 될 것이다. 능력은 사람마다 다를 수 있지만, 시스템은 누구에게나 적용될 수가 있다. 그럼 다음 장에서 세상에서 가장 손쉬운 챌린지 100의 시스템에 대해서 알아보자.

6

챌린지 100은 능력이 아니라 시스템이다

챌린지 100은 특별한 능력이나 지독한 끈기가 있어야만 할 수 있는 것이 아니다. 누구나 도전할 수 있고, 누구나 챌린지 100을 성공할 수가 있다. 그 이유는, 챌린지 100은 우리의 무리한 힘이나 감정으로 하는 것이 아니라 시스템으로 하는 것이기 때문이다. 그럼 시스템이란 무엇인가? 시스템이란 기능을 실현하기 위하여 관련 요소를 어떤 법칙에 따라 조합한 집합체나 체계를 말한다. 또한 그 조직이나 집단 사이에 서로 간에 합의에서 이루어진 약속이나 규칙을 말한다. 조금 내용이 어렵게 느껴질 수 있지만, 우리는 시스템에 대한 분명한 이해가 있어야만 챌린지 100의 시스템에 대해서 이해를 할 수가 있다. 시스템에 대해서 좀 더 쉽게 설명을 한다면, 친구와 약속을 한다고 하자. 그 약속에는 장소와 날짜, 시간이 있을 것이다. 여기서 약속이라는 시스템이 완성되려면 약속시간을 어겼을 경우 서로 간의 적용되는 패널티가 포함되어야 한다. 즉, 올바른 시스템에는 반드시 패널티가 포함되어야 한다. 예를 들어 친구와 약속을 했는데 친구가 30분이나 늦게 도착했다고 상상해보자. 30분이나 마냥 기다린 친구는 화가 나 있을 것이고, 친구에 대한 신뢰감 또한 느끼지 못하게 된다. 이처럼 불필요한 감정이 소비가 된다. 하지만 늦을 경우 밥을 사는 패널티를 서로가 정했다면, 그 친구는 평소 약속에 자주 늦게 나타나는 친구라고 할지라도 약속시간을 지키기 위해서 의식적으로 노력할 것이다. 만일에 그 약속시간을 맞추지 못하고 늦게 왔다면 밥을 사야 하는 규칙이 있기 때문이다. 인간은 자신의 이익보다 손해 보는 것에 더욱 예민해지기 때문에 행동력이 자극된다. 상대 또한 30분이라는 시간을 기다린 것에 감정이 나빠지는 것이 최소한으로 줄어들게 된다. 이유는 상대의 밥 사기 패널티가 자신에게는 공짜 밥이라는 보상이 주어지기 때문이다. 이렇듯 올바른 시스템에는 반드시 서로 간에 합의된 규칙이 있어야 하고, 그 규칙 속에는 패널티 또한 포함되어야 한다. 챌린지 100 또한 위에서 설명한 올바른 시스템에 따른다. 챌린지 100을 수행하는 대부분의 챌린저들이 90% 이상의 수행성공률을 보이고 있는 것 또한 이처럼 올바르고 분명한 시스템이 있기 때문이다.

팀, 목표, 보상, 패널티, 결과나눔

드디어 챌린지 100의 구체적인 시스템에 대해서 공개를 하겠다.

챌린지 100의 시스템 5가지 요소는 T, G, B, P, S이다. 즉 팀, 목표, 패보상, 패널티, 결과나눔이다.

챌린지 100 프로그램의 첫 번째 요소는 Team(팀)이다. "팀"을 이루어서 해야 한다. 챌린지 100은 개인 혼자서 하는 것이 아닌, 팀을 이루어서 하는 것이다. 회사나, 학교나, 학원이나 동아리 같은 공적인 팀이 존재하는 곳이라면 어느 곳이든 가능하다. 팀을 만들고 자신의 팀에 자신의 챌린지 100의 도전 항목을 공유하는 것이다. 예를 들어 자신의 챌린지 100을 "하루 영어단어 10개를 10번씩 쓰고 외우기"라고 정했다고 하면 자신의 챌린지 100을 팀에 공유하는 것이다.

이때 챌린지 100 프로그램을 수행하기 위해서는 수행 여부를 증거로 보여줄 수가 있어야 한다. 즉, 인증샷이나 동영상으로 촬영해서 자신의 팀이 공유할 수 있는 카톡이나 메신저 채널에 올리고 인증할 수가 있어야 하는 것이다.

챌린지 100 프로그램의 시스템 두 번째 요소는 Goal(목표)이다. 챌린지 100을 통해서 자신이 이루고자 하는 목표를 설정하는 것이다. 인간은 분명한 목표가 있을 때 자발적인 동기부여가 생겨나고 행동력 또한 커지게 된다. 예를 들어 자신의 챌린지 100을 하루 영어단어 10개를 10번씩 쓰기로 정했다면, 그 목표를 100일 후 1,000개의 단어를 1만 번 쓰고 외우는 것이 목표가 될 것이다. 필자의 경우 여러 챌린지 100을 수행해 왔지만, 그중 가장 기억에 남는 것은 아들에게 편지 하루 1통씩 쓰기였다. 목표는 100일 동안 100통의 편지를 쓰는 것이었고, 평소 표현하지 못한 아들에 대한 사랑표현이나 내가 알고 있는 삶의 지혜를 마음껏 표현하는 것이었다. 편지를 쓰면서 때로는 글로 적을 내용이 떠오르지 않아 힘들 때도 있었지만, 아들에게 편지 100통의 선물과 아빠의 사랑을 표현하고자 하는 분명한 목표가 있었기 때문에 챌린지 100을 무사히 마칠 수가 있었다. 마침내 챌린지 100을 통해서 아들에게 무려 편지 100통을 선물했고, 챌린지 100을 마치고 나서는 삶의 버킷리스트 하나를 달성한 듯한 너무나 짜릿한 감동을 느끼게 되었다.

챌린지 100프로그램 시스템 세 번째 요소는 Benefit(보상)이다. 챌린지 100을 성공했을 경우에는 반드시 보상이 있어야 한다, 이것은 팀의 리더가 팀원들과 상의를 하고 정해서 공적으로 보상을 해주는 것이 가장 좋다. 인간은 보상이 있을 때 수행능력이 높아지고 행동력이 커진다. 필자의 경우 팀원이 챌린지 100을 성공하면 챌린지 100 이니셜 로고가 새겨진 반지를 선물로 준다. 챌린지 100을 무사히 성공하고 받는 반지는 여러 의미가 있을 것이다. 자신이 스스로 정한 챌린지 100을 통해 자신의 목표도 이루게 되고, 훈장 같은 반지를 보상으로 받으니 얼마나 기분이 좋을까? 필자도 보상을 받은 팀원이 너무나 기뻐하는 것을 함께 체험할 수가 있었다. 노력을 통해서 얻은 보상에는 그 기쁨과 행복이 배가 될 것은 누구나 알고 있는 분명한 사실이다.

또한 챌린지 100을 성공한 후 가장 큰 내적 보상은 "나도 마음만 먹으면 끝내 해내는 사람이구나."라는 스스로에 대한 확신이 생긴다는 것이다. 스스로가 마음먹은 것을 끈기를 가지고 해냈을 때 우리는 자신감과 동시에 자존감까지 회복이 된다.

챌린지 100 프로그램의 시스템 네 번째 요소는 Penalty(패널티)이다. 앞서 설명하였듯이 올바른 시스템에는 패널티가 반드시 존재하여야 한다. 챌린지 100의 수행성공률이 높은 이유를 한마디로 표현하자면, 챌린지 100은 자율과 의무감의 합작품이기 때문이다. 즉, 자율적으로 챌린지 프로그램에 참여하고 자신이 직접 수행 목록을 정한다. 만일 수행이 누락될 경우 그에 해당되는 패널티 또한 스스로가 정한다. 인간은 의무감이 동반될 때 수행능력이나 행동력이 무려 2.5배가 커진다고 한다. 스스로가 정한 패널티는 의무감을 동반시킨다. 예를 들어 필자의 경우 챌린지 100을 수행하면서 하루라도 누락이 되면 회사직원 모두에게 커피 한 잔씩 사는 것을 패널티로 정했다. 패널티 또한 공개적인 약속이기 때문에 때로는 나의 자존심을 걸고 수행할 때도 많았다. 사실 100일 동안 챌린지 100을 수행하면서 때로는 너무나 피곤하고 바쁜 일정 때문에 놓칠 수도 있었지만, 대표라는 나의 직책과 커피 몇십 잔의 패널티를 생각하면 의무감이 더해지고, 아무리 피곤할지라도 챌린지 100을 끝내 수행하게 되었다. 패널티는 조금 부담이 되는 선에서 정하는 것도 효과가 크다. 패널티는 챌린지 100 수행이 누락되지 않으면 부담하지 않아도 되는 것이기 때문에 전혀 걱정할 필요는 없다. 이처럼 스스로가 정한 패널티는 수행 의무감을 더해주는 좋은 도구가된다.

챌린지 100 프로그램 시스템의 다섯 번째 요소는 Share(결과나눔)이다. 챌린지 100을 달성하고 나면 분명 느낀 점이 많을 것이다. 스스로가 느낀 여러 경험들을 공유한다면 현재 챌린지 100을 수행하고 있는 멤버들에게 좋은 자극을 줄 수가 있다. 공무원 임용시험을 준비하는 사람들이 공부하는 고시원에서 합격증을 가지고 먼저 퇴소하는 선배들의 경험담이 현재 시험을 준비 중인 준비생들에게 충분한 행동 자극이 되는 것과 같다. 나의 달성 경험과 과정에 있어서 느꼈던 점들을 공유하는 것이 챌린지 100 시스템의 마지막 요소이다. 이처럼 챌린지 100 프로그램의 5가지 요소인 T, G, B, P, S(팀, 목표, 보상, 패널티, 결과나눔)에는 행동력을 높여주는 행동과학을 근거로 만들어진 시스템이라는 것을 명심하자. 그 근거는 이 책을 정독한 독자라면 모두가 알게 될 것이고, 더불어 챌린지 100 프로그램을 통해 수행을 해본 챌린저라면 챌린저 100 프로그램의 신실한 신자가 될 것이다.

핵심요소

챌린지 100 프로그램 5대 요소

T ☞ TEAM

G ☞ GOAL

B ☞ BENEFIT

P ☞ PENALTY

S ☞ SHARE

실행의 힘

　계속해서 단순하고 당연한 말들을 독자들에게 하고 있는 것 같지만, 모든 인생의 진리는 단순한 법이다. 어렵고 복잡한 것은 진리가 아니다. 꾸밈없고 단순하고 실속 있는 말들이 어쩌면 우리 인생에 뿌리가 박히는 말들일 가능성이 크다. 여기서 단순하고 당연한 말 중 "실행의 힘"에 대해서 말해주고 싶다. 필자에게는 6살 때 아버지라는 존재가 없게 되었다. 오토바이 사고로 돌아가셔서 6살 이후로는 어머니의 사랑만을 받고 자랐다. 사랑의 크기는 부족함이 없지만, 어머니 혼자서 4남매 자식들과 장가를 못 간 외삼촌, 그리고 당뇨를 앓고 중풍에 쓰러지셔서 기저귀를 착용해야만 하는 할아버지까지 일곱 식구를 부양해야 했다. 넉넉지 않은 경제 사정으로 기사식당에서 설거지 일을 하셔야 했던 어머니는 한 달에 단

한 번 있는 휴무일마저도 돈으로 바꿔 달라며 일하셨다. 어머니는 해가 뜨기도 한참 전인 새벽 3시쯤 일어나 식구들이 먹을 밥과 반찬거리를 준비하고 4남매의 도시락을 싸셨다. 그리고 새벽 5시쯤 피곤한 눈을 비벼가며 출근준비를 해서 집을 나서셨다. 일을 마치신 저녁에는 1시간은 족히 걸어야 집에 도착하는 거리였음에도 버스를 타지 않고 그 버스비를 아껴 막내아들인 나에게 용돈을 줄 목적으로 통통 부어오른 발에 슬리퍼를 반쯤 걸친 채 뚜벅뚜벅 걸어서 집에 도착하셨다. 한번은 동네 파출소에서 연락이 와서 급히 가보니, 어머니가 퇴근길에 동네 근처에서 쓰러지셨는데, 다행스럽게도 이 모습을 한 주민이 발견, 신고하여 파출소에서 4남매와 함께 집으로 돌아온 적도 있었다. 이렇듯 가난은 기본이고 불편함과 힘든 생활이 옵션이었던 필자의 어린 시절은 늘 우울함과 눈물의 연속이었다. '언제쯤이면 우리 집은 웃음 꽃을 피울 수 있을까?'라는 청소년답지 않은 생각을 하면서 그 시기를 그렇게 저렇게 지내온 것 같다.

필자의 과거 이야기를 독자들에게 잠시 들려준 것은 어머니의 성실함과 실행력을 말해주고 싶어서이다. 가난하고 모든 것이 불리한 현실 속에서 4남매를 묵묵히 키워 오신 어머니의 삶의 방식은 오직 실행하는 것이었다. 계획한 것이 있으면 생각에 그치지 않고 몸소 실천하는 모습을 자식들에게 보여주셨다. 일을 쉬지 않고 하셨고, 집안일을 단 하루도 미루지 않고 그때그때 이행하는 실행력은 막내아들인 필자가 보기에도 안쓰러운 모습이었지만, 먼 훗날

나의 삶에도 그때의 학습된 부지런함과 실행력이 나의 성공에 가장 큰 밑거름이 되었다. 그래서 나는 늘 생각을 실행으로 옮기는 데 있어서 좋은 시스템은 없을까? 하며 고심한 끝에 챌린지 100을 떠올렸고, 시스템을 만들어서 실행한 결과 성공률이 너무나 높다는 것을 알게 되었다. 뇌 과학에 의하면, 인간은 평균적으로 하루에 3~4천 가지의 생각을 하는데, 그중 단 0.3%만 행동으로 옮기게 된다고 한다. 그만큼 우리는 하루 중 엄청난 양을 생각하지만, 행동으로 옮기는 것은 단 0.3%라는 너무나 적은 실행력을 가진 것이다. 물론 불필요한 생각들까지도 모두 행동으로 옮길 필요는 없겠지만, 적어도 행동으로 옮겼을 때 스스로에게 도움이 되는 것들이 너무나 많을 것이다. 어릴 적 가장 흔히 볼 수 있었던 광고문구는 "just do it!" 이 문구는 누구나 알고 있는 광고문구일 것이다. 사전적 의미는 "그냥 하자!"이다. 우리는 수많은 이유들을 핑계로 삼아 실행력을 떨어뜨리며 살아간다. 필자가 가장 좋아하는 문구는 "아무것도 하지 않으면 아무 일도 일어나지 않는다."라는 말이다. 우연히 TV를 시청하면서 보고 들은 문구가 가슴속에 박혀 인생의 핵심문구가 될 때가 있다. 즉, 아무리 기발한 생각을 가지고 있어도 행동하지 않으면 그 생각은 휘발성이 강해서 그냥 날아가 사라져 버린다. 우리의 삶은 그리 길지 않다. 나의 성장과 의미 있는 경험을 위해서는 실행해야만 그것을 몸으로 마음으로 느낄 수가 있다. 세상에서 가장 위험한 조언은 경험하지 않은 사람으로부터 얻은 조언이라고 했다. 연애경험이 없는 친구에게 연애 상담을 받고, 초등학교 시절 인생을 경험해보지 못한 동갑내기 친구에게 인생 상담을 받는 등등, 지금 생각해보면 참 우스운 일들이 많지 않았던가. 생각을 행동으로 옮긴 자만이 경험이라는 데이터를 축적할 수가 있다. 우리의 기억 속에는 오직 행동으로 경험한 일들만 오래 남는다. 그리고 같은 기억이 반복되면 그 기억은 더욱 깊이 새겨져 무의식에까지 자리를 잡게 된다. 챌린지 100 또한 반복하는 실행의 힘으로 생겨난 경험들이 우리의 기억 속에 진하게 자리 잡기 위한 목적이며, 그것을 반복을 통해서 무의식에까지 자리 잡아 하나의 습관으로 자리 잡게 하는 것이 챌린지 100의 최종 목적지가 된다. 우리는 무의식중에 반복된 행동으로 만들어진 습관으로 하루하루를 살아간다. 그 습관들을 리모델링할 수 있는 유일한 시스템이 챌린지 100이라고 확신한다.

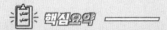
핵심요약

당신이 하루 중에 생각하는 수많은 것 중 그것을 행동으로 옮겼을 때 당신의 인생이 바뀔만한 것들이 꽤나 많다는 것을 잊지 마라. "백문이 불여일견"이 아닌 "백견이 불여일행"을 실천하라.

우리는 여기까지 실행의 힘과 실행이 우리 삶에 끼치는 영향에 대해 알아보았다. 다음 장에서는 실행의 힘이 선사하는 스스로에게 주는 최고의 선물에 대해서 이야기해보자.

스스로에게 주는 최고의 선물

우리가 살면서 가깝고 소중하다고 생각하는 가족이나, 친구나 주변 모든 사람들과는 그 언젠가 헤어진다. 하지만 태어나서부터 죽는 순간까지 함께하는 유일한 존재는 나 자신이다. 챌린지 100 프로그램을 만들기 전에 필자는 '누구에게나 한 번뿐인 삶을 어떻게 하면 의미 있고 잘 살 수 있을 것인가?'라는 질문을 던지고 그 해답을 찾기 위해 고민을 많이 하며 지내온 것 같다. 이 질문은 필자뿐만 아니라 인간이라면 누구나 한 번쯤 해봤던 고민일 것이다. 필자가 찾은 유일한 답은 내가 원하는 삶을 사는 것이었다. 그렇다면 내가 원하는 삶이란 도대체 무엇인가?를 생각해보았을 때 그 해답은 내가 원하는 나 자신의 모습으로 가장 나답게 살아가는 것이었다. 이것에 누구나 동의하고 공감할 것이다. 그렇다면 내가 원하는 모습은 무엇인지를 설정하고 그 모습으로 나 스스로를 변화시키는 프로그램이 있다면 스스로가 원하는 자신의 모습으로 변화를 시켜 나갈 수가 있을 것이다. 챌린지 100은 당신이 원하는 자신의 모습으로 변화를 시키는 데 있어서 도움을 주는 강력한 프로그램이라고 생각하면 된다.

이렇듯 우리는 자신이 원하는 모습으로 변화시켜 가며 원하는 자신의 모습으로 인생을 살아갈 때 가장 원하는 인생을 살게 되는 것이고, 이것은 자신의 삶에 가장 큰 기쁨과 행복감으로 보상받게 된다. 대부분의 인간들은 스스로가 원치 않는 자신의 모습을 이끌고 우울감에 빠지며 살아간다. 모든 사람이 그렇지는 않지만, 내가 원치 않는 나의 모습을 데리고 평생을 산다고 상상해보라. 좀 더 부지런히 움직이고 싶은데 게으름에서 벗어나지 못하고 있다거나, 무슨 일이든 시작을 했으면 끝을 맺고 싶은데 늘 하던 일 도중에 힘들거나 버겁다는 이유로, 시간이 없다는 이유로 그 일을 포기해버리는 자신에게 스스로 한탄한다거나… 우리 일상에는 이런 일들이 비일비재하다. 우울증 또한 스스로가 스스로에게 느끼는 질병 중 하나이다.

우울증 환자의 4/5 정도가 수면장애를 호소하고, 식욕감소와 체중저하 또는 식욕으로 욕구를 채우기만 해서 체중이 급격히 증가한다거나 불안증세를 느끼게 된다. 수년 전 필자의 아내가 공황장애를 앓게 되어 정신과 상담을 받은 적이 있다. 공황장애도 일종의 우울증세와 불안증세가 더해져서 생겨난다고 한다. 우울증 치료를 위해서는 약물치료와 자의적 노력이 필요한데, 자의적 노력으로는 햇빛 보며 걷기, 땀 흘리며 운동하기, 명상음악 듣기 등등이 있었다. 여러 방법 중 운동이 우울감을 이겨내는 데 있어서 큰 치료 역할을 해준다고 한다. 즉, 움직임이다. 움직임은 모든 병든 마음과 몸을 치료해주는 데 시작점이 된다고 한다. 물론 물리적으로 무리한 움직임을 이야기하는 것이 아니다. 반대로 움직임을 만들지 못하고 정적인 상태로 머물러 있으면 우울감은 더욱 악화된다고 한다. 움직임은 실행력이고 이 실행력을 만들어주는 데 도움을 주는 것이 바로 챌린지 100이다. 아내가 챌린지 100 프로그램에 참여하고 싶다고 필자에게 요청을 하였고, 처음 도전한 목록은 "하루 만 보 걷기"였다. 챌린지 100을 통해서 100일 동안 아내는 무려 백만 보를 걷게 되었고, 체중이 7킬로그램 빠지면서 건강의 기준에 맞는 몸의 모든 수치가 눈에 보이게 정상으로 돌아오고 좋아졌다. 아내의 질병 중 가장 핵심이었던 공황장애도 지금은 약을 먹지 않아도 될 정도로 완치에 가깝게 회복되었다. 이처럼 챌린지 100 프로그램은 특별한 능력이나 비용을 필요로 하는 것이 아니다. 공짜 프로그램이다. 누구나 참여할 수 있고, 누구나 도전하고, 누구나 챌린지 100 프로그램을 통해서 스스로를 바꿀 수가 있다. 다시 우리의 행복한 인생의 주제로 돌아가 보자. 우리가 한 번뿐인 인생을 가장 의미 있고 행복하게 살기 위해서는 우리가 원하는 자신의 모습으로 변화시키는 실행력을 가지는 것이다. 이것이 챌린지 100의 핵심이고, 여러분들의 행복을 만들어 줄 중요한 인생 프로그램이 되어 줄 것이다.

챌린지 100 프로그램에 참여한 챌린저들의 인터뷰를 모아 보았다.

챌린지 100을 통해서 여태껏 제가 작심삼일에 그쳤던 복근 만들기에 성공하였고, 그 결과 저의 마음속에 가장 큰 훈장을 받은 기분이었습니다. 늘 말로만 하고 실천을 못 했던 것들이 챌린지 100이라는 프로그램을 통해서 실천할 수 있게 되어 너무나 뿌듯하고 행복했습니다. 챌린지 100 프로그램의 핵심인 T, G, B, P, S가 실행력의 극치를 보여주는 너무나 획기적인 프로그램이라는 것을 느끼게 되었습니다.

- 이○재

챌린지 100을 통해서 금연에 성공하게 되었습니다. 늘 새해가 되면 마음만 먹고 쉽게 포기해버린 나 자신에게 한탄만 했었는데, 챌린지 100을 통한 금연에 성공해서 지금은 6개월째 금연에 성공하고 있습니다. 금연 챌린지 100을 통해서 건강을 얻게 되었고, "나도 마음만 먹으면 할 수 있구나!" 하는 강한 자신감을 얻게 되었습니다. 챌린지 100은 정말이지 전 국민운동으로 널리 퍼졌으면 좋겠습니다.

- 이수○

저는 두 아이의 엄마로 살아가는 40대 후반의 여성 챌린저입니다. 우상권 작가님의 소개로 챌린지 100 프로그램을 알게 되었고, 평소 가족들과 해외여행을 가면 영어를 잘하지 못해서 늘 작아지는 저의 모습이 싫었고, 이런 저의 모습을 바꾸고 싶어서 "하루 영어 문장 10개를 10번씩 반복해서 적기"라는 챌린지를 수행하였습니다. 이번 챌린지 100을 통하여 영어 문장 1,000개를 1만 번 반복하는 결과를 얻게 되었습니다. 이제는 가족들과 해외여행을 가면 그 어느 때보다 회화에 자신감을 얻게 되었습니다. 저 스스로를 다시 보게 된 너무나 값진 경험이었습니다.

- 우○현

저는 술자리를 너무나 좋아해서 일주일에 절반을 술자리를 갖고 술을 먹는 습관이 수년간 지속되었습니다. 그 결과 건강도 나빠지고, 저축도 할 수가 없었고, 점점 저의 미래가 두렵고 불안하게만 느껴졌습니다. 우연히 챌린지 100 프로그램을 알게 되어 하루 윗몸일으키기 100회를 정하고 챌린지 100을 수행했습니다, 그 결과 술자리가 현저히 줄어들었고, 꾸준히 윗몸일으키기를 한 결과 뱃살이 빠지고 배에 복근도 생겼습니다. 육체적인 건강도 많이 회복되었지만, 정신적인 건강도 그 어느 때보다 건강해짐을 느꼈습니다. 이제는 미래에 대한 두려움이나 불안이 아닌 설렘과 자신감으로 바뀌었습니다. 챌린지 100은 제 인생에 있어서 자신감을 회복해 주는 너무나 고마운 프로그램입니다.

- 한○○

저는 군대 전역 후 이른 나이에 취업을 해서 지금은 입사 7년 차로 살아가는 남성 챌린저입니다. 저는 이른 나이 때 취업을 해서 꾸준히 돈을 벌고 있었지만, 평소 과소비하는 습관이 있어서 최근까지 적금 들기는 엄두도 내지 못하고 있었습니다.

우상권 대표님을 통해서 챌린지 100 프로그램을 알게 되었고, 제가 도전 한 챌린지는 "100일 동안 도시락 싸서 출근하기"였습니다. 챌린지 100 프로그램을 통해서 100일 동안 외식비 지출이 거의 없게 되었고, 최소한의 도시락 식재료 비용만 지출됨으로써 지금은 적금도 들고 지출 또한 한 달에 100만 원을 아낄 수가 있었습니다. 챌린지 100 프로그램은 단순히 습관 만들기 프로그램이 아닌 것 같습니다. 스스로의 가능성을 재발견하고 진정 내가 원하는 모습으로 바꿔주는 제가 경험한 최고의 프로그램인 것 같았습니다. 챌린지 100 프로그램에 동참해보신다면 느낄 수 있겠지만, 챌린저들의 실행력이 좋은 정도가 아니라 100% 수행할 수밖에 없는 프로그램이라고 확신합니다.

챌린지 100 프로그램을 통해 제 인생이 바뀜을 느낄 수가 있어서 너무나 감사한 시간이었습니다. 저는 지금도 다른 챌린지를 수행하고 있습니다. 앞으로 저의 미래가 너무나 기대가 됩니다.

－홍○○

수많은 챌린지 100 수행자들의 인터뷰 결과의 공통점은 자신감

회복이 가장 많았다. 자신감이란 스스로를 믿는 마음이다. 스스로에 대한 믿음이 회복되고 커졌다는 것이다. 자신감 회복이라는 이보다 더 큰 선물이 있을까? 스스로에게 줄 수 있는 이보다 더 큰 훈장이 있을까? 챌린지 100은 스스로에게 최고의 훈장을 선사하는 너무나 값진 프로그램이다.

때때로 우리는 스스로에게 값진 선물을 하며 그렇게 스스로를 위로하고 살아간다. 필자는 스스로에게 주는 선물 중 가장 값진 것은 바로 자신감이라고 생각한다. 당신도 챌린지 100을 통해서 스스로에게 주는 최고의 선물인 자신감을 선사하기를 바란다.

 **핵심요약** ————
반복만이 나를 바꿀 수가 있고, 나를 바꾸면 내 삶이 행복해진다.

다음 장에서는 우리의 뇌에 대해서 탐구해 보겠다.

우리의 뇌

　인간의 두뇌에는 약 210억 개의 뉴런이 있다고 한다. 이것 중 일상적으로는 10% 정도만 활성이 된다고 한다. 하지만 고도의 집중을 요구되는 활동을 할 때에는 그 이상으로 치솟기도 한다고 한다. 뇌는 인간의 몸무게 중 2%밖에 되지 않지만, 산소나 칼로리의 20%를 소모하는 굉장히 가동비용이 비싼 기관이다. 우리의 뇌를 쉽게 설명하자면, 무게가 평균 1.4킬로그램밖에 안 되는 우리 몸 중 가장 적은 양이지만, 가장 많은 일을 하는 곳이다. 재미난 사실은 인간이 죽기 전까지 평생 뇌를 단 10%도 제대로 활용하지 못하고 죽는다는 것이다. 이것을 뒤집어 해석해보면 우리의 뇌는 분명 무언가 대단한 일들을 할 수 있는 충분한 힘을 가진 기관이라는 것이다. 신체기관 중 신이 주신 가장 큰 선물이 무엇인지 단 하나를 뽑으라면 분명 뇌일 것이다. 무언가를 인식하고, 생각하고, 행동하고 느끼는 모든 일의 시작이 우리의 뇌에서부터 시작된다는 것이다. 반복과 습관도 우리의 뇌와 관련이 있다. 우리의 뇌는 새로운 것을 거부하도록 되어 있다. 새로운 것을 발견하면 신경조직까지 전달되어 우리는 불안함을 느끼고, 때로는 두려움까지 느끼게 된다. 이것은 동물실험을 통해서도 발견할 수가 있다. 강아지를 처음 가보는 애견카페에 두게 되면, 일정 시간 동안 강아지는 심리적으로 불안증세를 느끼며 주변을 끊임없이 배회한다. 어느 정도 시간이 흘러 주변 환경에 익숙해지면 자신이 가장 편하고 안전한 곳에 자리를 잡고 어지럽게 움직이던 것을 멈춘다. 또 예를 들어 3~4살 된 어린아이를 어린이집에 처음 맡기게 되면 아이는 엄마와 떨어지는 것이 두려운 것이 아니라 새로운 환경이 낯설고 두려워 울음을 멈추지 않는다고 한다. 그리고 일정 시간이 되면 친구들과 어울려 재미나게 놀게 된다. 이렇듯 우리의 뇌는 새로운 것을 받아들이는 데에 불편하게 프로그래밍 되어 있다. 하지만 그 환경에 익숙해지는 일정한 시간이 지나면 스스로가 안정감을 회복하게 된다는 것이다. 우리 뇌의 구조상 우리는 스스로가 변화하는 것을 불편해하고 힘들어한다. 하지만 일정 시간이 지나면 변화된 환경이 자신의 뇌에 안정감으로 자리 잡게 된다. 여기서 우리는 우리의 뇌를 잘 이해하고 활용할 수 있어야 한다. **변화되는 시작은 어렵지만, 변화가 익숙해질 때까지 반복하면 우리 뇌는 그 변화된 모습을 자신의 모습으로 받아들인다는 것이다.** 그래서 우리는 의도적으로 변화를 주지 않으면 평소 하던 대로만 하며 살게 된다는 것이다. 의도적인 변화를 만들어 내는 힘이 바로 챌린지 100이다. 자신이 변하고 싶은 것을 의도적으로 설정하고 그것을 챌린지 100 프로그램을 통해서 반복하는 것이다. 100번의 양과 100일이라는 시간은 우리 뇌에서 변화를 인식하고 변화된 우리의 모습을 스스로의 본모습이라고 무의식에 저장되는 충분한 양과 시간이 된다. 누구든지 그 어떠한 도전 목록이라도 챌린지 100이라는 프로그램을 통해서 우리 뇌에 페이크를 줄 수가 있다.

기대가 되지 않는가? 이쯤 되면 빨리 챌린지 100을 수행하고 싶지 않은가?

핵심요약

우리는 죽기 전까지 우리의 뇌를 단 10%도 사용하지 못한다. 우리의 뇌를 최대한 활용할 수만 있다면 그 어떤 위험한 일이라도 우리는 해낼 수가 있다. 우리의 뇌를 활용하는 최고의 방법은 새로운 행동 양식을 끊임없이 인식하게 하는 것이다. 이것은 반복뿐이다. 새로운 행동 양식을 우리의 뇌가 인식할 때까지 우리는 반복해야 한다. 그 반복을 해줄 수 있는 최고의 프로그램이 챌린지 100이다.

제2장

나를
어떻게
바꿀 것인가?

변화는 몸에서 시작된다. 몸동작은 한 사람의 신체,
정서 그리고 정신상태에 변화를 가져다주는 약이다.
-캐럴 웰치-

나는 왜 변해야 하는가?

필자는 이 책을 쓰기 전까지 많은 고민을 하면서 살아왔다. 앞서 설명하였듯이 우리는 단 한 번만의 인생을 살 수가 있다. 이 단 한 번만의 인생을 의미 있고 행복하게 살고 싶다는 생각이 들었다. 이 생각에는 누구나 공감할 것이다. '그럼 인생을 의미 있고 행복하게 사는 것은 어떤 삶인가?'라는 질문을 하게 된다. 우리는 인생을 살면서 3가지 거짓 메시지에 속으며 살고 있다. <mark>그 첫 번째 거짓 메시지는 경제적인 부가 우리의 행복을 보장해준다는 것이다.</mark> 좋은 집에 살고, 좋은 차를 타고, 인스타에 올릴만한 멋진 장소에서 밥을 먹고 여행을 가는 것이 일상인 슈퍼리치 들에게도 그들만의 지옥이 있고 우울감이 있다. 우리 모두가 돈이 행복을 책임진다는 거짓 메시지에 속는 이유는 우리의 욕구 중 하나를 해소 시켜 주기 때문이다. 그 욕구 중 하나는 편리함이다. 인간은 편리해지고 싶은 욕구가 있다. 돈은 분명 우리의 삶을 편리하게 해준다. 편리함은 우리의 행복에 좋은 도구는 되어 주지만 절대적이지는 않다. 즉, 돈이 우리의 행복에 많은 영향을 미치는 것은 사실이지만 절대적이지는 않다는 것이다.

우리가 속고 있는 두 번째 거짓 메시지는 시간적 자유가 우리의 행복을 보장해준다는 것이다. 직장생활을 50년 넘게 하고 은퇴만을 기다리던 우리 부모님 세대는 막상 은퇴 시기가 되면 불안해한다. 또한 은퇴를 하고 나면 갑자기 늘어난 시간의 자유 속에서 공허함에 빠지기도 한다. 시간적 자유가 우리의 행복을 책임진다는 거짓 메시지에 속는 이유는, 시간은 우리의 욕구 중 자유라는 욕구를 해소시켜 주기 때문이다. 시간적 자유 또한 우리의 행복에 큰 영향을 미치는 것은 사실이지만 절대적이지는 않다는 것을 알아야 한다.

우리가 속고 있는 세 번째 거짓 메시지는 관계가 우리의 행복을 보장해 준다는 것이다. 주변 사람들과의 좋은 관계는 우리를 행복하게 해준다. 물론 맞는 말이다. 하지만 절대적이지는 않다는 것이다. 인간은 관계로부터 존재감을 느끼고 행복감을 느끼는 것도 사실이지만 관계로부터 상실감을 느끼고 상처를 받기도 한다. 좋은 관계가 행복을 책임진다는 거짓 메시지에 속는 이유는 우리의 욕구 중 하나인 사랑의 욕구를 채워주기 때문이다. 인간의 기본 본성 중 하나는 외로움이다. 그 외로움을 채워주는 것이 사랑이다. 주변 사람들과의 좋은 관계를 통해 우리는 사랑이라는 감정을 느끼게 되고

이는 외로움을 채워주게 된다. 하지만 우리가 현재 맺고 있는 모든 관계와 언젠가는 헤어진다. 죽음으로 헤어지고 작은 오해로도 헤어진다. 주변 사람들과의 좋은 관계 또한 우리의 행복에 큰 영향을 주는 것은 사실이지만 절대적이지는 않다는 것이다. 인간이 태어나 죽는 순간까지 유일하게 함께하는 존재는 나 자신뿐이다. 그러기 때문에 우리는 진정한 행복의 절대적인 요소를 타인이나 외부환경에서 찾을 것이 아니라 자기 자신의 내부에서 찾아야 한다. 이렇듯 경제적인 부도, 시간의 자유도, 주변의 좋은 관계도 우리 인생을 절대적으로 의미 있고 행복하게 만들어주지는 못한다. **단 한 번뿐인 인생을 의미 있고 행복하게 살기 위해서는 단 하나의 절대적인 조건이 필요하다. 이것은 진정 내가 원하는 나 자신의 모습으로 삶을 살아가는 것이다.** 지금 당신의 모습은 당신이 원하는 모습의 몇 퍼센트를 갖추고 있는가? 아마도 100%라고 자신 있게 말할 수 있는 사람은 단 한 명도 없을 것이다. 인간에게는 무한하고 게으른 본성이 있기 때문에 현재 자신의 모습은 분명 미완성의 부족함이 많은 상태일 것이다. 아마도 스스로 고치고 싶은 부분이 많을 것이다. 하지만 우리는 스스로를 변화시키는 힘을 갖추지 못한 채 늘 어제의 모습으로 오늘을 살아간다. 그럼 단 하나뿐인 소중한 인생을 가장 의미 있고 행복하게 살기 위해서는 내가 원하는 나의 모습으로 삶을 살아가는 것이라고 이 책에서만큼은 정의를 해보자. 그럼 이제는 우리가 원하는 모습으로 어떻게 변화를 시켜 나갈지 알아보자.

캐럴 웰치의 말처럼 "**변화는 몸에서 시작된다. 몸동작은 한 사**

람의 신체, 정서 그리고 정신상태에 변화를 가져다주는 약이다." 모든 변화는 우리의 움직임, 즉 동작에서부터 시작된다. 그리고 그 동작을 반복하면 우리의 뇌는 익숙함으로 기억한다. 그리고 일정 반복이 지속되면 우리의 무의식 속에 저장된다. 우리를 변화시키는 힘은 오직 움직임이고 반복뿐이다. 변화를 위해서는 생각에서만 머물러 있어서는 안 된다. 행동으로 옮겨야 하고, 그 행동이 반복되어야 변화된 모습이 우리의 무의식 속에 저장되어 우리는 의식하지 않아도 그 변화된 모습을 계속해서 반복하며 살아갈 수가 있게 된다. 여기서 우리는 행동과 반복의 키워드를 실행할 수 있는 프로그램이 필요한데, 그것이 바로 챌린지 100이다. 챌린지 100을 통해서 자신이 정한 행동을 100번 반복하게 된다. 하루 영어단어를 10개씩 10번 반복해서 적는 것을 챌린지 100으로 정했다면, 100일 후 영어단어 1,000개를 10,000번 적은 결과를 보게 될 것이다. 챌린지 100으로 자신에게는 100일 전보다 훨씬 더 많은 영어단어가 축적되어 있을 것이고, 그로 인해 영어 성적이나 일상생활에 큰 편리함과 유익함을 얻게 될 것이다. 챌린지 100은 어떠한 공간에서 어떠한 직업이든, 어떠한 단체든 상관없이 모두 적용된다.

예를 들어 교통사고로 다리를 크게 다쳐 재활을 열심히 해야만 다시 걸을 수 있는 환자가 있다고 가정해 보자. 자신의 의지만으로는 실행력이 떨어져서 챌린지 100을 실행하게 되어 하루 1Km씩 보조기구를 이용해 걷기를 정하고 챌린지 100을 수행한다면 100일 후에는 100Km 걷기 재활훈련을 마치게 된다. 아마도 혼자서 의지를 불태우며 했을 때보다 훨씬 더 많은 거리를 걷게 되었을 것이다. 챌린지 100의 힘은 행동력과 반복에 있다.

정해진 단 하나의 행동을 정하고 100번을 반복하는 것이다. 이렇듯 챌린지 100은 병원, 학교, 회사, 운동선수를 비롯한 모든 공간과 직업군에서 활용이 가능한 프로그램이다. 스스로를 변화시키고 싶다면 챌린지 100을 당장 실행하라. 변화된 자신의 모습을 맛보게 될 것이다. 또한 챌린지 100의 달성을 통해 무엇이든 할 수 있다는 자신감이 차오를 것이다. 챌린지 100 프로그램은 정말이지 신이 주신 최고의 선물이라고 생각한다. 단 한 번뿐인 당신의 소중한 인생을 가장 당신이 원하는 당신의 모습으로 살아가는 인생을 상상해보라. 아마도 가장 의미 있고 행복한 인생이 될 것이다. 그 의미 있고 행복한 인생의 시작을 챌린지 100이 도와줄 것이다.

우리 모두가 속고 있는 3가지 거짓 메시지
1) 돈이 우리의 행복을 책임져준다.
2) 시간이 우리의 행복을 책임져준다.
3) 관계가 우리의 행복을 책임져준다.

다음 장에서는 자신의 과거, 현재 그리고 미래를 점검해보도록 하자.

과거, 현재 그리고 미래

우리 삶의 시간적 구분을 해본다면 과거, 현재, 미래가 있다. 과거는 이미 지난 시간들이고, 미래는 아직 오지 않은 시간들이고, 현재는 지금 이 순간 내가 느끼는 시간들이다. 인간은 저마다 자신이 머물러 있는 시간이 있다고 한다. 누구는 과거에 머물러 살고, 누구는 미래에 머물러 살고, 또 누구는 현재에 머물러 살아간다. 어떤 것이 현명한 인생일까? 과거에 머물러 사는 사람의 특징은 과거에 있었던 일들을 회상하며 누군가를 비난하거나 스스로에 대한 후회를 많이 하는 습성이 있고, 미래에 머물러 사는 사람의 특징은 일어나지도 않은 일들을 현재로 끌어당겨 불안에 떨며 살아가는 습성이 있다. 또한 지나친 이상에 빠져 현재를 놓치며 살아간다.

대부분의 현자들은 현재에 집중하기 위해서는 과거와 미래의 문을 잠그는 것이 우리에게 필요하다고 말한다. 우리가 통제할 수 없는 영역에 우리는 불필요한 에너지를 너무나 많이 소모하며 살아간다는 것이다. 그렇다고 과거와 미래를 무시하라는 것은 아니다. 과거의 좋은 추억을 때로는 회상하며 마음의 충전이 필요할 것이고, 미래에 간절히 이루고 싶은 자신이 목표를 설정하고 삶의 동기부여를 얻어야 한다. 다만 필자가 말하고 싶은 것은 과거와 미래에만 머물러 있으면 안 된다는 것이다. 10%는 과거를 되돌아보고, 10%는 내가 설정한 미래를 점검하고, 나머지 80%는 현재에 머물러 그 에너지가 온전히 집중되어야 한다는 것이다. 우리가 느끼는 시간은 오직 현재이고, 우리가 통제 가능한 시간 또한 현재이기 때문이다. 주변의 친구들을 만나보면 늘 과거를 푸념하며 사는 친구가 있다. 이는 과거에만 머물러 있는 경우다. 반대로 현재를 챙기지 못한 채 미래이야기만 하며 자신의 이상에 젖어 사는 친구도 있다. 이 둘의 경우와 같은 사람들은 대부분 발전이 없는 삶을 살고 있다. 우리는 삶을 살면서 할 수 있는 일과 할 수 없는 일을 분명히 구분하며 살아야 한다. 인간이 못 할 일은 없다는 식의 시대적 철학자의 말들도 많지만, 그들 또한 모든 일을 이루지는 못했을 것이다. 우리에게는 분명 할 수 있는 일과 할 수 없는 일이 있다. 이것을 분명하게 구분하고 스스로가 통제 가능한 일에 나의 에너지를 쏟으며 살아야 한다. 그것이 바로 현재다. 과거는 이미 지나간 추억의 시간일 뿐이고 미래는 아직 오지 않았기에, 오직 현재에 내가 할 수 있는 일들을 해나가야 한다. 자신이 원하는 미래를 만나기 위해서는 현재를 철저히 느끼고 온전히 집중해야만 한다. 챌린지 100 또한 현재를 최대한 느낄 수 있는 프로그램이다. 지금 당장 내가 할 수 있는 것을 정하고 100번을 반복수행하는 것이다. 미래를 바꾸고 싶은가? 과거와는 다른 더 나은 미래를 만나고 싶은가? 그렇다면 그 해답은 현재에 있다. 그리고 현재에 할 수 있는 일들을 정하고 챌린지 100을 시작해보라. 변화된 자신의 모습과 간절히 바라던 미래를 조금씩 맛보게 될 것이다.

핵심요약

과거에 머물러 있는 사람은 늘 누군가를 비난하거나 스스로에 대한 후회에 젖어 살고, 미래에 머물러 있는 사람은 불필요한 걱정과 불안을 끌어당긴다. 현재에 머물러 있는 사람만이 통제 가능한 삶을 살게 된다.

빼기

완벽이란 모든 것이 갖춰진 상태가 아니라 더 이상 버릴 것이 없는 상태를 뜻한다. 우리가 무언가를 채우기 이전에 해야 할 일은 불필요한 것을 빼는 일이다. 아내의 공황장애 치료법 중 정리하는 것도 포함되어 있어서 정리에 대해 알아본 적이 있었다. 서랍 정리, 옷 정리, 방 정리 등 이런 행동이 우울증이나 공황장애에도 도움을 준다고 한다. 올바른 정리는 불필요한 것을 버리는 것에서부터 시작된다. 제거의 미학이라는 글들이 많이 나온다. 필자는 빼기의 미학으로 정리한다. 수년 전 허리를 삐끗해서 한의원에서 침을 맞은 적이 있었는데, 그 한의사가 다른 환자를 진료하면서 하는 말을 엿듣게 되었다. 그 한의사는 중국인으로, 중국에서 한의학을 공부한 내가 살고 있는 지역에서는 꽤나 유명한 한의사였다. 그 중국인 한의사를 찾아온 환자는 자신이 평소 술 담배를 많이 하니 건강에 도움이 되는 한약을 지으러 왔다고 했다. 그 중국인 한의사는 "한국인들은 몸에 나쁜 것을 많이 섭취하면서 몸에 좋은 것 또한 너무 많은 것을 섭취하려고 한다."라는 말을 했다. 침을 맞고 있던 나는 머리를 망치로 크게 얻어맞는 기분이었다. 너무나 공감되는 말이지 않은가? 우리는 몸에 좋지 않은 온갖 것들을 섭취하면서, 또 오래 살고 싶은 욕심에 몸에 좋다는 것이라면 온갖 것들을 섭취한다. 그 때 그 중국인 한의사가 그 환자에게 "가장 건강에 좋은 것을 알려 드릴까요"라고 하자, 그 환자는 당연히 알려달라고 했고, 그 중국인 한의사는 이렇게 말했다. "몸에 좋지 않은 것을 당신이 더 이상 섭취하지 않는 것이 건강에 가장 좋은 것입니다."라고. 너무나 당연한 말이지만 우리는 이것을 잊고 살아왔다. 그렇다. 몸에 좋은 것을 섭취하는 것보다 건강에 더 좋은 것은 몸에 나쁜 것을 줄여나가는 것이다. 빼기의 미학이다. 우리는 더하기에만 치중하며 살아간다. 우리의 성공에 도움이 되지 않는 나쁜 습관들을 빼지 못하고 성공에 도움이 되는 습관을 만들려고만 애쓴다. 우리의 행복에 도움이 되지 않는 남을 향한 비난, 불평불만을 일삼으면서 우리는 행복에 도움이 되는 명상을 하며 행복을 되찾고 싶어 한다. 더하기 이전에 빼기를 잘해야 한다. 지금 당장 스스로가 간절히 원하는 성공과 행복을 위해서 무엇을 더해야 하는지를 생각하기 이전에 무엇을 빼야 할지를 생각해 보자. 빼기의 미학을 알아야 더하기의 미학을 알게 된다. 챌린지 100 또한 더 하기만 하는 것이 아니다. 금연이나 저녁 야식을 먹지 않는 챌린지 100을 수행하는 챌린저도 있다. 이것은 분명 챌린지 100 프로그램을 통해서 빼기를 성공한 경우이다.

핵심요약 ─────────

행복한 삶을 위해서는 행복에 좋은 것을 더 하는 것보다 행복에 좋지 않은 것을 빼는 것이 우선시 되어야 한다.

다음 장에서는 빼기의 반대인 더하기에 대해 이야기해보자.

더하기

앞 장에서 우리는 삶에 있어서 불필요한 것을 빼는 빼기의 미학에 대하여 알아보았다. 건강한 몸을 위해서는 몸에 좋지 않은 것을 섭취하지 않는 것이 선행되어야 하고, 그런 다음 몸에 좋은 것을 섭취해야 한다. 그렇다면 우리는 의미 있고 행복한 삶을 위해서 우리 인생에 더해야 할 것들은 무엇이 있을까?

내 삶의 의미와 행복을 위한 첫 번째 더하기는 '취미'이다. 취미는 특기와 다르게 내가 좋아하는 것이다. 우리는 우리의 삶을 더욱 즐겁게 해줄 수 있는 취미를 더해야 한다. 단, 나의 일이나 중요한 일상의 스케줄에 방해가 되어서는 안 된다. 취미는 우리의 삶에 너무나 중요한 요소이지만, 핵심요소가 되어서는 안 된다. 큰 비용이 들거나, 너무나 많은 시간이 필요로 하거나, 체력적으로 너무나 무리가 되는 것은 지속가능한 취미가 될 수 없기 때문이다. 취미는 기본이 아니라 옵션이라고 생각해야 한다. 취미는 내 삶의 기쁨을 더해주는 옵션이다. 내 삶을 모티브로 영화 한 편을 찍는다면 주연이 아닌 조연 정도가 가장 적절할 것이다. 하지만 조연이 없는 영화는 흥행할 수가 없다. 취미는 반드시 있어야 한다. 우리는 치열하게 하루하루를 살아간다. 그 치열함 속에서 우리의 존재가치를 끊임없이 드러내려고 애쓴다. 그래서인지 우리는 가끔씩 번아웃이 오면 모든 것을 놓아버린 채 현실에서 도피해 버리기도 한다. 여태껏 힘들게 쌓아놓은 커리어도 한순간에 무너질 때가 많다. 주변에 번아웃이 오지 않았거나, 번아웃이 왔을 때 빠르게 회복하는 사람들의 공통점은 취미생활이 있다는 것이었다. 스스로가 좋아하는 일을 하면서 스스로 충전할 수 있는 시간을 가지는 것이다. 정적인 쉼을 통해서만 충전이 되는 것은 아니다. 우리의 정신은 넉넉한 정적인 쉼을 보장받더라도 회복이 안 될 때가 참 많다. 정신적 충전은 내가 좋아하는 것을 할 때 급속 충전이 된다. 땀을 흘리며 운동을 하든, 분위기 좋은 카페에서 차를 마시든, 오토바이를 타고 해변가를 달리든, 따뜻한 햇살을 받으며 강아지와 산책을 하든, 무엇이 되었든 자신이 좋아하는 취미를 나의 일상에 더하기를 해야 한다. 취미 또한 반복적으로 할 수 있는 것이면 더욱 좋다고 한다. 취미를 가지는 것도 좋지만 그 취미를 꾸준하게 잘 키워나가는 것도 좋은 일이다. 잠시 호기심으로 시작해서 체험 정도에 그치는 것이 아니라 꾸준하게 스토리를 만들어갈 수 있는 취미가 된다면 더욱 좋다. 취미활동 또한 챌린지 100을 통해 수행한다면 그 취미는 더욱 실행력이 커지게 된다.

    내 삶의 의미와 행복을 위한 두 번째 더하기는, '감사'이다. 감사는 마음속 깊이 고마움을 느끼는 감정이다. 감사의 대상은 내가 믿는 신이 될 수 도 있고, 부모님이 될 수도 있고, 주변 사람들이 될 수도 있다. 감사하면 모두가 성공하고 행복해지는 것은 아니지만, 성공과 행복을 충분히 누리는 사람들에게는 작은 것에도 감사하는 마음의 습관이 있다. 우리의 인생은 능력이 아니라 삶의 태도에 달려있다고 하지 않던가. 필자는 군대 복무 시절 "감사합니다." 라는 말을 빽빽하게 반복해서 적는 습관을 가졌었다. 그냥 이유 없이 "감사합니다."라는 말을 군 복무 시절 동안 수천 번, 수만 번 적었다. 우리의 마음속에는 두 마리의 늑대가 존재한다고 한다. 한 마리의 늑대는 긍정과 기쁨의 늑대이고, 다른 한 마리의 늑대는 부정과 불평불만의 늑대라고 한다. 어느 늑대가 더 빨리 자랄 것 같은가? 그 정답은 우리가 밥을 주는 늑대라고 한다. 긍정과 기쁨의 늑대는 감사라는 밥을 먹고 자라고, 부정과 불평불만의 늑대는 당연함이라는 밥을 먹고 자라난다. 우리의 마음은 긍정과 기쁨의 늑대가 지배해야 한다. 감사는 긍정과 기쁨을 강력하게 끌어당기는 엄청난 힘을 가진 자석과도 같다. 내 마음속에 감사하는 마음을 지속적으로 생산할 수 있다면 온갖 우주의 좋은 것들이 감사라는 자석을 통해 나에게 붙게 된다. 필자 또한 감사의 효력을 너무나 많이 느껴본 감사 체험가이기에 자신 있게 이야기할 수 있다. 감사하라. 이유 없이 감사하라. 계속 감사하라. 그럼 감사할 일들이 계속해서 생겨난다. 챌린지 100 프로그램을 실행하는 수행자들도 감사하는 마음을 유지하며 수행한다면 챌린지 100은 당신의 삶에 더 큰 영향을 주게 될 것이다. 감사는 선택이 아니라 의무이다. 우리가 숨을 쉬고, 맛있는 밥을 먹고, 사랑하는 사람들과 좋은 관계를 유지하며 살아가는 삶 그 자체가 신이 주신 최고의 선물이 아닌가? 삶 그 자체가 감사다. 지금부터 챌린지 100을 수행하는 챌린저들은 감사하는 습관을 가지자. 큰 것에만 감사하는 것만이 감사가 아니다. 작은 것에도 감사할 줄 아는 마음이 진정한 감사이다.

이처럼 작은 것에도 감사하는 마음을 가지자. 감사하는 순간 충분히 감사할 만한 것들이 내가 가진 감사의 자석으로 붙게 되는 것을 체험하게 될 것이다.

내 삶의 의미와 행복을 위한 세 번째 더하기는 '좋은 습관'이다.

나쁜 습관은 끊임없이 없애고, 좋은 습관은 의식적으로 만들어야 한다. 나쁜 습관은 자라나는 손톱과 같아서 제거하지 않으면 계속 자라난다. 나쁜 습관은 방치의 대상이 아니라 제거의 대상이다. 반대로 좋은 습관은 의식적으로 만들어야 한다. 누구나 좋은 습관을 만들고 싶지만, 좋은 습관을 만든다는 것은 누구에게나 어려운 일이다. 현자의 말처럼 우리는 스스로를 100% 믿어서는 안 된다. 역설로 들릴 수도 있겠지만 정말이지 진리다. 우리는 우리 스스로를 단 50%만 믿어야 한다. 그리고 나머지 50%는 내가 만들어 놓은 시스템을 믿어야 한다. 그 이유는, 인간은 천성이 나태해지고 싶고, 게을러지고 싶은 습성이 있기 때문이다. 이것 또한 관성의 법칙을 따르는 것이다. 인간은 쉽게 변화하거나 움직이지 않는다. 의무감이 부여되거나 위태로움을 느낄 때가 되어야 비로소 움직이기 시작하는 것이 인간의 본성이다. 그래서 우리는 행동력을 강화시킬 수 있는 시스템이 필요한 것이다. 필자는 가난한 자가 부자가 되기 위해서 가장 먼저 해야 하는 일이 저축이라고 당당히 말한다. 저축은 능력이 아니라 시스템이다. 꾸준히 일하는 사람이라면 누구나 저축을 할 수 있다. 저축도 능력이나 강한 의지의 문제라고 생각하는 사람들이 많을 것이다. 저축은 정말이지 100% 시스템이다. 즉, 꾸준히 일하는 사람 누구라도 저축이라는 시스템만 있으면 돈을 모을 수가 있다.

예를 들어 자신이 월급을 수령하는 바로 다음 날 고정저축금이 빠져나가게 자동이체 시스템을 만들어 놓으면 자신이 월급을 받아서 다른 곳에 쓰기도 전에 적금액은 자동으로 통장에서 빠져나가게 되고, 남은 금액으로 한 달을 보내면 된다. 누군가 적금을 넣고 싶은데 적금을 하지 못하고 있다면 이것은 정말이지 성실의 문제가 아니라 자신에게 적금이란 시스템이 없기 때문이다. 이렇듯 우리에게는 원하는 것을 실행하게 해주는 행동력을 강화시켜 주는 시스템이 필요하다. 이 시스템이 바로 챌린지 100 프로그램이다.

자신이 습관으로 만들고 싶은 항목을 정하고 챌린지 100 프로그램에 맞게 수행하는 것이다. 필자 또한 챌린지 100 프로그램을 수행하면서 수많은 습관을 만들었다. 내 삶의 의미와 행복을 위한 세 번째 더하기인 좋은 습관을 챌린지 100으로 만들어 보기를 바란다.

내 삶의 의미와 행복을 위한 네 번째 더하기는 '목표'이다.

행복한 인생을 살기 위해서는 사람에게도 의지하지 마라,
오직 나의 목표에 의지하라.

– 아인슈타인 –

아인슈타인은 행복한 인생을 살기 위해서는 사람에게도 의지하지 말고 오직 자신의 목표에 의지해야 한다고 말했다. 처음 이 명언을 접했을 때 이해가 되지 않았다. 행복과 목표는 무슨 관련이 있을까? 필자는 이 물음을 가지고 며칠을 생각해보았다. 어느 순간 무릎을 치면서 깨닫게 되었다. 아인슈타인이 왜 이런 삶의 명언을 남기게 되었는지 알게 되었다. 나의 목표는 내가 간절히 원하는 무엇이다. 즉, 내가 간절히 원하는 것에 의지하며 살라는 것이다. 좀 더 쉽게 설명하면, 내가 진정 원하는 것을 이루며 사는 것이다. 사람에게 의지하지 말라는 말은 인간관계는 그 언젠가 끊어지기 때문이다. 가족, 친구, 주변 사람들 모두와는 언젠가 헤어진다. 그래서 인간이 인간에게 의지하는 삶은 그 언젠가 상처나 허탈감으로 돌아오게 된다. 《나를 바꾸는 챌린지 100》이란 제목으로 책을 쓰게 된 필자의 동기도 이것과 일맥상통한다. 필자가 고민한 핵심이 단 한 번뿐인 인생을 어떻게 하면 의미 있고 행복하게 살 수가 있을까?이다. 그 답은 내가 원하는 인생을 사는 것이었다. 목표에 의지한다는 말 또한 내가 원하는 인생을 사는 것과 같은 의미다. 내가 원하는 인생을 살기 위해서는 내가 원하는 나의 모습으로 인생을 살아가는 것이다.

내가 원하는 모습을 만들어가는 데 도움을 줄 수 있는 프로그램이 없을까 해서 만들어 낸 프로그램이 챌린지 100이다. 여태껏 수없이 습관 만들기 프로그램이 책으로 소개되었지만, 그 실행 성공률은 챌린지 100만큼 높지는 않을 것이다. 챌린지 100은 나의 목표를 이루어주는 핵심 시스템이다.

앞서 이야기한 것처럼, 자신의 목표를 이루기 위해서는 자신의 반만 믿고 나머지 반은 자신이 만들어 놓은 시스템을 믿으라는 말을 명심해야 한다. 목표를 이루기 위해서는 우리의 강한 의지도 중요하지만, 실행할 수 있는 시스템이 더욱 중요하다. 자신이 이루고자 하는 목표를 적고, 그 목표를 이루기 위한 챌린지 100 목록 또한 작성해보자. 당신이 간절히 이루고 싶은 그 목표는 챌린지 100을 통해서 더욱 쉽게 이룰 수가 있을 것이다.

내 삶의 의미와 행복을 위한 다섯 번째 더하기는 '명상'이다.

우리는 너무나 많은 정보를 섭취하며 정보 비만인 모습으로 살아간다. 즉, 채우기만을 하다 보니 늘 과부화에 걸린다. 비움이 필요하다. 이것은 앞서 이야기한 빼기의 미학과는 조금 다르다. 리셋을 통한 정화를 말한다. 컴퓨터도 주기적으로 리셋시켜 주어야 한다, 비움은 채움을 위해 중요한 작업이다. 인간은 하루 동안 3,000가지 이상을 인식하고 생각한다고 하지 않던가. 그래서 과부하가 걸릴 수밖에 없는 세상에 살고 있다. 명상은 우리의 머리와 마음을 리셋시키고 정화시켜 주는 데 탁월한 도구가 된다. 필자 또한 잠들기 전에 꼭 명상을 듣는 시스템을 가지고 있다. 명상을 하는 것은 유익한 정보를 얻거나 채우려고 하는 것이 아니다. 단지 마음을 편안하게 먹고 가장 편안한 자세로 머릿속을 비우는 작업을 하는 것이다. 명상을 통해 머리와 마음을 정화시키면 새로운 창의적인 아이디어가 새록새록 생겨남을 경험하게 된다. 정화의 힘은 여기에 있다. 명상을 통해 정화를 하면 우리는 끊임없이 참신한 아이디어를 제공받게 된다. 명상을 할 때 "미용고사"를 속삭이면서 한다면 더 큰 효과를 보게 된다. "미안합니다.", "용서해주세요.", "고맙습니다.", "사랑합니다." 이 네 가지 단어를 낮은 소리로 반복하면서 명상을 한다면 효과를 더욱 크게 보게 될 것이다. 명상 또한 시스템이 되어 있지 않으면 꾸준히 실행하기가 쉽지가 않다. 늘 그렇듯 핸드폰으로 하는 SNS를 통해 다른 누군가의 일상을 훔쳐보다 지쳐서 잠들기 일쑤다. 지금 머릿속이 복잡하거나, 새로운 아이디어가 필요한 일을 한다거나 불면증으로 고생을 하고 있는 독자라면,

반드시 하루 20분씩 명상하기를 챌린지 100으로 정하고 수행해보라. 100번의 명상이 남은 인생을 바꿔줄지도 모른다. 이렇듯 챌린지 100은 어디서나 누구든지 실행력을 끌어올리는 데 확실한 도구가 된다.

✅ **핵심요약** ──────

내 삶의 의미와 행복을 더해줄 5가지
1) 취미
2) 감사
3) 좋은 습관
4) 목표
5) 명상

이렇게 우리는 내 삶의 의미와 행복을 더해줄 다섯 가지 더하기에 대해 알아보았다.

다음 장에서는 내 삶을 더욱 농도 있게 사는 방법에 대해서 알아볼 것이다. 농도는 말 그대로 진한 정도를 말한다. 내 삶을 어떻게 하면 더욱 진하게 살 수 있을지를 함께 알아보자.

농도

농도란 용액 따위의 진함과 묽음의 정도, 또는 어떤 성질이나 성분이 깃들어 있는 정도를 말한다. 우리는 음식을 먹어도 그 농도가 진해야 깊은 맛을 느낄 수가 있다. 반대로 농도가 옅으면 그 음식이 내는 고유의 맛을 제대로 느낄 수가 없다. 농도가 옅은 음식을 먹으면 마치 음식을 흉내만 낸 듯한 가짜 음식을 맛본 것과 같은 기분이 들 것이다.

필자는 우리가 보낸 하루는 진짜와 가짜로 나뉜다고 생각한다. 우리의 진심과 영혼이 담겨 있다면 그 하루는 진짜의 하루를 보낸 것이고, 우리의 진심과 영혼이 없다면 그 하루는 가짜의 하루를 보낸 것과 같다. 우리가 보낸 하루의 진짜와 가짜는 우리 마음의 농도에 따라 결정된다. 우리의 하루를 진짜의 하루로 보내려면 우리는 분명 농도 있는 나의 모습으로 하루를 보내야 한다. '메멘토 모리(Memento mori)', 즉 우리는 반드시 죽는다는 것을 기억해야 한다는 말이다. 우리의 삶은 유한하다. **지금이라는 시간은 우리의 생명의 한 조각과 같은 것이다.** 지금이라는 시간은 우리의 생명과 같다. 그러니 우리가 지금이라는 시간을 가짜의 모습으로 강물 흘려보내듯이 그냥 보내서는 안 된다.

　매 순간 우리는 진짜의 모습으로 농도 있게 보낼 수 있어야 한다. 시간이라는 것이 마치 자신의 생명의 일부와 맞바꾼다는 사실을 알게 된다면 지금처럼 시간을 의미 없이 흘려보내지는 않게 될 것이다. 가난에 익숙한 사람은 돈이 최고의 가치라고 믿게 되고, 부자에 익숙한 사람들은 시간이 최고의 가치라고 믿는다. 우리가 보내는 하루의 농도를 체크해볼 필요가 있다. 우리가 보낸 하루의 농도에 따라서 우리의 미래는 분명 달라질 것이다. 필자가 챌린지 100을 수행하면서 느낀 점 중 하나는 챌린지 100을 수행하는 기간 동안의 나는 하루하루를 너무나 효율적으로 보내고 있다는 것이었다. 이와 같은 기분은 아마도 챌린지 100을 수행하는 챌린저라면 누구나 느끼는 감정일 것이다.

　누구나 하루를 알차게 보내고 싶지만, 하루의 끝은 늘 밀려오는 허무함에 한숨을 내쉬며 잠자리에 든다. 우리가 하루를 알차게 보내고 느낄 수 있는 성취감이란 특별한 업무를 수행하는 것이 아니다. 오늘 하루 내가 실천하고자 하는 리스트를 정하고, 그 리스트를 하나도 빠짐없이 실천으로 옮겼을 때 느낄 수 있는 성취감이다.

필자는 하루의 실천목록을 "성취리스트"라고 부른다. 각자 하루의 성취리스트를 정하고 수행 완료된 것은 빨간 줄로 과감히 제거해 가며 하루 중에 수행 완료토록 한다. 필자의 일일 성취리스트 목록 중 챌린지 100은 꼭 들어가 있다. 성취리스트에 모두 빨간 줄이 그어진 것을 보면 성취감이 가득 차오른다. 이런 하루를 보냈다면 우리는 농도 있는 하루를 보냈다고 과감히 말할 수 있을 것이다.

우리의 하루하루의 시간은 우리의 생명의 한 조각과 같다. 그 생명의 한 조각과 맞바꾸는 우리의 하루는 분명 헛되이 보내면 안 되며, 알차게 농도 있는 하루를 보내기에 충분한 귀한 시간이다. 독자들도 성취리스트를 작성해보자. 그리고 그 성취리스트를 하나씩 수행 완료하면서 빨간 줄로 그어나가 보자. 또한 챌린지 100을 성취리스트 목록에 꼭 집어 넣어보자. 그러면 챌린지 100의 수행력은 더욱 커지게 된다. 챌린지 100은 독자 여러분이 농도 있는 하루를 보내는 데 있어서 중요한 프로그램이 되어줄 것이다.

핵심요약

우리의 하루하루의 시간은 우리의 생명의 한 조각과 같다. 그 생명의 한 조각과 맞바꾸는 우리의 하루는 분명 헛되이 보내면 안 되며, 알차게 농도 있는 하루를 보내기에 충분한 귀한 시간이다.

6

나의 부모님, 그리고 지나고 보니 나도 부모님

인간은 어릴 적 환경이나 배경에 학습된다. 이것은 어쩌면 필자처럼 결핍 있는 과거를 보낸 독자들에게는 조금은 공평하지 못한 일일 수도 있겠지만, 어쩔 수가 없는 현실이다. 어릴 적 부모가 만들어 놓은 환경이나 주변 사람들의 영향을 받게 되고, 또 그것에 학습 받게 된다. 폭력적인 부모님 밑에서 자라난 아이는 자신도 모른 채 폭력성을 지니게 된다. 반면 사랑을 충분히 받고 자라난 아이에게는 심리적 안정감과 여유가 학습되어 있다. 물론 예외가 없는 것은 아니다. 부모에게 폭력을 당하면서 자라난 아이가 커서 그 반대로 자상한 부모가 되는 경우도 있고, 가난한 집에서 자라난 아이가 반대로 자수성가하여 잘 사는 경우도 있다. 하지만 확률상 우리는 과거의 환경과 부모로부터 학습된 것을 도구 삼아 살아간다.

필자의 경우 6살 때 아버지가 돌아가시고 편모 가정에서 자라나 가난의 불편함을 그 누구보다 가까이에서 느끼며 살아왔다. 20살이 되었을 때 나의 꿈은 가난에서 벗어나는 것이었고, 무슨 일이든 닥치는 대로 했다. 하루 700원의 차비 외에는 모두 저축을 하며 20대 시절을 보냈다. 참 다행스러운 것은 하루도 빠짐없이 일을 하며 혼자서 4남매를 길러낸 어머니의 성실함이 필자에게 학습되어 있었다는 점이었다,

필자의 어릴 적 어머니께서는 없는 살림이었지만 어려운 사람을 보면 그냥 지나가는 일이 없었고, 일찍이 세상을 떠나신 아버지와 중풍과 당뇨로 혼자서는 일어나 앉을 수도 없으셨던 할아버지의 고향이라면 쳐다보기도 싫었을 텐데, 명절 때마다 버스를 몇 번이나 갈아타고 가서서 시골 어른들을 찾아뵙고 인사를 드리는 일에도 소홀히 하지 않으셨다. 그런 모습이 어릴 때는 너무나 이해가 되지 않았지만, 지금에서 생각해보면 그런 어머니의 삶의 태도는 누가 보아도 박수를 보낼 만했다. 그리고 그런 어머니의 삶의 태도는 필자에게 일부 학습이 된 것 같다. 성실함과 인간의 도리를 지키는 삶의 태도가 필자의 일과 삶에 큰 행운이 늘 함께 따라다닌 것 같다. 시간이 지나 필자의 나이도 40대 중반이 되었다. 어쩌다 보니 나도 어느새 한 아이의 부모가 되었다. 분명 나의 삶의 태도와 모습이 아이에게는 중요한 학습의 대상이 될 것이다. 그리고 학습된 모습이 삶의 도구가 되어 살아가게 될 것이다. 나는 어떠한 부모가 될 것인가? 우리의 부모님을 평가하는 것이 아니라 우리가 부모가

되었을 때 어떠한 부모가 될 것인지를 생각해봐야 한다.

앞서 우리가 다룬 이야기 중 우리가 원하는 모습으로 살아가기를 목표로 두고 있다면 우리가 원하는 모습 중 부모의 모습도 설정해두어야 한다.당신은 어떠한 부모가 되고 싶은가? 분명 당신의 표정과 말들과 행동과 삶의 태도가 아이들에게 학습된다. 챌린지 100을 통해서 내가 원하는 부모의 모습을 설정하고 그에 도움이 되는 행동을 반복해보자. 필자의 경우 일주일에 한 번 동네의 쓰레기를 줍는다. 이름하여 클린헬스라고 정했다.

우리 아이가 7살이 된 무렵, 함께 클린헬스를 하고 있는데 아이가 물었다. "아빠, 왜 동네 쓰레기를 줍는 거야?" 필자는 답했다. "이건 쓰레기가 아니라 행운이야. 우리는 지금 행운을 줍고 있는 거야."라고 말해주었다. 그리고 며칠 뒤 가까운 아파트에 사는 조카가 "삼촌, 태웅이(우리 아이 이름)에게 행운은 쓰레기라고 했다며? 왜 그렇게 말했어?"라고 나에게 물었다. 나는 그 이야기를 듣고 잠시 생각하다가 이해를 하고는 한참을 웃었다. 아들이 사촌 누나 집에 놀러 갔다가 아빠와 클린헬스를 한 이야기를 해주며 쓰레기는 행운이라고 한 나의 말을 거꾸로 표현하여 행운은 쓰레기라고 했던 것이었다. 지금 생각해도 필자에게는 너무나 우스운 에피소드이다. 아들 태웅이가 초등학교에 입학한 이후로도 학교를 마치고 집에 돌아오는 길에 쓰레기를 주워서 자신의 바지 주머니에 넣어 오는 습관이 생겨서 바지를 매번 세탁해야만 하는 일들도 있었다. 지금 중학생이 된 아들 태웅이는 다른 아이들처럼 장난꾸러기지만 길가에 쓰레기를 버리지 않는다.

이렇듯 부모의 행동 하나가 한 아이의 평생 습관으로 자리 잡게 될 수도 있다. 우리는 분명 우리의 아이에게 좋은 학습을 시켜 줄 의무가 있다. 이것은 학원이나 사교육을 통해서만 배울 수 있는 것이 아니다. 부모의 모습과 삶의 태도를 보고 아이들은 삶을 배우고 학습한다. 좋은 부모가 되기 위한 챌린지 100을 생각해보고 도전해보자. 챌린지 100이 당신이 더 훌륭한 부모의 모습으로 변화되는 데 힘을 보태 줄 것이다.

> ✅ **핵심요약**
>
> 나는 어떠한 부모가 될 것인가?를 설정해보자. 2세에게도 유전이 되고 학습이 될 좋은 부모가 된 나의 모습을 그려보자. 그리고 내가 원하는 나의 모습이 되기 위한 챌린지 100에 도전해보자.

다음 장에서는 챌린지 100 프로그램이 왜 성공률이 높은지를 알아보자.

7

자율과 의무의 합작품

챌린지 100 프로그램은 그 어떤 습관 만들기 프로그램보다 성공률이 높다. 그 이유는 챌린지 100이 자율과 의무의 합작품이기 때문이다. 자율에만 의존되는 시스템이나 프로그램은 실천력도 떨어지고 지속하기가 어렵다. 자율에 의무감이 더해질 때 우리의 행동력은 배가 된다. 수십 년 전 하버드 대학에서 동일한 과제로 인간의 실행력에는 어떠한 것이 영향을 미치는지 실험한 적이 있었다. 학생들을 A, B, C 세 그룹으로 나누어 동일한 과제를 주면서 A그룹 학생들에게는 자율적으로 해오라고 하였고, B그룹 학생들에게는 과제를 수행해오면 커피쿠폰을 준다고 하였으며, 마지막 C그룹 학생들에게는 과제를 수행해오면 커피쿠폰을 주고, 만일 수행하지 않았을 경우 다음 학점에서 3점을 감점하겠다고 했다. A, B, C 세 그룹

중 어느 그룹의 학생들이 과제 수행률이 가장 높았을까? 당연히 C 그룹 학생들이 거의 95%의 과제 수행률을 보였다. B그룹 학생들의 과제 수행률은 80%였고, A그룹 학생들의 과제 수행률은 50%였다. 이 실험을 통해서 우리가 알 수 있는 것은 어떠한 일이라도 단순히 자율에만 의존했을 때는 그 수행률이 현저히 떨어지고, 반면에 보상이나 패널티의 조건이 들어가면 그 수행률이 아주 높게 나타난다는 사실이다. 우리는 이것으로 혜택과 의무감이 더해질 때 행동력이 커지게 됨을 알 수가 있다. 챌린지 100을 수행하는 챌린저들이 스스로 정한 보상과 패널티는 스스로의 의무감을 증폭시키게 된다. 챌린지 100 프로그램에는 보상과 패널티가 존재한다. 자율적인 선택과 수행의무를 더한다면 행동력은 더욱 커지게 된다. 챌린지 100도 자율과 의무감의 합작품이다. 챌린지 100 프로그램의 핵심요소 5가지(T, G, B, P, S)에는 팀을 이루어 공개적으로 하는 것, 목표를 설정하는 것, 수행 완료 시 보상이 있는 것, 수행하지 않았을 시 패널티가 존재하는 것, 그리고 결과를 공유하는 것이다. 이중 챌린지 100 프로그램 수행 중 하루라도 누락이 될 시 패널티가 존재하기 때문에 그에 따른 심적 의무감이 챌린지 수행력을 더욱 높게 만든다. 즉, 패널티에 대한 부담이 동반되기 때문에 수행력이 더욱 커지게 되는 것이다. 배가 물 위에서 안정감 있게 떠 있는 이유는 물속으로 가라앉으려는 중력이 가해지면 물 위로 뜨려고 하는 부력이 동반되기 때문이다. 중력과 부력의 두 가지 상반된 힘으로 인하여 배가 물 위에서 안정감 있게 떠 있을 수 있는 것이다. 순자의 말처럼 우리의 삶에는 늘 반대의 상황이 동반되어 균형을 이루게 한다.

힘이 가해지면 반대로 힘을 받아주는 저항력이 동반된다. 시스템 또한 마찬가지다. 보상만 있다면 그 시스템은 오래가지 못한다. 보상이 있으면 패널티라는 저항력이 있어야 균형을 이루게 되어 그 시스템은 더욱 견고해진다. 지속 가능한 시스템과 규칙에는 반드시 보상과 패널티가 동반된다. 챌린지 100 프로그램은 팀을 이루어서 하는 공동체 프로그램이다. 챌린지 100 프로그램 또한 규칙 속에 보상과 패널티가 동반되어야 지속력이 생긴다.

어느 집단이든 규칙이 있고 시스템이 있다. 단 그 지속력은 보상과 패널티의 균형에 달려있다. 챌린지 100 프로그램도 보상과 패널티의 합작품이다. 즉, 자율과 의무감의 합작품인 것이다. 이것이 바로 챌린지 100의 수행력을 키워주는 핵심 키워드이다.

자율 + 의무감 = 행동력

견고한 시스템에는 보상과 패널티가 함께 존재한다. 보상만 있거나 패널티만 존재하는 시스템은 오래가지 못한다. 보상과 패널티가 함께 존재해야 그 시스템은 오래간다.
다음 장에서는 챌린지 100이 어떠한 조직에 그리고 대상에 절실하게 필요한지에 대해 알아보자.

위기의식

우리는 살면서 수없이 많은 위기에 직면한다. 하지만 우리는 흔히 위기라고 하는 것을 인식하기가 두렵고 어렵기만 하다. 마치 내 인생에 위기라는 것을 받아들이면 나에게 큰 고난이 찾아올 것 같고, 자칫하면 내 인생이 망할 것만 같다. 그래서 위기라는 말에는 늘 받아들이기 어렵고 거부하고 싶은 마음이 든다. 정말이지 위기가 찾아왔음에도 그것을 끝내 모른 척하려고 애쓰는 경우가 참 많다. 위기라는 단어의 개념을 제대로 안다면 위기에 대한 인식이 달라질 것이다. 위기의 한자 뜻은 위험한 시기를 뜻하기도 하지만, 위태할(위) + 기회(기)의 뜻으로도 풀이가 된다. 즉, 위기란 위태로움과 기회가 함께 있다는 뜻이다. 순자의 말처럼 늘 반대의 상황은 동반된다. 성공 속에 실패가 숨어있기도 하고, 실패 속에 성공이 숨어있기도 한다. 어둠이 있어야 밝음을 느낄 수가 있고, 차가움이 있어야 따뜻함을 느낄 수가 있다. 언제나 우리가 직면한 위기를 쪼개어 보면 위태로움과 기회가 동반하여 찾아온다. 사람은 누구나 넘어질 수 있다. 하지만 그냥 쓰러져 있는 것이 아니라 무엇이라도 주워서 일어나면 된다. 때로는 넘어져야만 기회가 보이고 그것을 주울 수가 있다. 고난이 없는 삶이란 존재하지 않는다. 주변에 모든 일이 잘 풀리고 운이 타고난 것만 같이 보이는 사람일지라도 고난이 없는 것이 아니라 고난에 익숙한 사람일 것이다. 고난에 익숙한 사람은 그 고난 속에 동반된 기회를 반드시 찾아낸다. 그리고 그 기회를 살려 내 고난에서 거뜬히 벗어난다. 이렇듯 우리는 위기라는 것에 직면하면 위태로움만 느낀 채 쓰러져서는 안 된다. 그 속에 기회를 발견하고 그 위태로움을 이겨내야 한다. 이 책을 읽는 독자 중 현재 삶에 위기가 찾아왔거나, 예기치 못한 병이 찾아왔거나, 주변 사람들과의 좋지 못한 관계로 힘들어한다거나 등등의 아픔이 찾아와 삶의 위기라는 생각이 든다면, 위기를 단순히 고난의 시기라고만 생각할 것이 아니라 '위태로움과 기회가 동반된다.'라는 사실을 믿기 바란다. 그리고 그 위태로움 속에 기회를 발견하기 바란다. 위기라는 말을 제대로 해석한다면, 위기를 조금은 쉽게 받아들이게 될 것이다. 인간의 행동력이 가장 높아질 때는 위기에 직면했거나 스스로 위기의식을 가질 때라고 한다. 인간은 스스로의 상황이 위기라고 생각되면, 그때서야 움직이는 성향이 있다. 챌린지 100은 철저하게 행동학에 근거하여 만들어진 프로그램이다. 챌린지 100은 현재 스스로가 위기라고 생각하는 독자들에게 절실히 필요한 시스템이다.

또한 챌린지 100을 수행하는 챌린저들은 스스로가 위기의식을 가지고 수행한다면 행동력이 더욱 높아지게 될 것이다. 위기의식은 우리를 더욱 부지런하게 하고, 극복을 위한 창의적인 생각을 끌어내어 새로운 긍정을 생성시킨다. 즉, 위기의식은 정신건강에도, 신체적 건강에도 좋은 작용을 한다는 것이다. 삼성이 반도체 시장에서 전 세계 시장 점유율 1등을 달성했을 때 CNN 기자와의 인터뷰에서 당시 이건희 회장이 말한 성공비법은 위기의식이었다. 스스로 위태로움을 느끼고 그 속에서 기회를 발견하여 그 기회를 끊임없이 잘 살려 낸 결과라고 했다. 그 결과 2등과 초격차로 세계시장을 점령할 수 있게 되었던 것이다. 위기의식은 아주 가끔씩 가져야 하는 것이 아니다. 매 순간 가져야 한다. 주변 관계에도 위기의식을 가지면 서로가 더욱 노력하게 된다. 건강에도 위기의식을 가지고 관리해야 자신의 건강을 잘 유지할 수가 있다. 사고도 나태함에서 일어나는 경우가 대부분이다. 위기의식만이 나태함으로부터 벗어날 수가 있다. 이 글을 읽는 독자 여러분도 위기의식은 늘 준비물처럼 잘 챙겨 다니기를 바란다.

현재의 나의 위기는 무엇인지를 적어보자.

현재 나의 위기는 _____

_____이다.

현재 나의 위기 속의 기회는 무엇인지 적어보자.

현재 나의 위기 속 기회는 _____
_____이다.

나의 기회를 살리기 위해 도전할 챌린지 100의 제목을 적어보자.

내가 도전할 챌린지 100의 제목은 _____
_____이다.

당신의 위기를 극복해줄 기회를 행동으로 옮겨줄 챌린지 100을 정했다면 오늘부터 시작해보자. 100일 뒤의 당신은 분명 그 위기를 넘어서 또 다른 큰 기회를 맞이하게 될 것이라 확신한다.

핵심요약

당신이 현재 직면한 위기를 쪼개 보면 위태로움과 기회가 함께 들어있다. 자신의 위기를 분명하게 점검하고 극복하기 위한 챌린지 100을 수행해보자. 그리고 위기 속에 기회를 찾아서 또 한 번의 성장을 만들어 보자.

다음 장에서는 당신이 챌린지 100이라는 도구로 더욱 성장하고 성공할 수 있는 방법에 대해 이야기해보자.

9

달라질 거라는 믿음

챌린지 100을 수행하는 수많은 챌린저 중 챌린지 100의 효과를 더욱 크게 보는 방법은 **믿음을 가지는 것이다.** 그 믿음은 챌린지 100을 통해서 스스로가 달라질 거라는 믿음을 말한다. 필자에게는 습관성 두통이 있다. 군 복무 시절 두통이 잦아서 의무대를 자주 방문하게 되었다. 의무대에서 주는 노란 약이 너무 잘 들어서 매번 머리가 아프면 그 노란 약을 처방받아서 먹었다. 한번은 군대 후임병과 함께 의무대를 방문하여 약을 처방받고는 깜짝 놀랐다. 후임병은 분명 음식을 급하게 먹고 체해서 간 것인데 내가 먹는 약과 똑같은 약이었기 때문이다. 그래서 군의관에게 물어보니 나의 약이 잘못 처방된 것이라고 했다. 내가 여태껏 효과가 있다고 믿고 먹은 약이 두통약이 아니라 소화제였던 것이었다. 우리는 살면서 이런 경험을 많이 하고 산다. 플라시보(placebo) 효과란 가짜 약인 줄 모르고 진짜 약이라고 믿고 먹을 경우 약의 효과가 나타난다는 뜻이다. 우리의 믿음은 우리의 행동에 더 큰 효력을 만들어 낸다. 챌린지 100을 수행할 때도 더 큰 효과를 보기 위해서는 100일 뒤 달라진 자신의 모습을 시각화하고 마치 그렇게 된 것처럼 믿고 수행하는 것이다. 이것은 믿음 없이 하는 것보다 몇 배의 효력이 있을 것이다. 챌린지 100으로 10킬로그램 다이어트를 수행한다면 10킬로그램이 빠진 날씬한 몸을 시각화하고 상상하면서 수행한다면 더욱 효과가 클 것이다. 믿음은 자신의 행동력을 높여주고 그 효력을 증대시킨다. 챌린지 100을 수행하는 모든 챌린저들은 챌린저 100으로 변화될 자신의 모습을 철저히 믿으며 수행하기를 바란다. 믿음의 놀라운 힘을 느낄 수가 있을 것이다.

핵심요약 ————

챌린지 100을 수행할 때에는 100일 뒤 달라진 자신의 모습을 시각화하고 마치 그렇게 된 것처럼 믿고 수행하는 것이 중요하다.

　챌린지 100은 변화를 목적으로 한다. 하지만 모든 것이 변해야 한다는 것은 아니다. 다음 장에서는 우리가 변화해 나가야 하는 것과 변질되면 안 되는 것들에 대해서 알아보자.

변해야 할 것, 변질되면 안 되는 것

우리가 느끼는 세상은 끊임없이 변화하고 변질되어 간다. 변화와 변질은 성질이나 형태가 변한다는 공통부분이 있지만, 변화는 업그레이드나 다운그레이드가 되는 것을 의미하고, 변질은 근본이 바뀌는 것을 말한다. 세상이 변화면 우리도 변화되어 가고, 우리가 변화면 내가 느끼는 세상도 변화되어 간다. 이렇듯 우리는 끊임없이 세상으로부터 변화되어 가고, 우리가 변화되어 감으로써 우리가 느끼는 세상 또한 변화되어 간다. 앞서 이야기한 것처럼 변화는 업그레이드와 다운그레이드 둘 중에 하나로 변화된다. 즉, 좋은 변화가 있고, 나쁜 변화가 있다. 나를 성장시켜 주는 변화가 있고, 나를 퇴보하게 만드는 변화가 있다. 이왕이면 우리는 나를 성장시켜 주는 좋은 변화를 만들어가야 한다.

단 한 번뿐인 인생을 우리는 의미 있고 행복하게 살 권리가 있다. 의미 있고 행복한 인생을 살기 위해서는 내가 원하는 인생을 사는 것이고, 내가 원하는 인생은 내가 원하는 나의 모습으로 인생을 사는 것이다. 결국 의미 있고 행복한 인생을 위해서는 내가 원하는 나의 모습으로 변화시켜 나가는 힘이 필요하다. 변화시켜 나가기 전에 나를 성장시켜 주는 변화를 적어보자.

필자의 경우

나는 꾸준한 독서로
지혜와 미래를 보는 눈을 키우는 성장을 바란다.
나는 꾸준한 운동을 통해서
더 나은 건강과 몸매의 성장을 바란다.

필자의 경우 나를 성장시켜 줄 도구로 독서와 운동을 정하였다. 독서를 통해서는 삶의 지혜와 미래를 보는 혜안을 가지게 되는 것이고, 운동을 통해서는 건강과 더 자신감 있는 몸을 가지게 되는 것이다.

그렇다면 우리의 성장을 만들어 줄 독서와 운동을 챌린지 100의 제목으로 정하고 수행하면 된다.

독서의 경우 "하루 50페이지의 글을 읽고 간단한 감상문 적기"로 정하고, 운동의 경우 "하루 30분씩 걷기 + 30분씩 웨이트 운동하기"로 정한다. 챌린지 100 프로그램을 통해서 이 두 가지를 수행한다면 그 결과 100일 동안 5,000페이지의 책을 읽게 되는 것이다. 이는 최소 책 10권의 분량이다. 3개월이 조금 넘는 시간 동안 책 10권을 읽게 된다. 운동의 경우 하루 30분씩 걷기와 웨이트 운동을 한다면 변화된 몸무게와 몸매는 필자가 굳이 설명하지 않아도 변화된 자신의 모습이 상상이 될 것이다. 모두가 변화를 꿈꾸고 무언가를 시작해보지만 실행력이 떨어져 지속하지 못한다. 하지만 챌린지 100 프로그램이 반드시 여러분의 변화를 이끌어 줄 것이다.

이렇듯 우리는 챌린지 100이라는 확실한 도구를 이용해 우리의 성장을 만들어갈 수가 있다. 우리의 의미 있고 행복한 인생을 위해서라도 우리는 챌린지 100 프로그램을 적극 활용해야 한다. 챌린지 100 프로그램을 통해서 얻게 된 놀라운 발견 하나가 더 있다. 챌린지 100을 통해서 내가 원하는 습관을 갖게 되는 과정에서 평소 너무나 없애고 싶은 습관이 자연스레 사라지는 경험을 하게 되었다. 우리의 뇌와 몸은 기억할 수 있는 행동패턴의 분량이 정해져 있어서, 새로운 습관 하나가 생겨나면 기존에 있던 습관 하나가 없어지는 현상이 생겨난다. 이것은 정해진 면적의 밭에 새로운 농작물을 심기 위해서는 기존에 필요 없는 농작물을 제거하고 새로운 농작물을 심을 자리를 확보하는 것과 같다. 우리의 몸은 새로운 습관 하나가 생성되면 기존의 습관 하나가 제거된다. 독서를 하는 시간이 확보되면 그 시간에 했던 기존의 불필요한 습관들이 자연스레 사라지는 것이다. 즉, 좋은 습관 하나가 새롭게 형성되면 기존의 나쁜 습관 하나가 제거된다. 챌린지 100은 좋은 습관을 만들고 나쁜 습관을 없애는 일석이조의 효과를 볼 수 있는 이 시대의 획기적인 프로램인 것을 확신한다.

　이제는 독자 여러분들이 직접 적어보자.

　나의 성장을 위해 사용되어질 변화의 도구는

_____

_____이다.

　나의 성장을 위해 사용되어질 도구를 실천할 나의 챌린지 100 의 제목은 _____

_____이다.

　이제 당신이 정한 챌린지 100을 실천해보자.

　지금까지 우리의 성장을 위한 변화에 대해 알아보았다면 이제 는 변질에 대해서 알아보자. 우리는 자신의 행복을 위해서 끊임없 이 좋은 변화를 만들어가야 하지만 근본이 변질되면 안 된다. 변질 은 근본이 바뀌는 것이고 뿌리가 변하는 것이다. 우리는 태어날 때 부터 나만의 건강한 근본이 있다. 그것은 우리의 정체성이다. 누구 나 태어날 때부터 완벽한 정체성을 타고난다고 한다. 이런 완벽한 정체성이 변질되지 않게 잘 지켜나가야 한다. 우리의 근본인 정체성을 잘 지켜나가기 위해서는 부모님과의 관계회복과 기도의 힘을 가지는 것이다. 부모님과의 관계와 우리의 정체성은 무슨 관계가 있는가? 우리 생명의 근본은 부모님으로부터 받은 것이다. 즉, 우리가 가진 가장 큰 복은 단연 우리의 생명이다. 이렇듯 우리의 복의 근원은 부모님인 것이다. 부모님께 완벽히 효도를 다 할 수는 없지만, 끊임없이 잘하려고 해야 한다. 또한 부모님과의 관계가 좋지 않은 독자라면 관계회복을 위해서 우선적으로 노력해야 한다. 그것이 자신의 근본을 지키고 복의 통로를 회복하는 길이다. 자신의 정체성을 지키는 두 번째는 기도의 힘을 가지는 것이다. 기도의 힘을 가진다고 해서 무조건 특정 종교를 믿으라는 것은 아니다. 분명 인간의 힘으로 살아가기에는 너무나 힘든 세상이다. 신앙을 통해서 자신이 진정으로 원하는 것을 영성을 통해서 기도하고 간절한 마음으로 노력하며 살아가는 것이 자신의 정체성을 지키는 탁월한 방법이 된다. 우리는 무언가를 끊임없이 원하며 살아간다. 그것을 이루게 하는 것 중 간절한 기도가 큰 힘을 발휘해 주게 되는 경우가 참 많다.

간절한 기도 + 노력 = 기적

우리가 살아온 길을 잠시 되돌아보면, 우리의 힘으로 도저히 할 수 없었던 기적 같은 일들이 너무나 많다. 그것들에는 우리도 모르게 수많은 간절한 기도가 들어가 있었을 것이다. 종교가 없다면 그래도 좋다. 우리가 원하는 무언가를 끊임없이 기도해보자. 혹시 모르지 않은가? 간절히 원하는 무언가가 당신의 간절한 기도의 힘으로 이루어질 수도...

기억하자, 우리의 정체성이 변질되지 않도록 부모님과의 관계회복에 힘쓰고, 내가 원하는 무언가를 위해서 기도를 하는 습관을 가져보자.

변화되어야 하는 것

☞ 챌린지 100으로 좋은 습관을 만드는 것

변질되면 안 되는 것

☞ 부모님과의 좋은 관계, 간절한 기도로 자신의 정체성을 회복하는 것

제3장

바뀐 나로 무엇을 또다시 바꿔갈 것인가?

챌린지 100은 나비효과를 만든다

　　나비효과란 어느 한 곳에서 일어난 나비의 작은 날갯짓이 뉴욕에 태풍을 일으킬 수 있다는 미국의 기상학자의 말에서 유래되었다. 나비효과는 우리의 일상생활 속에서도 흔히 경험하게 된다. 인간은 주변 환경에 의해 카멜레온처럼 수시로 변하고 적응한다. 인간은 주변 환경 중 사람의 영향을 가장 많이 받는다. 만일 당신이 여자이고 결혼할 남자친구가 있다면, 결혼 전에 그 남자친구가 가장 자주 접하는 주변 사람 5명을 만나보라. 그 사람들을 만나 보면 남자친구의 미래의 모습을 예측할 수 있다. 이것은 수많은 실험에서도 증명된 사실이다. 이처럼 우리는 주변 사람의 영향을 많이 받으며 변화되어 간다. 챌린지 100 또한 변화를 맛본 당신 하나로 주변 사람들을 변화시킬 수가 있다. 나비효과처럼 당신의 날갯짓 하나가 주변 사람들의 삶에 태풍과도 같은 큰 영향을 줄 수가 있다. 챌린지 100 프로그램이 자신을 좋은 변화로 이끌어 줄 확실한 도구라고 생각한다면, 그 도구를 주변에 행동력이 떨어져 있는 사람이나 지금 당장 행동력이 필요한 사람들에게 소개해보자. 챌린지 100은 철저한 행동학에 따르는 시스템이자 프로그램이다. 챌린지 100의 중요한 핵심 5대 요소는 T, G, B, P, S로 팀을 이루는 것, 각자 챌린지의 목표를 정하고 공유하는 것, 최종 수행 완료 시 보상을 정하는 것, 수행 누락 시 패널티를 정하는 것, 최종 수행 완료 후 결과를 나누는 것이다. 이 5가지가 실행되어야 챌린지 100의 행동력을 최대치로 높일 수가 있고 그 성공률 또한 높아진다. 우리는 누구나 팀을 만들어 챌린지 100 프로그램을 실행시킬 수가 있다. 그 방법을 알려주겠다. **첫 번째, 팀을 만들어 보자.** 팀을 만들 때는 너무 사적인 감정으로 이루어진 팀이 아닌, 자신의 공적인 이미지로 만들어진 관계로 팀을 만드는 것이 좋다. 예를 들어 가족같이 긴장감이 없는, 해도 그만 안 해도 그만인 너무 편한 관계는 행동력이 떨어지게 된다. 좀 더 공적이 관계인 회사나, 병원이나, 학원 등의 사회구조를 통해 형성된 관계끼리 팀을 만들면 행동력이 훨씬 높아진다. 그 이유는 챌린지 100을 수행하다 낙오할 경우 자신의 이미지가 손상될 수도 있다는 생각이 들면 의무감과 행동력이 훨씬 높아지기 때문이다.

팀을 구성하였다면, **두 번째는 챌린지 100의 수행을 통해 얻고 싶은 목표를 분명하게 정하고 공유해야 한다.** 하루 영어단어 10개씩 10번 적는 것을 챌린지 제목으로 정하였다면, 그 목표는 100일 후 1,000개의 단어를 10,000번 적음으로써 1,000개 단어 중 300개 이상의 단어를 암기하는 것을 목표로 한다. 이렇게 팀을 구성하고 각자의 챌린지 100의 목적을 정하고 공유하였다면, **세 번째는 보상을 정하는 것이다.** 보상은 팀의 리더가 정하고 주는 것이 효과적이다. 보상은 늘 지금의 수고를 위로해준다. **네 번째는 패널티를 정하는 것이다.** 패널티는 조금 부담이 될 수도 있는 선에서 정하는 것도 좋다. 예를 들어 인증샷 누락 시 멤버 전원에게 커피 돌리기와 같은 비용이나 수고가 충분히 들어가는 것일수록 패널티에 대한 부담과 의무감이 커져서 수행력이 훨씬 높아지게 된다. 마지막 **다섯 번째는 챌린지 100 수행 후에 그 결과를 공유하는 것이다.** 수행 과정에서 느낀 점이나 그로 인해 얻은 결과물을 공유한다면 지금 수행 중인 챌린저에게 충분한 행동 자극이 된다.

이렇게 독자 여러분 누구나 챌린지 100을 직접 만들어서 주변 사람들을 변화시킬 수가 있다. 바뀐 모습을 혼자서만 만족할 것이 아니라 주변 사람들에게 챌린지 100 프로그램을 알려주고, 스스로가 챌린지 100의 팀 리더가 되어 서로를 변화하게 만들어 주는 것이 중요하다. '바뀐 나로 무엇을 바꿔 나갈 것인가?'라는 주제의 답 중 하나는 챌린지 100 프로그램을 통해서 주변 사람들 또한 좋은 방향으로 변화되게끔 이끌어주는 일이야말로 챌린지 100을 경험한 독자라면 반드시 해야 할 의무라고 생각한다.

'바뀐 나로 무엇을 바꿔나갈 것인가?'라는 주제의 답 중 두 번째는 챌린지 100 프로그램을 경험하고 수행을 완수해 본 챌린저라면 누구나 자신감에 벅차 있을 것이다. 꿈 넘어 꿈이라는 이야기가 있지 않은가? 그다음 또 다른 변화나 목표를 만들어 또다시 바꿔 나갈 자신의 모습을 설정하는 것이다. 즉, 바뀐 나로 또 다른 나를 바꿔가는 것이다. 챌린지 100을 수행하는 한 여러분들은 끊임없이 더 강한 사람으로, 더 나은 사람으로 진화되어 갈 것이다.

챌린지 100으로 인해 바뀐 내가 또다시 바꿔나갈 것들
1) 챌린지 100의 팀 리더가 되어 주변 사람들의 변화를 돕는 것
2) 챌린지 100 수행 완료 후 또 다른 도전목록으로 챌린지 100을
   지속하는 것

그러면 다음 장에서는 주변 사람을 넘어 세상을 바꾸는 일에 대해서 알아보고 도전해보자.

세상 바꾸기

1953년 프랑스 작가 장 지오노가 쓴 《나무를 심은 사람》이라는 단편소설을 아는가? 프랑스 프로방스 지방의 황량한 알프스 산간에 수십 년 동안 나무를 심어 풍요로운 곳으로 바꿔낸 양치기 노인의 이야기로, 오지를 떠돌던 여행자 주인공이 물을 찾다가 우연히 외딴 산간에 집을 튼튼하게 짓고 양치기로 살아가는 장년 사내를 만나 물을 얻어 마신 후 그 사내의 집에 가서 저녁식사를 함께한다. 그 사내는 50대 중반의 평범한 농부였으나 아내와 아들이 일찍이 죽은 뒤, 모든 재산을 정리하고 양을 몰며 홀로 살고 있었는데, 가족이라고 해봐야 양을 모는 개 한 마리 정도. 무뚝뚝하고 꼼꼼한 그의 이러한 삶에 끌린 주인공은 하루를 더 머물며 그의 삶을 관찰한다. 그리고 다음 날 그 사내가 3년간 10만 그루의 도토리나무를 심은 것을 알게 되었고, 앞으로 자작나무를 심을 거라는 계획도 듣게 된다.

그 후 여행자 주인공은 5년간 제1차 세계대전에 참전했다가 종전 후 자연을 그리워해 다시 그 양치기 사내가 있던 산속을 찾는다. 그곳에서 그가 발견한 것은 울창한 참나무숲과 개울가, 그리고 양목을 하고 있는 노인이었다.

프랑스 프로방스의 황량했던 한 마을이 노인 한 사람의 꾸준함으로 울창한 숲이 만들어지고 그곳에서 양봉까지 하게 된 것이다. 세상의 변화는 특정 단체가 아닌, 특별한 누군가의 하나에 의해서 변화가 시작된다. 그 특별함은 분명 꾸준함일 것이다. 꾸준함이 세상을 바꾼다. 챌린지 100 프로그램을 통해서 세상을 바꿀 수 있는 일들이 너무나 많을 것이다. 챌린지 100을 통해서 영어단어를 더 외우고, 교통사고로 인해 걷지 못하는 재활 치료자가 걷기를 할 수 있게 되고, 하루 1곳 취업원서 내기 라는 챌린지 100을 통해서 실업자가 취업을 하게 되고, 우울증에 빠져있던 친구가 햇빛 보며 걷기 챌린지를 통해서 우울감에서 벗어나게 되고, 아들에게 편지 쓰기 챌린지를 통해서 아들과의 관계가 회복되고, 동네 한 바퀴 돌며 쓰레기 줍기 챌린지를 통해서 거리가 깨끗해지고, 하루 1,000원 기부하기 챌린지를 통해서 어려운 사람을 돕게 되고, 하루 1만 원으로 생활하기 챌린지를 통해서 소비를 줄여 저축을 늘리는 결과를 얻게 되고 등등, 우리는 반복과 꾸준함으로 세상을 바꾸기에 충분한 힘을 가지고 있다. 내가 원하는 세상으로 단 한 번에 바꿀 수는 없지만, 꾸준히 반복해서 하다 보면 그 언젠가 내가 바라는 세상이 내 눈 앞에 펼쳐질 수도 있지 않을까? 황량했던 프로방스의 한 마을이 울창한 숲으로 둘러싸이게 된 것처럼 말이다. 최근에 아들과 길을 걷다가 너무나 신기한 장면을 보게 되었다. 거리에 쓰레기를 줍는 사람들의 모습이었다. 분명 8년 전에 우리가 가장 먼저 시작했고 최근까지도 우리만 했었는데, 우리와 같이 쓰레기를 줍는 사람들이 생겨난 것이다. 우리를 보고 동기를 얻게 되었을 수도 있다는 생각에 마음에 감동이 벅차올랐다. 나의 행동하나가 세상을 변화시키고 있다는 확신을 갖게 되었다. 이보다 더 큰 감동이 있을까? 독자 여러분들도 챌린지 100이라는 프로그램을 통해서 세상을 바꾸는 데 기여하기를 간곡히 부탁드린다.

📋 **핵심요약** ──────

세상의 변화는 특정 단체가 아닌, 특별한 누군가의 하나에 의해서 변화가 시작된다. 그 특별함은 분명 꾸준함일 것이다. 꾸준함이 세상을 바꾼다. 챌린지 100이라는 도구를 이용해서 세상을 바꾸는 일에 동참해보자.

문화의 힘

　문화란 사회구성원에 의해서 일정한 목적 또는 생활 이상을 실현하고자 서로 간의 습득, 공유, 전달되는 행동양식을 말한다. 이 글을 읽는 독자 중 팀을 이끌어가는 팀 리더가 있다면, 지금 읽고 있는《나를 바꾸는 챌린지 100》에서 당신의 팀을 더욱 견고하고 발전시켜 줄 수 있는 해답을 찾게 될 것이다. 팀이 예전보다 더욱 견고하고 발전되기를 원한다면, 팀 문화가 제대로 자리 잡아야 한다. 우리가 일상에서 느끼는 문화란 사회구성원끼리 생활하면서 학습되거나 반복되고 있는 마인드 또는 행동양식을 말한다. 좋은 팀에게는 좋은 문화가 자리 잡게 되고, 강한 팀에는 강한 문화가 자리 잡게 된다. 반대로 좋은 문화가 자리 잡은 팀은 좋은 팀이 될 가능성이 높고, 강한 문화가 자리를 잡은 팀은 강한 팀이 될 가능성이 높다. 팀의 리더라면 자신의 팀을 어떻게 만들어가고 싶은지를 정한 다음 그 문화를 만들어가는 것이 중요하다. 그 문화를 만들기 위해서는 반복되는 학습이 필요하다. 이것을 시스템으로 발전시키려면 반복할 수 있는 프로그램을 만들어야 한다. 이것을 위해서 챌린지 100 프로그램을 적극 활용한다면 가장 빠르게 당신이 추구하는 문화를 만들 수가 있게 될 것이다. **좋은 문화를 만들기 위해서 첫 번째로 해야 할 일은 슬로건을 만드는 것이다.** 우리 회사의 슬로건은 "one more! one together!"이다. "이왕에 할 거면 하나를 더하고, 이왕에 할 거면 다 함께하자!"라는 뜻으로 필자가 정한 슬로건이다. 필자는 위의 슬로건을 "부지런함과 화합"을 강조하고 싶은 마음에서 정하게 되었다. 슬로건은 팀 리더가 팀원들에게 팀의 방향을 분명하게 심어줄 수 있는 중요한 도구가 된다. 당신의 팀에는 슬로건이 있는가? 슬로건부터 정해보자! 그리고 그 슬로건을 통해서 무엇을 강조하고 싶은지를 공유하자.

슬로건을 만들었다면, **두 번째는 팀원 간에 공유하는 힘을 가지는 것이다.** 공유의 힘은 팀원 간의 자유로운 소통으로 생겨난다. 팀원 간의 소통은 옳다는 생각을 가져야 한다. 물론 남을 비난하는 소통은 제외된다. 남을 비난하는 소통이 아니라면, 그 어떠한 소통일지라도 좋은 것이라 생각한다. 서로 간의 생각을 존중하고 공유할 수 있는 문화를 만든다면 팀 파워는 더욱 커지게 된다. 이렇듯 아무리 작고 사소한 것이라도 공적인 정보라면 서로 간에 투명하게 공유하는 힘을 가져야 한다.

좋은 문화를 만드는 세 번째는 챌린지 100 프로그램을 조직문화로 자리 잡게 하는 것이다. 당신이 소속되어 있는 공적인 조직이나 팀은 챌린지 100 프로그램을 수행하기에 너무나 좋은 공간이다.

물론 챌린지 100에는 의무감이 들어가서는 안 된다. 철저하게 자신이 원하는 변화를 만들기 위한 자발적인 도전이 되어야 한다. 공적인 분위기 속에서 챌린지 100 프로그램을 수행하는 문화를 만들어간다면 참여하는 팀원 개개인이 성장할 수가 있고, 조직 또한 더불어 성장하는 것을 느낄 수가 있게 된다. 즉, 자신이 추구하는 변화를 챌린지 100 프로그램을 통해서 얻게 되고, 결국 팀 문화에도 긍정적인 영향을 끼치게 된다. 팀원들 모두가 원하는 모습으로 변화할 수 있는 챌린지 100과 같은 시스템과 문화가 있다면 분명 당신의 팀이나 조직은 눈부신 변화를 이루어 낼 수가 있을 것이다. 이처럼 챌린지 100 프로그램을 만들어 시스템의 5대 요소(T, G, B, P, S)를 정하고 수행해보자. 분명 당신이 이끌어가는 조직문화는 예전과는 확연히 달라진 사실을 느낄 수가 있을 것이다.

당신의 팀이나 조직의 좋은 문화를 만들기 위한 3가지

1) 슬로건 만들기!

2) 작은 것이라도 공적인 것이라면, 조직원 모두가 투명하게 공유하기!

3) 챌린지 100 프로그램을 통해서 개인성장과 조직성장의 문화 만들기!

다음 장에서는 성장의 필요성과 성장의 기쁨에 대해서 알아보자.

4

성장

챌린지 100 프로그램은 성장 핵심 프로그램이다. 이 책을 통해서 우리는 스스로에 대한 변화를 만드는 방법에 관해 많은 공부를 해왔다. 우리의 의미 있고 행복한 인생을 위해서 내가 원하는 모습으로 변화시키는 것은 곧 성장을 의미한다. 누구나 성장을 원한다. 그렇다면 우리는 왜 성장을 하고 싶은가? 우리는 왜 성장을 해야 하는가?

성장을 하면 기쁨이 있기 때문이다. 성장한 나로 살아가는 세상은 또 다른 기쁨이 찾아온다. 학생이 학습능력이 성장하여 성적이 오르고, 운동선수가 운동실력이 성장하여 메달을 따고, 일의 능력이 성장하여 승진을 하고 연봉이 오르면 누구나 기쁜 마음으로 가득 찬다. 이렇게 성장한다는 것은 분명 세상으로부터 나의 가치가 계속해서 더 나아지고 있다는 것을 의미한다. 더 나아지는 것에는 기쁨이 동반된다. 더 나아지면 자신의 영향력이 커지고 자신의 맨파워가 올라간다. 또한 성장은 개인 브랜딩의 중요한 시작이 된다. 스스로 자신감도 올라가고, 그로 인해 자존감 또한 높아진다. 그래서 우리는 끊임없이 성장하고 싶고, 성장하기 위해 노력하며 살아간다. 성장을 하기 위한 방법에는 무엇이 있을까?

성장의 3요소는 배움, 실천하기, 되돌아보기이다.

성장을 위한 첫 번째는 배움이다. 배움이 없으면 쌓이는 지식도 없다. 조선 후기를 대표하는 거상 임상옥은 세상에서 가장 현명한 자는 모든 것에서 배우려고 하는 자라고 했다. 일본에서 경영의 신으로 추앙받는 마쓰시타 고노스케는 어릴 적부터 학력이 부족해 늘 배우려고 애쓴 것이 세계 최고 전자회사를 경영하는 가장 큰 원동력이 되었다고 한다.

배움은 우리를 성장하게 하는 최고의 원동력이 된다. 배움은 특정한 곳에서 시작되는 것이 아니다. 모든 곳에서 모든 대상으로부터 배울 수가 있다. 인간은 서로가 각기 다른 모습이기 때문에 서로가 서로에게 배울 수 있는 것이 무한하다. 배우기 위한 가장 중요한 마인드는 모든 것에서 배우려고 하는 마음가짐이다. "세 사람이 길을 같이 걸어가면 그중에 반드시 내 스승이 있다."라는 말도 있지 않던가. 우리는 스펀지의 마음으로 언제든지 배움이 있다면 마음껏 흡수할 수 있어야 한다. 배움은 겸손에서 나온다. 겸손은 스스로가 부족한 마음에서부터 나온다. 즉, **배움의 근원은 스스로가 부족하**

다는 마음이다. 자만하는 사람은 배우려고 하지 않지만, 겸손한 사람은 늘 모든 것에서 배우려고 애쓴다. 결국 자만하는 사람은 겸손한 사람을 이기지 못한다. 자만하는 사람은 성장이 멈춰있지만, 겸손한 사람은 늘 성장하기 때문이다. 배우려면 겸손하라. 겸손한 자세로 누군가에게 다가가면 그 어떤 스승이라도 쉽게 도움을 준다. 스스로를 낮추고 손을 벌려야 무엇인가를 얻게 된다. 성장은 배움에서부터 시작되고, 배움의 씨앗은 겸손이라는 것을 잊지 말자.

성장을 위한 두 번째는 배운 것을 실천하는 것이다. 배우면 지식으로 쌓이게 된다. 이것은 간접경험이지 직접경험은 아니다. 우리 몸은 직접 경험한 것을 스스로의 경험이라고 인식하고 그것을 반복하게 된다. 주변 모든 성공에 능숙한 사람들의 공통점 중 하나는 실천력이 높다는 것이다. 누군가는 좋은 아이디어가 있어도 생각에 머물러 있지만, 누군가는 그것을 행동으로 옮긴다.

나중에 해야지 하면서 미루는 것이 아니라 지금 바로 행동으로 옮기는 힘이 필요하다. 목표를 이루고 성공의 탑을 쌓는 사람들의 노하우는 단지 행동력이 빠른 것뿐이다. 필자의 주변 지인 중에는 크게 성공한 사람들이 많다. 그 사람들의 특징은 타인에게 아이디어를 이야기한 지 하루도 지나지 않아서 행동으로 옮기고 있고, 그것을 시스템화시키는 데 며칠이 채 걸리지 않는다는 것이다. 우리가 흔히 하는 말 중 "내일 해야지."라는 말은 하지 않겠다는 말과 같다. 우리가 배움으로부터 얻은 생각이나 아이디어를 행동으로 옮겨야만 우리의 경험이 되고 그 경험이 쌓여서 배움의 열매를 맺을 수가 있게 된다. 열심히 배우지만 행동으로 옮기지 않는 사람은 마치 좋은 씨앗을 선물 받고는 심지 않는 것과 같다. 좋은 생각은 행동으로 옮겨라. 지금 당장! 인간은 타인의 10가지 조언보다 자신이 직접 경험한 것을 더욱 신뢰하게 된다. 결국 자신이 직접 경험을 해봐야 삶의 해법으로 축적이 된다.

행동력은 누구나 키우고 싶지만 누구에게나 어려운 일이다. 하지만 독자 여러분들은 걱정할 필요가 없다. 우리에게는 행동력을 키워줄 챌린지 100이 있지 않은가? 스스로 행동으로 옮기고 싶은 목록을 짠 다음 챌린지 100의 5대 요소(T, G, B, P, S)에 맞게 시스템을 정하고 챌린지 100을 수행하면 된다. 지금 당장 행동력을 키워줄 챌린지 100을 시작해보자.

성장을 위한 세 번째는 되돌아보는 것이다. 성장을 위해 배우고 실천했으면 그 과정을 되돌아보는 것이다. 대부분의 사람들은 자책은 자주 하지만 반성은 하지 않는다. 자책은 스스로의 가슴에 칼로 자해를 하는 것과 같다. 반성은 자신의 언행에 대하여 잘못이나 부족함이 없는지 스스로를 되돌아보는 일이다. 자책은 좋지 않다. 하지만 반성을 자주 할수록 발전된다. 우리가 성장하기 위해서는 배우고 실천한 것을 스스로 되돌아보고 더 나은 방법을 끊임없이 찾아야 한다.

이렇게 성장을 위한 세 가지 노력은 배움, 실천하기, 되돌아보기로 완성된다.

배움 + 실천 + 반성 = 성장

다음 장에서는 나를 바꾸기 위한 프로젝트 중 영향력에 대해
서 알아보자.

영향력(influence)

요즘 유튜브가 핫하다. 어린 학생부터 어른까지 유튜브는 자신을 알리고 자신의 삶의 스토리를 만드는 데 획기적인 도구로 사용되고 있다. 어린 유튜버가 자신이 수집한 장난감으로 라이브방송을 하는데 수만 명이 구독하고, 게임 유튜버가 게임을 하는 라이브방송을 켜면 수십만 명의 구독자가 순식간에 몰려든다.

유명한 배우가 입은 옷보다 유명한 유튜버가 입은 옷이 더 높은 판매율을 기록하기도 한다. 영향력은 수단과 방법을 가리지 않고 누군가의 생각과 행동에 영향을 주게 된다. 이렇게 우리는 타인으로부터 끊임없이 영향을 받게 된다. 우리가 하루하루 변화되고 진화되는 요인 중 가장 큰것은 나의 주변 사람일 것이다. 직접적이든 간접적이든 우리는 하루 동안 우리가 보고 듣고 소통하는 것에 영향을 받고 그것을 닮아가게 된다. 이것을 거울 효과라고도 한다. 챌린지 100 프로그램 또한 팀을 이뤄서 하는 이유도 여기에 있다. 챌린지를 수행하는 챌린저의 행동력이 서로의 챌린저들에게 자극을 주고 행동력을 끌어올려 주게 된다. 우리가 알고 있는 유대인의 학습법인 "하브루타"도 같은 원리이다. 하브루타는 혼자서 공부하는 학습법이 아닌, 2~3명이 한 조를 만들어 서로 간에 질문과 답을 하면서 공부하는 학습법이다. 하버드 대학에서는 아주 재미있는 실험을 한 적이 있는데, 학생들을 A조와 B조로 나누어 A조는 조용한 방에서 혼자서 공부하게 하였고, B조는 하브루타의 방식으로 2~3명이 한 팀을 이루어 서로 간에 질문과 답을 하는 형식으로 공부하게 하였다. 이 두 개 조의 실험 결과는 어떠했을까? 단연 하브루타의 방식으로 공부한 학생들의 성적이 월등히 우수했다고 한다. 같은 사람이 다른 방식으로 공부를 하였을 때도 팀을 이루어서 공부하는 방식이 우수한 성적을 냈다. 이렇듯 우리는 개인이 혼자의 힘으로 임무를 수행하는 것보다 팀을 이뤄 함께 공개된 공간에서 서로를 격려하고 자극하며 수행하는 것이 수행능력을 더욱 높여 준다는 것을 알 수 있다. 팀을 이뤄서 하는 것은 서로가 서로에게 영향력을 주게 되기 때문이다. 챌린지 100은 서로가 서로에게 영향을 미치면서 서로 간에 높은 행동력을 끌어당겨 주게 된다. 필자로 인해 시작된 챌린지 100 프로그램이 어느새 주변 여러 단체에까지 알려져, 지금 그 단체들은 팀을 이뤄 수행하고 있다. 이것은 어쩌면 또 다른 나비효과가 아닐까?

필자는 분명 이 챌린지 100 프로그램이 나를 바꾸는 가장 강력한 도구라고 믿고 서로가 서로에게 좋은 영향을 미칠 훌륭한 시스템이라고 믿는다.

누군가에게 좋은 영향을 미치고 싶은가? 그렇다면 팀을 이뤄 챌린지 100을 수행해보자. 놀라운 변화를 경험하게 될 것이다.

핵심요약

직접적이든 간접적이든 우리는 하루 중 우리가 보고 듣고 소통하는 것에 영향을 받고 그것을 닮아가게 된다. 이것을 거울 효과라고도 한다.

변화는 옳다

이 책에서 가장 많이 나오는 단어는 단연 변화라는 단어일 것이다. 책 제목에서도 알 수 있듯이, 나를 바꾸기 위해서는 반드시 새로운 변화가 필요하다. 그렇다면 나를 바꾸기 위해서는 나에게 어떠한 변화가 필요할까? 우선 행동의 변화가 필요하다. 흔히 생각이 행동을 지배하고 바꾼다고 말하지만, 생각과 행동은 상호작용 관계이지 일방적인 주종의 관계가 아니다. 즉, 행동을 바꾸면 생각이 바뀌게 되고, 가치관이나 내면 또한 바뀌게 된다. 챌린지 100은 나를 바꾸는 프로그램이다. 나를 바꾸기 위해 새로운 행동의 반복을 실천하는 데 도움을 주는 프로그램이다. 우리는 오직 다른 행동을 반복해야만 우리의 습관이 바뀌고 내면이 바뀌게 된다. 즉, 변화를 위해서는 반복이 가장 강력한 도구가 된다. **반복만이 나를 바꿀 수**

가 있다. 그럼 반복할 행동을 정하고 그것을 챌린지 100을 통해서 반복하면 된다.

다시 변화의 이야기로 돌아가 보자. 우리는 늘 변화를 꿈꾼다. 그리고 변화된 것을 바란다. 미용실에 가서 머리 스타일 한번 바꿨을 뿐인데, 그 작은 변화에 나의 하루가 새롭고 기분이 좋다. 그리고 우리는 늘 좋은 것보다 새로움에 끌린다. 백화점에 가서도 우리는 NEW라는 팻말에 눈길이 간다. 우리는 늘 새로움에 호감을 느낀다. 이렇듯 변화는 새로움을 가져다주기 때문에 우리는 변화에 늘 마음이 설렌다. 지금 하는 일이 재미가 없고 능률이 오르지 않아서 극심한 스트레스를 받고 있다면 새로운 무언가를 시도해보라. 그렇다고 지금 하고 있는 일을 당장 그만두고 새로운 직장을 찾으라는 뜻은 아니다. 분명 우리의 성공은 가로의 영역이 아니라 세로의 영역에 있기에, 다양한 일을 경험하는 것보다 한 가지 일을 깊이 있게 파고들 때 성공의 샘물을 만나게 된다. 필자가 권하는 새로운 시작을 시도해보라는 말은 취미를 갖거나 새로운 도전을 해보라는 것이다. 그 도전은 운동이 될 수도 있고, 또 다른 취미가 될 수도 있고, 새로운 성장을 위한 행동양식이 될 수도 있다. 우리는 늘 한 가지 도구로만 땅을 파다 암석이라는 난관에 봉착하면 좌절하게 된다. 그래서 우리는 여러 도구를 이용하는 노력이 필요하다. 나의 노력이 세상과 통할 때 나의 가치는 수직 상승하게 된다. 나의 노력이 통할 때까지 기다리라는 것이 아니라 변화를 통해서 여러 노력을 시도해보라는 것이다. 챌린지 100을 당신의 변화의 행동력을 높여줄 유용한 도구로 활용해보라. 변화는 옳지만, 시작이 늘 어렵다. 그 시작을 챌린지 100 프로그램을 통해서 시도해보라. 당신이 원하는 변화를 이끌어줄 확실한 도구가 되어줄 것이다.

핵심요약 ━━━━━━━

당신이 원하는 모습으로 자신을 바꾸고 싶다면, 그 변화의 유일한 방법은 새로운 행동을 반복하는 것이다. 반복을 통해 스스로를 바꿔 보자. 그리고 진정한 삶의 변화를 만들어 보자.

희망을 파는 상인

리더는 희망을 파는 상인이 되어야 한다. 리더의 비전에 따라 그를 따르는 수많은 스폰서들은 희망을 보기도 하고 때로는 절망을 보기도 한다. 리더가 태양을 보여주면 스폰서들은 그 빛을 보고 따라가고, 리더가 어둠을 보여주면 스폰서들은 그 어둠에서 허우적거리게 된다. 필자는 희망에 대해 정말 많은 이야기를 해주고 싶다. 희망은 우리를 꿈꾸게 하고 우리를 살게 한다. 우리 몸에서 분비되는 행복 호르몬 중 우리의 멋진 미래를 상상하거나 목표를 이루는 자신의 모습을 상상할 때 분비되는 도파민이라는 호르몬이 있다. 도파민이 분비되면 성취감과 보상감, 쾌락의 감정 또한 느끼게 된다. 좋은 미래를 상상하는 희망 또한 도파민을 불러 모은다. 우리가 지금 당장 암흑 같은 절망에 놓여있을지라도 끝내 희망을 놓지 않는다면 얼마 지나지 않아 인생의 또 다른 밝은 빛을 보게 된다. 터널의 끝은 빛의 시작이다. 그 빛은 빛을 볼 수 있다는 희망을 가진 자만이 느낄 수가 있게 된다. 이렇듯 리더는 팀원들에게 희망을 파는 상인이 되어야 한다. 끊임없이 청사진을 그려주고 그것을 이룰 수 있게 도와주어야 한다. 챌린지 100 프로그램은 팀을 이루어 수행하는 공동체 프로그램이다. 팀에는 반듯이 리더가 존재한다. 챌린지 100 프로그램에서도 리더가 존재하여야 하고, 그 리더는 팀원들 모두가 챌린지에 성공할 수 있도록 격려하고 피드백을 주며 수행력을 높여주어야 한다. 팀의 리더에 따라 그 팀의 챌린지 100의 성공 수치가 달라지기도 한다. 그만큼 챌린지 100 프로그램에서도 리더의 역할이 너무나 중요하다. 챌린지 100의 리더는 절망이 아닌 희망을 파는 상인이 되어야 한다. 멤버들에게 챌린지 100을 달성하였을 때 변화된 자신의 모습을 상기시켜 주고 계속해서 동기부여를 제공해주어야 한다. 물론 팀원들의 모든 행동력이 리더의 역량에 좌지우지되는 것은 아니지만, 리더의 역할은 팀원들의 열정을 더욱 증폭시켜 주는 부스터 같은 역할이기 때문에, 리더의 역할이 너무나 중요하게 된다. 챌린지 100 프로그램을 진행하는 리더는 희망을 파는 상인이 되는 것이라는 것을 잊지 말자!

리더는 희망을 파는 상인이 되어야 한다. 챌린지 100 프로그램을 진행하는 팀 리더는 멤버들에게 희망의 부스터가 되어야 한다.

다음 장에서는 나를 바꾸기 위한 좋은 멘탈과 현실 감각에 대해서 알아보자.

좋은 멘탈 vs 현실감각

《나를 바꾸는 챌린지 100》의 주된 목적은 나를 바꾸게 하는 것이다. 나를 바꾸면 내 삶이 행복해진다. 이것을 깨닫게 하는 것이 이 책의 가장 큰 목적이다. 나를 바꾸는 데 있어서 중요한 2가지 핵심요소를 알려주겠다. 그중 첫 번째는 좋은 멘탈이다. 좋은 멘탈은 눈에 보이지는 않지만, 나의 행동을 조절하는 중요한 역할을 하게 된다. 즉, 좋은 마인드셋이 되어야 우리는 훌륭한 움직임을 만들어 낼 수가 있다. 좋은 멘탈을 갖는 방법에 대해서는 이 책의 후반부로 갈수록 더 구체적이고 많은 방법들이 준비되어 있다. 그래서 지금은 큰 틀에서만 보도록 하자. 나를 바꾸는 데 있어서 중요한 2가지 핵심 중 두 번째 요소는 현실감각이다. 나를 바꾸는 것에는 좋은 멘탈뿐 아니라 현실감각 또한 중요하다. 나를 바꾸고자 하는 사람들이 좋은 멘탈만 가진다면 나를 바꾸는 데 성공할 수 있다고 생각한다. 즉, 좋은 멘탈에만 의지해서 성공과 행복을 쟁취하려고 한다. 하지만 좋은 멘탈로만으로는 자신이 목표로 하는 자기 바꿈과 성공과 행복에 가까워질 수가 없다. 좋은 마인드셋만 가지고 산 정상을 정복할 수는 없는 것처럼 말이다. 좋은 멘탈에만 의존하고 있는 사람들은 시간이 흐르면 이상주의에 젖어 사는 경우가 많다. 나의 이상에 젖어 현실과는 괴리된 채 스스로가 만든 나만의 긍정에 빠져 사는 경우다. 조금 더 시간이 흐르면 허상주의에 빠져들게 된다. 허상에 빠져 현실을 인정하지 않은 채 불평불만만 하고 살게 된다. 이것이 지나면 허무주의에 빠지게 된다. 아무것도 이루지 못한 자신의 신세를 한탄하며 그제야 자신의 삶에 대해 후회하게 된다. 이렇듯 현실감각을 무시하고 마인드로만 살아가게 되면 결국 허무주의에 빠져 스스로를 한탄하게 된다. 스스로를 바꾸고 성공과 행복을 만들어가기 위해서는 현실감각을 철저하게 갖추는 밸런스가 필요하다. 그럼 현실감각은 어떻게 키울 수가 있는가? 현실감각은 스스로의 상황을 객관적인 눈으로 진단할 수가 있어야 한다. 이것을 위해서는 위기의식을 가져야 한다. 위기의식은 가끔씩 가지는 것이 아니라 매 순간 가지는 것이 좋다. 위기의식은 우리를 두렵게 만들고 공포심을 자극하는 나쁜 것이 아니다. 위기란 위태로움과 기회가 공존하는 상태를 말한다. 위기 속에서 위태로움을 느끼며 건강한 긴장감을 찾고 그 속에서 기회적인 요소를 발견하는 것이다. 위기의식을 가져야만 스스로를 객관적으로 진단할 수가 있다.

자기계발 서적을 많이 접한 독자라면, 메타 인지에 대해 많이 들어보았을 것이다. 메타 인지란 나 자신을 이해하는 능력을 뜻한다. 즉, 스스로가 잘하는 점과 잘 못 하는 점을 객관적인 시각으로 관찰하고, 발견하고, 통제하는 정신작용이다. 우리는 남을 평가하는 비판하는 일에는 능숙하지만 스스로를 객관적으로 진단하는 것에는 미숙하다. 이것은 스스로 위기의식을 가지는 힘이 부족하기 때문이다. 위기의식은 나쁜 것이 아니다. 스스로의 성장을 위해서는 절대적으로 필요한 요소이다. 위기의식을 가지고 스스로를 객관적으로 진단하여 변화를 위한 필요한 행동을 정하고, 챌린지 100 프로그램을 통해 반복 수행한다면 가장 빠른 시일 내에 나를 바꾸는 경험을 하게 될 것이다.

좋은 멘탈 × 현실감각 = 성공, 행복

여기서 좋은 멘탈 곱하기 현실감각이라고 한 것은 둘 중 하나라도 0이거나 마이너스가 된다면 성공과 행복 또한 0이거나 마이너스가 될 수 있기 때문이다. 둘 다 수치를 잘 키워서 더 큰 성공과 행복을 만들기를 바란다.

다음 장에서는 나의 인생을 책임감 있게 살기 위한 삶의 지혜에
대해 알아보자.

책임(responsibility)

인간은 누구에게나 책임감이 따른다. 어린아이들에게도 행동에 책임이 따른다. 어린아이가 실수나 잘못을 저지르면 부모들은 혼을 내거나 책망을 한다. 그리고 작은 벌을 주기도 한다. 시간이 흘러 청소년기를 지나 어른이 되면 더욱 큰 책임감이 따른다. 스스로의 행동뿐만 아니라 자신이 이끌어가는 팀이나 가족들의 실수도 자신에게 그 책임이 따르는 경우가 많다. 우리는 평생 책임감에서 벗어나지 못한다. 필자는 책임이라는 단어를 너무나 사랑한다. 우리는 책임이 따르는 세상에 살기 때문에 스스로를 통제하고 자신이 가진 자유를 절제된 선에서 누리게 된다. 책임이 없는 세상이라면 아마도 범죄가 난무하고, 서로가 서로에게 지나친 피해를 스스럼없이 입히며 살아갈 것이다. 책임을 지는 삶을 살기 위해서는 바람직한 습관을 가지는 것이 너무나 중요하다. 즉, 습관이 좋지 않은 사람들에게는 늘 책임질 일들이 생겨난다. 반대로 좋은 습관을 가진 사람들에게는 책임질 일들에서 좀 더 자유로워진다. 왜냐하면 좋지 않은 습관을 가진 사람들은 누군가에게 피해를 주거나 스스로가 감당해야 하는 실수를 비교적 많이 저지르게 되기 때문이다. 좋은 습관을 가진 사람들은 남들에게 인정받고 박수받을 일들을 끊임없이 해내게 된다. 결국 모든 성공과 행복은 습관에 달려있다. 책임감 있는 삶을 살기 위해서는 좋은 습관 만들기에 끊임없이 도전해야 한다.

챌린지 100 프로그램을 통해서 내가 더욱 책임감 넘치는 사람으로 바꿔줄 행동 제목을 만들고 수행해보자. 예를 들면, 매일 아침 자신의 이부자리 정리하기! 내가 정한 구역 매일 쓸고 닦기! 나의 팀원들에게 매일 카톡으로 격려 메시지 보내기! 가족들에게 매일 사랑표현이 담긴 카톡 메시지 보내기! 책임감 있는 삶을 위해서 직장을 구하는 목표를 정하고 하루 한 곳에 취업지원서 내기! 이 모든 것이 나의 삶을 책임지고 책임감 있는 사람으로 거듭나기 위한 좋은 습관을 만드는 일이다. 생각과 의지만으로는 현실로 만들 수가 없다. 챌린지 100 프로그램이라는 강력한 습관 만들기 도구를 통해서 스스로의 삶을 책임지는 멋진 사람으로 거듭나기를 바란다.

나쁜 습관을 가진 사람들에게는 책임질 일들이 계속해서 뒤따르게 되고. 좋은 습관을 가진 사람들에게는 책임질 일들로부터 비교적 자유로울 수 있게 된다. 좋은 습관은 챌린지 100 프로그램으로 손쉽게 만들어갈 수 있을 것이다.

자기유전

유전이라고 하면 누군가에게 물려받아 내려오거나 전해지는 것을 말한다. 우리는 흔히 부모로부터 물려받은 유전만을 기억한다. 유전은 스스로가 스스로에게 물려주는 자기유전도 있다. 즉, 현재의 습관이 미래의 자신에게 큰 영향을 주게 된다는 것이다. 과거의 나의 모습이 현재의 나에게 유전되거나, 현재의 나의 모습이 미래의 나의 모습에 유전된다는 것이다. 부모로부터 물려받은 유전보다 스스로에게 물려주는 자기유전이 그 양과 영향력이 더욱 크다고 한다. 필자가 말하는 유전은 우리의 외향적 유전을 말하는 것이 아니라 성향이나, 성격이나, 삶의 태도나 행동양식을 말한다. 만일 독자 여러분들이 가진 지금의 모습은 모두 부모로부터 받은 것은 아니라는 것이다. 일부는 부모의 모습도 있지만, 상당히 많은 부분은 스스로가 만든 과거의 모습으로부터 물려받은 것이라고 생각하면 된다. 훌륭한 부모로부터 좋은 유전을 물려받은 자만이 성공하고 행복하게 살 수 있는 것이 아니다. 이제 더 이상 자신의 모습을 부모의 탓으로 돌리지 말자. 또한 현재의 모습을 가지고 자신은 가능이 없다고 지레 포기하지도 말자. 지금부터라도 좋은 습관을 만들어간다면 분명 미래의 자기 모습에 유전된다. 그 새로운 유전을 만들어 줄 강력한 도구를 챌린지 100으로 활용하면 된다. 미래의 나 자신에게 물려줄 유전은 무엇으로 정할 것인가? 챌린지 100을 통해서 미래의 나 자신에게 물려줄 훌륭한 자기유전을 지금부터 만들어 보자!

핵심요약

현재의 습관이 미래의 자신에게 큰 영향을 주게 된다. 이 말은 과거의 나의 모습이 현재의 나에게 유전되거나, 현재의 나의 모습이 미래의 나의 모습에 유전된다는 뜻이다.

나를 바꾸기 위한 과정에서는 누구에게나 부담감이 동반된다. 다음 장에서는 그 부담을 어떻게 더 좋은 쪽으로 활용할 수 있을지를 알아보자.

부담 활용법

  우리는 살면서 부담이라는 감정을 자주 느끼며 살아간다. 부담감의 원인은 자신이 무언가를 잘하고자 하는 마음에서부터 시작된다. 우리에게는 인정의 욕구가 있기 때문이다. 우리는 부담을 떨쳐내는 것보다 부담을 관리하는 힘을 키우는 것이 중요하다. 부담을 떨쳐버린다고 해서 떨쳐지는 것이 아니다.

  하지만 부담을 관리할 수는 있다. 나를 바꾸기 위해 챌린지 100을 수행하는 챌린저의 마음 저변에는 분명 인정의 욕구가 있다. 그 인정의 욕구를 실현하기 위해서 무언가를 더 잘하는 자신의 모습으로 바꿔가고 싶은 것이다. 나를 바꿔 가는 데 있어서도 분명 부담감이 생겨난다. 부담감은 일종의 두려운 감정에서 나온다. 우리의 마음속에서는 하루 중에도 자신감과 두려움이 늘 팽팽하게 싸운다.

자신감이 지배하는 날에는 상대적으로 두려움을 적게 느끼게 되고, 두려움이 지배하는 날에는 상대적으로 자신감을 적게 느끼게 된다. 자신감을 관리하기에 앞서 우리는 두려움이나 부담감을 관리할 수 있어야 한다.

부담감을 관리할 수 있는 첫 번째 방법은 무엇이든 80%의 완성도를 이룬다는 생각을 해야 한다. 100%의 완성도를 이루어야 한다는 압박감은 결국 부담감으로 자리 잡게 된다. 80%의 완성도만 해도 잘한다는 목표를 가지고 한다면 부담감은 현저히 줄게 된다.

부담감을 관리할 수 있는 두 번째 방법은 "메멘토 모리"를 기억하는 것이다. 이는 죽음을 기억하라는 말이다. 그렇다고 해서 독자 여러분이 허무주의에 빠지라는 뜻은 아니다. 죽음을 기억하면 불필요한 감정들을 잠시 내려놓게 된다. 마음속 불필요한 감정을 조금 내려놓으면 마음이 한결 가벼워지고 부담감 또한 줄어들게 된다. 우리는 태어날 때부터 누구나 빈손으로 태어나지 않았던가? 80%의 완성도만 가져도 우리는 너무나 성공한 인생이 된다. 당신은 지금도 충분히 열심히 살고 있고 더 나은 삶을 살 충분한 자격이 있는 사람이다.

부담감을 관리할 수 있는 세 번째 방법은 실행하는 것이다. 부담감은 스스로에 대한 불확신으로 더욱 커지게 되는 심리적 압박감의 일종이다. 실행하면 눈으로 현실을 보고 경험하게 됨으로써 부담감을 느낄 여유가 없어진다. 예를 들어 살을 빼기 위해 노력하는 다이어트 챌린저들이 있다면, 다이어트를 하기도 전에 오히려 부담감과 두려움을 크게 느끼게 된다. 내가 다이어트를 할 수 있을까? 늘 실패하던 자신의 모습을 떠올리며 부담감을 가지게 된다. 그리고 식단을 조절하고 땀 흘리며 운동해야 하는 자신을 상상하면서 부담감이 고조된다.

하지만 막상 운동을 시작하고 땀 흘리고 다이어트를 시작하면 점차 현실의 노력에 적응이 되기 때문에 부담감은 현저히 줄어들게 된다. 그래서 행동가들은 행동으로 옮기기 전을 생각하며 부담감을 느끼는 시간이 아까워 바로 최대한 빠른 시간 내에 행동으로 옮긴다. 챌린지 100 프로그램을 수행하는 챌린저 또한 막상 수행이 시작되면 부담감이 점점 줄어드는 것을 느끼게 된다. 이렇듯 챌린지 100을 통해서 자신의 계획이나 목표를 행동으로 옮기는 것이 부담감을 줄이는 탁월한 방법이 된다.

부담감을 관리할 수 있는 네 번째 방법은 나와 같은 상황에 처해 있는 사람들과 소통을 하는 것이다. 어느 의학박사가 장수의 비결을 연구하기 위해 전 세계 장수마을을 찾아다니며 장수의 비결을 연구했다고 한다. 그 연구결과의 공통점 하나는 장수마을에는 코이노이나, 즉 공동체 생활을 하고 있었다는 것이다. 이곳에서는 인간적 교류가 그 어느 마을보다 활성화가 되어 있었다고 한다. 장수마을에서는 각자가 자신의 생활 중 좋고 힘든 것을 숨김없이 오픈하고 공유한다고 한다. 인간은 자신과 비슷한 처지에 놓여있는 사람들과 소통을 자주 하게 되면 두려움이 많이 사라지고, 삶의 스트레스 또한 현저히 줄어들고, 정서적 외로움 또한 많이 채워진다고 한다. 의학박사가 조사한 장수마을의 장수비결 또한 바로 여기에 있는 것이라고 말한다. 이렇듯 인간은 멀리 가려면 함께 가야만 하는 동물이다. 서로 함께 삶을 나누고, 서로의 외로움을 채워주며 살아가야 비로소 모두가 인간답고 오랜 시간 동안 행복한 삶을 누리게 된다. 챌린지 100 프로그램 또한 잘 활용하면 공동체 생활에서만 느낄 수 있는 귀한 감정을 함께 얻게 된다. 챌린지 100은 팀을 이뤄 스스로를 바꾸기 위한 프로젝트를 수행하는, 뜻이 같은 사람들이 모여 있는 공간이다. 챌린저 간에 서로 정보를 공유하고 소통한다면 내가 겪는 불편함이나 좋은 점들을 공유하면서 나만 겪는 어려움이 아니라는 것도 알게 되고, 나의 좋은 점을 공유하게 되면서 상대에게 동기부여를 줄 수도 있다. 이렇게 서로가 챌린저 의식을 공유하고 소통하면 부담감이 많이 줄어들게 된다.

부담감을 관리할 수 있는 다섯 번째 방법은 부담이라는 것 자체를 나쁜 것이 아니라 잘 활용한다면 오히려 나에게 득이 된다는 것을 이해하고, 우리 뇌에 좋은 이미지로 인식시키는 것이다. 부담은 우리 몸속에 긴장감을 만들어 낸다. 적절한 수준의 긴장감은 우리 몸의 세포활동을 자극하게 되어 행동력을 높여주게 된다. 물론 지나친 긴장감은 세포활동을 더디게 하고 우리 몸을 더욱 경직되게 하지만, 적당한 수준의 긴장감은 우리의 행동력을 높여주고 뇌의 활동도 원활하게 해준다. 운동선수가 시합 전 지나친 긴장감을 가지면 몸이 경직되어 자신이 준비한 플레이를 100% 보여줄 수가 없지만, 적당한 긴장감은 운동능력을 최대치로 끌어올려 주는 데 도움을 준다. 어느 대형기획사의 리더가 이런 말을 했다. "텐션이 떨어지면 끝난 거다. 30%의 적당한 긴장감은 늘 유지하라." 이 말은 연예인들 사이에도 인생 명언으로 알려져 있고, 많은 후배 연예인들이 가슴속에 새기며 살아간다고 한다. 분명 우리는 경쟁이 넘치는 세상에서 살고 있다. 하루하루 끊임없이 자신의 가치를 증명해야 하고 우리 스스로를 지켜나가야 한다. 그리고 우리가 원하는 삶을 보란 듯이 만들어가야 한다. 이에 30%의 긴장감은 열정을 식지 않게 하는 중요한 도구가 될 것이다. 부담감이 있어야 긴장을 한다. 부담이라는 것이 우리 몸에 해롭지만은 않다는 것을 알게 되었으면 지금부터라도 부담을 적극 활용해보자.

핵심요약

부담을 줄이는 5가지 방법

1) 무엇이든 80%의 완성도를 이룬다는 생각을 가진다.
2) '메멘토 모리'를 기억한다.
3) 무엇이든 실행한다.
4) 나와 같은 상황에 처해 있는 사람들과 소통을 한다.
5) 부담을 잘 활용하면 나에게 도리어 득이 될 수 있다는 것을 인식한다.

제4장

완전히 다른
나로
살아가는 법

착각

우리가 흔히 하는 착각 중의 하나는 우리의 과거의 모습이 곧 나의 모습의 전부라고 믿는 것이다. 나를 바꾸기 위해서는 이 잘못된 믿음부터 수정해야 한다. 우리는 과거와 수없이 바뀐 다른 모습으로 살아가고 있다. 이를 증명하기 위한 가장 쉬운 방법은 어릴 적 사진을 찾아보는 것이다.

그러면 진짜 나인지 신기하게 생각하면서 그 사진을 한참 들여다보게 된다. 또한 몇 년 전 페이스북에 올렸던 글이 리 마인드 글이 되어 다시 올라오게 되면 그 또한 몇 년 전의 나의 생각들이 낯설기까지 하다. 이렇듯 우리는 수없이 변화하고 스스로를 바꾸며 살아왔다. 우리는 변할 수 있고 이를 활용하면 지금보다 더 나은 쪽으로 바뀔 수가 있다. 그 방향만 잘 지켜나가면 된다. 우리가 알게 모르게 변화된 모습이 좋은 습관에 의해 좋게 바뀐 것들도 있고, 나쁜 습관으로 인해 좋지 않은 모습으로 변화된 것들도 있을 것이다. 좋은 쪽으로 방향을 설정하여 그 모습이 되기 위한 행동을 정하고, 그것을 챌린지 100을 통해서 반복하여 좋은 습관을 만들면 된다.

우리가 더 나은 모습으로 바뀌기 전에 "나는 변할 수 없어. 인간은 어차피 잘 안 변해."라는 부정적 생각에 빠져있다면 그 착각의 굴레에서 벗어나야 한다.

당신은 쉽게 변하는 인간이고 좋은 습관에 의해 더 나은 사람으로, 더욱 경쟁력 있는 사람으로 더욱 인정받고 자신감 넘치는 사람으로 바뀔 수가 있다. 그것이 사실이니깐 말이다.

핵심요약

우리는 과거의 모습이 자신의 모습의 전부가 아니라는 사실을 빨리 알아야 한다. 챌린지 100 프로그램을 통해서 충분히 더 나은 모습으로 바뀔 수가 있다.

스스로가 변할 수 없다는 잘못된 믿음인 착각을 떨쳐버렸다면 이제는 우리가 가질 환상에 대해서 알아보자.

환상

환상이란 사상이나 착오로 사실이 아닌 것이 사실로 보이는 환각현상을 말한다. 필자가 말하는 환상이란 허상주의에 빠진 자들이 말하는 속임수같은 이야기를 말하는 것이 아니다. 필자가 말하는 환상은 이상적인 자신의 미래를 염두에 두라는 것이다. 우리는 아주 이상적인 일이 일어나면 "환상적이다."라는 말을 한다. 이렇게 우리는 환상적인 일들을 설정하고 그것을 쫓아가는 기쁨이 있어야 한다. 챌린지 100도 환상을 가지고 수행해야 그 효과가 크다. 이상적인 미래를 생각할 때 가질 수 있는 좋은 감정을 가지고 현재에 최선을 다할 때 좋은 결과를 얻게 될 가능성이 높다고 한다. 훌륭한 운동선수는 올림픽경기에 나서기 전에 자신이 경기에서 승리를 하고 메달을 목에 거는 기분 좋은 상상을 하며 이미지 트레이닝을 한다. 우리는 좋은 감정일 때 좋은 것들을 끌어당기게 된다. 즉, 좋은 감정일 때 좋은 것을 끌어당기는 힘이 더욱 강력해진다는 것이다. 많은 성공 서적이나 자기계발 서적을 보면 끌어당김의 법칙을 흔히 접하게 된다. 끌어당김 법칙이란 우리의 생각에는 에너지가 있어 그 생각을 현실로 끊임없이 끌어당기고 있다는 논리이다. 여기서 중요한 사실은 그 끌어당기는 힘의 크기는 우리의 감정에 따른다고 한다. 좋은 감정일수록 좋은 것을 끌어당기는 힘이 더욱 강력해지고, 나쁜 감정일수록 나쁜 것을 끌어당기는 힘이 강력해진다는 것이다. 그리고 현재 우리가 가지는 감정의 농도에 따라 끌어당기는 힘의 크기가 세지기도 하고 약해지기도 한다는 것이다. **환상은 우리의 감정을 좋게 만든다.** 자신의 청사진을 생각하고 기분 좋은 상상을 자주 하는 것이 좋은 감정을 유지하는 좋은 방법이다. 이처럼 좋은 것을 강력하게 끌어당기기 위해서는 환상을 적극적으로 활용해야 한다.

지금부터 환상에 젖어 살자. 환상+현재의 노력은 분명 자신의 청사진을 현실로 만드는 가장 빠른 지름길이 되어줄 것이다.

핵심요약

우리가 좋은 감정을 가질 때 좋은 것을 강력하게 끌어당긴다. 환상은 분명 우리의 좋은 감정을 생성시켜 준다. 환상은 결국 좋은 것을 끌어당기는 좋은 도구가 된다.

다음 장에서는 나를 바꾸며 새롭게 개척해 나가는 삶에 대하여 알아보자.

개척하는 삶이란

나를 바꾸면 나의 길이 새롭게 개척된다. 필자는 개척이라는 단어를 참 좋아한다. 새로운 영역, 운명을 새롭게 열어나가는 것을 개척이라고 한다.

자신의 삶이 새롭게 펼쳐지고 새로운 길을 열어나간다면 얼마나 큰 축복이고 흥분되는 삶이겠는가? "아름답다"라는 말에는 여러 어원들이 있지만 그중 '아름'은 나를 지칭한다고 한다. 그래서 "아름답다"는 말은 "나답다"라는 말로 해석된다고 한다. 가장 나다운 것이 가장 아름다운 것이 된다. 필자가 말하는 나답다는 것은 과거의 얽매인 자신의 모습을 말하는 것이 아니다. 자신이 원하는 새로운 모습을 말한다. 자신이 원하는 새로운 모습이 가장 나다운 것이 된다. 나다운 모습으로 내 삶을 변화시켜 가는 기분은 상상 이상으로 큰 기쁨과 보람이 있다. 내가 원하는 가장 나다운 모습으로 삶을 살아간다면 가장 아름다운 모습으로 자신을 삶을 살게 되는 것이다. 이렇게 나를 내가 원하는 모습으로 바꾸면서 걸어가는 인생길은 그 자체가 개척의 길이 되는 것이다. 인간은 새로운 것을 경험하면 아드레날린이 더욱 활성화된다고 한다.

앞으로 펼쳐질 우리의 미래는 과거에 살아온 것과 똑같을 필요는 없지 않은가? "내가 바뀌면 나의 삶은 개척된다." 이 말을 명심하자. 그럼 나를 어떤 모습으로 바꿀 것인가? 내가 원하는 모습으로 바꾸는 것이다. 그 원하는 모습에 도움이 되는 행동을 정하고 반복하면 된다. 필자가 수없이 주장해 온 이야기지만, 인간이 바뀌려면 행동 반복뿐이다. 행동을 반복하면 우리의 뇌는 그 행동으로 말미암아 "나는 원래 이런 행동을 하는 사람이야!"라고 인지하고 기억하게 된다. 그리고 무의식적으로 그 기억된 행동을 또다시 반복하게 되는 것이다. 나를 바꾸기 위해 행동을 반복해야 하는데, 행동을 반복하는 시스템 중에서는 챌린지 100 프로그램이 가장 강력한 도구가 될 것이다. 챌린지 100 프로그램으로 완전 새롭게 바뀐 나로 삶을 살아가는 것! 세상에서 가장 나답고 아름다운 모습으로 자신의 삶을 개척해보자! 필자의 경우도 고등학교 시절까지는 소심하고, 잘하는 것이라고는 달리기 빼고는 모든 것에 뒤처지는 자존감 낮은 학생이었다. 20살이 되어 판매사원으로 아르바이트를 하면서 고객과 대화를 나누고 물건을 판매하면서 나의 모습은 너무나 많이 바뀌어 있었다. 처음에는 고객과의 대화가 너무나 낯설게만 느껴졌지만, 의식적으로 인사를 크게 하고, 친절하게 대화를 시도하고, 좋은 제품을 제안하는 일을 반복했다. 그렇게 해서 물건을 판매하였을 때의 쾌감은 말로 표현할 수 없을 정도였다. 점차 과거의 소심했던 나의 모습은 조금씩 사라지게 되었다. 그리고 새롭게 바뀐 나의 모습이 새로운 삶을 개척하고 있었다. 그렇게 판매 비즈니스로 24년간 나만의 커리어를 쌓아왔다. 만일 20살의 소심했던 내가 나를 바꾸지 않았다면 지금 나의 삶은 20살의 모습과 별다른 그저 그런 인생으로 살았을 것이다. **나를 바꾸면 나의 삶이 개척된다.** 새롭게 펼쳐질 나의 삶을 기대하라. 스스로를 바꾸는 당신은 그 행복을 누릴 충분한 자격이 있는 사람이다.

핵심요약

나를 바꾸면 나의 삶이 개척된다. 나를 바꾸는 유일한 방법은 과거와는 다른 새로운 행동을 반복하는 것이다. 이것은 챌린지 100 프로그램을 활용하면 쉽게 바뀔 수가 있다.

두려움과 설렘의 차이

우리는 무언가를 시작하기 전에 두려움과 설렘을 동시에 느끼게 된다. '내가 잘할 수 있을까?'라는 두려움과 '어쩌면 나도 잘할 수 있지 않을까?'라는 셀렘을 가지게 된다. 실패를 끌어당겨 상상을 하면 두려움이 몰려오고, 성공을 끌어당겨 상상을 하면 설렘을 느끼게 된다. 두려움은 우리의 몸을 더욱 경직하게 만들고 행동력을 떨어뜨리게 한다. 하지만 설렘은 적당한 긴장감과 기대감을 만들어 우리의 행동력을 더욱 높여 주게 된다.

두려움에 떠는 사람은 시작이 느리고, 설렘에 가득 찬 사람은 시작이 빠르다. 두려움보다 설렘이 우리의 행동력을 더 높여준다면, 그 설렘은 어떻게 만들 수가 있을까?

설렘을 만드는 첫 번째는 성공의 결과를 상상하는 것이다. 운동선수가 올림픽에 나가서 금메달을 목에 거는 상상을 하면 설렘이 차오른다. 이렇듯 무언가를 시작하기에 앞서 좋은 결과를 상상하는 훈련을 하는 것이 좋다. 그 훈련이란 자주 반복하는 것을 말한다. 자주 반복해서 좋은 결과를 상상하는 훈련을 하는 것이다. 자주 반복해서 좋은 결과를 상상하면 우리의 뇌는 마치 그것이 현실로 일어나고 있다고 착각하게 되고, 그것이 반복되면 마치 그것이 실현된 것처럼 인지하고 기억하게 된다. 우리의 뇌가 인지하고 기억하게 되면 어떻게든 그것이 현실이 될 때까지 방법론을 만들어 내서 실천하도록 명령한다. 이것이 우리가 좋은 결과를 상상하고 반복하면 일어나는 기적 중 하나이다. 자수성가를 일궈낸 거의 모든 사람들이 가장 많이 실천한 "자신의 꿈을 100번 쓰기!" 이것 또한 같은 원리라고 생각한다. 자신의 꿈을 100번 쓰면서 시각화를 통해 좋은 결과를 상상하는 것이다. 원하는 결과를 상상하라. 설렘이 차오르는 것을 몸소 느끼게 된다.

설렘을 만드는 두 번째 방법은 반복 훈련하는 것이다. 첫 번째 방법으로 좋은 결과를 상상하는 훈련을 하였다면, 좋은 결과를 내기 위한 행동을 반복해서 하는 것이다. 춤추는 댄서가 대중들 앞에서 멋지게 춤추는 것을 상상하였다면 설렘이 가득 차오르게 된다. 그것에 멈추지 않고 반복해서 춤 연습을 계속한다면 마음속의 두려움은 조금씩 사라지고 설렘이 또다시 차오르게 된다. 자신감이 떨어질수록 두려움이 몰려오고, 자신감이 넘칠수록 설렘이 차오르게 된다. 반복연습을 하면 자신감이 넘치게 되고 설렘 또한 차오름을 느낄 수가 있다.

우리의 마음속에는 하루 중에도 수없이 두려움과 설렘이 전쟁을 치른다. 서로 우리의 마음을 지배하려고 애쓴다. 우리는 분명 그 전쟁에서 설렘이 승리하게 해야 한다. 좋은 결과를 상상하는 것과 좋은 결과를 내기 위한 행동과 연습을 반복하는 것으로 설렘이 지배하는 당신은 분명 좋은 결과물을 만들어 낼 것이다.

핵심요약

인간은 새로운 시작에 앞서 두려움과 설렘의 감정이 동반된다. 분명 우리는 설렘을 가지는 것이 좋은 결과를 얻을 확률이 높아진다. 설렘을 가지기 위해서는 첫 번째 좋은 결과를 미리 상상하는 것이고, 두 번째는 좋은 결과를 내기 위한 행동을 반복해서 하는 것이다.

나를 바꾸기 위해서는 인간에 대한 이해가 필요하기에, 다음 장에서는 인간의 3가지 욕망에 대하여 알아보자.

인간의 세 가지 욕구

인간이 스스로에게 행복에 절대적인 영향을 준다고 믿는 세 가지 욕구가 있다. 첫 번째는 경제적인 부이다. 즉, 돈이 자신의 행복에 절대적인 영향을 준다는 믿음을 가지고 있다. 경제적인 부는 인간의 욕구 가운데 하나인 편리함을 제공해주기 때문이다. 인간은 편리해지고 싶은 욕구를 가지고 있고, 돈이 그 욕구를 해소시켜준다.

인간이 자신의 행복에 절대적인 영향을 준다고 믿는 세 가지 욕구 중 두 번째는 시간이다. 시간은 자유를 뜻한다. 인간은 자유를 누리고 싶은 욕구를 가지고 있다.

인간이 스스로에게 행복에 절대적인 영향을 준다고 믿는 세 가지 욕구 중 세 번째는 관계이다. 수십 년 전 하버드 대학 심리학자가 조사한 바에 따르면, 인간의 행복에 영향을 주는 여러 요소 중 1위는 관계였다. 즉, 주변 사람들과의 좋은 관계였다. 좋은 관계는 인간의 욕구 가운데 하나인 사랑의 욕구를 실현시켜 주기 때문이다. 인간이 인간에게 느끼는 사랑의 감정은 분명 행복감을 증폭시킨다.

독자 여러분은 위의 세 가지 욕구 중 어느 욕구에 가장 메말라 있는가?

필자가 위의 세 가지 욕구를 이야기한 것은 위의 세 가지 욕구가 절대로 당신의 행복에 절대적인 영향을 줄 수 없다는 사실을 알려주고 싶어서이다. 돈이 많은 슈퍼 리치들에게도 그들만의 우울감이 있고, 시간이 많은 사람에게는 그들만의 고독감이 있고, 좋은 관계를 만들며 살아가는 사람들에게는 인간에 대한 상실감이 있다.

경제적인 부, 넉넉한 시간, 좋은 관계, 이 모든 말이 영양가 넘치는 말이겠지만, 행복에 절대적인 영향을 주는 것은 아니라는 사실을 알아야 한다.

우리가 태어나서부터 죽을 때까지 함께하는 유일한 존재는 자기 자신이다. 자기 내면에서 행복의 해답을 찾아야 한다. 필자가 찾은 행복에 절대적인 영향을 주는 해답은 내가 원하는 나의 모습으로 삶을 살아가는 것이다. 즉, 내가 원하는 나의 모습으로 되어가는 것. 이것이 행복에 절대적인 영향을 주는 것이다. 나를 바꾸면 내 삶이 행복해진다. 나를 바꾸기 위한 강력한 도구는 당연히 챌린지 100 프로그램이다. 챌린지 100을 통해서 나를 바꾸는 것으로도 충분히 행복해질 수 있다는 것을 체험해보기 바란다.

핵심요약 ━━━━━━━━

우리의 행복에 절대적으로 영향을 주는 유일한 것은 바로 내가 원하는 나의 모습에서 찾아야 한다. 내가 원하는 나의 모습으로 바꾸는 과정에 행복이 숨어져 있다. 결국 나를 바꾸면 내 삶은 행복해진다.

내가 만든 프레임에서 벗어나다

우리는 살면서 프레임이라는 단어를 자주 접하게 된다. 프레임이란 틀이나 테두리를 말한다. 우리는 우리가 만든 너무나 많은 프레임 속에서 허우적거리며 살아간다. 매번 과거로부터 유전되어 온 나의 모습이 별다를 것 없는 현재를 살게 되고, 미래 또한 내가 만든 고정된 프레임 속에서 벗어나지 못한다. 누구에게나 자신을 옭아매고 있는 틀이 있다. 그 틀에서 벗어나지 못한다면 우리는 다른 미래를 기대할 수가 없다. 내가 만든 프레임에서 벗어나려면 어떻게 해야 할까? 이에 대한 첫 번째 해법은 과거와는 다른 사고와 행동을 하는 것이다. 이때는 잘하는 게 중요한 것이 아니다. 다르게 하는 것이 중요하다. 과거와는 다른 생각과 다른 행동을 해야 내가 만든 과거의 프레임에서 벗어날 수가 있다. 그리고 그에 따른 행동을 반복해야 한다. 우리의 뇌가 인지하고 기억할 때까지 반복해야 한다.

두 번째 해법은 결핍과 상처의 치료이다. 우리는 살면서 잠재의식 속에 깊이 박혀있는 결핍과 상처가 있다. 결핍과 상처가 없는 사람은 없다. 사람마다 좀 더 깊고 얕고의 차이는 있을지라도 결핍과 상처가 아예 없는 사람은 없다. 이 결핍과 상처가 우리의 잠재의식 속에 깊이 박혀있어 우리는 트라우마라는 것을 안고 살게 된다. 결핍과 상처는 그냥 내버려 두면 저절로 사라지지 않는다. 반드시 그 결핍과 상처를 치유해 주어야 한다. 눈을 감고 지나온 과거 중 가장 힘든 시절이나 상처투성이였던 시절을 떠올려 보자. 그 시절로 지금의 내가 돌아가는 것이다. 울고 있는 그 시절의 나를 발견하고 지금의 내가 가서 안아주고 보듬어주는 것이다. 그리고 "괜찮다."고 말해주라. "네가 힘든 것은 너의 잘못이 아니야."라고 말해주면서 울고 있는 자신을 토닥여주고 안아줘라. 그리고 그 상처를 준 상대를 용서하려고 노력하라. 단번에 그 결핍과 상처가 사라지지는 않는다. 계속해서 반복하여 해보자. 과거의 결핍과 상처로부터 생겨나 자신을 옭매고 있는 프레임이 조금씩 사라짐을 느끼게 될 것이다. 이것은 심리치료법에 주로 쓰이는 자기 치료법으로 활용되기도 한다.

위의 두 가지 방법으로 스스로를 옭매고 있는 과거의 프레임으로부터 벗어나 보자. 과거의 프레임 속에서 벗어나야만 새로운 미래를 만들어 갈 수 있다.

과거의 프레임에서 벗어나기 위해서는

첫 번째) 과거와 다른 사고와 행동을 반복하는 것이다.

두 번째) 과거의 결핍과 상처를 치유하는 것이다.

다음 장에서는 나를 바꾸면 얻게 되는 진정한 자유에 대해서 알아보자.

진정한 자유

자유는 누군가에게 또는 어느 대상으로부터 구속받거나 제약받지 않고 나의 의지대로 할 수 있는 상태를 말한다. 누구나 자유를 꿈꾼다. 어쩌면 우리가 지금 열심히 살아가는 이유도 그 언젠가의 자유를 위해서일지도 모른다. 우리는 매 순간 경제적 자유를 꿈꾸고, 시간적 자유를 꿈꾼다.

그럼 진정한 자유는 무엇일까? 당신이 돈이 많고, 시간이 넘쳐나면 당신은 자유로운 것인가? 진정한 자유는 내가 그 대상을 통제 가능할 때 그 대상으로부터 자유로워지게 된다. 예를 들어 당신이 돈을 통제할 수 있는 삶을 산다면 당신은 돈으로부터 자유로운 삶을 살게 되는 것이다. 또, 당신이 시간을 스스로 통제할 수 있는 삶을 산다면 당신은 시간으로부터 구속받지 않고 자유롭게 삶을 살게 된다. 만일 당신이 술을 통제하는 삶을 산다면 당신은 술에 구속받지 않고 술로부터 자유로운 삶을 살 수가 있다. 반대로 그 대상을 통제할 수 없다면 그 대상으로부터 구속 받는 삶을 살게 된다.

당신이 돈을 통제할 수 없다면 당신은 돈으로부터 구속받는 삶을 살 수밖에 없고, 당신이 시간을 스스로 통제할 수 없는 삶을 산다면 당신은 시간으로부터 구속받게 된다. 또한 당신이 술을 통제할 수 없다면 당신은 술로부터 구속받는 삶에서 벗어날 수가 없다. 담배를 통제할 수 없다면 담배에 구속받는 삶을 살 수밖에 없다. 이렇듯 **진정한 자유는 내가 그 대상을 통제 가능할 때 그 대상으로부터 자유로워지는 것이다.** 이것을 빨리 깨달을수록 당신의 삶은 자유를 향해 더욱 빠르게 전진해 나갈 것이다. 그럼 통제하는 힘은 어떻게 만들 것인가. 인간의 본성 자체가 게으르고 나태함을 좋아하기 때문에 스스로를 통제하는 힘은 오직 훌륭한 시스템을 만들고 그 시스템에 따라 삶을 살아가는 것이 중요하다. 우리는 스스로를 100% 믿어서는 안 된다. 나의 반 틈만 믿어라. 나머지 반 틈은 당신이 만든 시스템을 믿어라. 필자의 경우는 챌린지 100 프로그램을 꾸준히 수행하면서 스스로를 통제하고 절제하는 힘을 많이 기를 수 있게 되었다. 훌륭한 행동을 반복하면 우리 뇌는 스스로가 통제 가능하고 믿게 된다. 그리고 조금 난이도가 높은 행동의 반복도 거뜬히 수행하게 된다. 필자의 경우에도 챌린지 100을 처음 수행할 때는 "하루 5분 명상하기"로 시작하여 "팔굽혀펴기 하루 100

회씩 하기", 그다음은 "아들에게 매일 편지 1통씩 쓰기", 그다음은 "하루 책 50페이지 읽고 감상문 쓰기" 등등, 이렇게 조금씩 난이도를 높여가며 도전했다. 그 결과 명상을 하루 5분씩 100일 동안 하게 되어 평소 앓고 있던 습관성 두통이 사라졌고, 팔굽혀펴기를 100일 동안 1만 개를 하게 되어 전에 없던 근육이 생겨나고 체력 또한 좋아졌다. 평소 바쁜 핑계로 사랑을 주지 못한 아들에게 100일 동안 편지 100통을 쓰게 되어 못다 한 사랑의 표현과 삶의 지혜를 전달할 수가 있었고, 하루 50페이지 책 읽기를 통해서 100일 동안 10권의 책을 읽을 수가 있었다. 이렇듯 내가 만든 시스템을 수행만 해도 당신 스스로를 통제하고 절제하는 힘이 길러지는 것을 느낄 수가 있을 것이다. 운동이든 독서든 나의 성공과 행복에 도움을 줄 수 있는 무엇이라면 챌린지 100을 통해서 반복할 수가 있다는 그 믿음이 있으니, 그 어떠한 대상으로부터 나를 통제하고 절제하는 힘 또한 커지는 것을 느낄 수가 있게 되었다. 당신은 챌린지 100 프로그램을 수행함으로써 "나는 마음만 먹으면 결국 해내는 사람이구나."라는 마음속 훈장을 새길 수 있게 되며, 무엇이든 당신이 마음먹기만 하면 스스로를 통제하고 절제하는 힘이 생겨나서 그 대상이 무엇이 되었든 그것으로부터 자유로운 삶을 살게 될 것이다. 결국 당신의 자유는 외부로부터 오는 것이 아니라 당신 스스로에게 달려있다는 것을 깨닫기 바란다.

당신은 자신의 반 틈만 믿어라. 그 나머지 반 틈은 당신이 가지고 있는 시스템을 믿어라! 성공을 이루는 사람은 본인의 의지와 더불어 성공할 수밖에 없는 시스템이 있었기 때문이고, 공부를 잘해서 서울대에 입학하는 학생은 스스로의 의지와 더불어 서울대에 갈 수밖에 없는 시스템이 있었기 때문이다. 당신도 당신의 행복과 성공을 위한 시스템을 만들어 보자.

다음 장에서는 당신이 당신의 꿈과 목표를 이루고 당신의 분야의 정상에 도착하기 위해서는 어떠한 준비물이 필요한지를 알아보자.

정상에 오르기 위해 꼭 필요한 준비물

누구나 자신의 분야에서 정상에 오르고 싶을 것이다. 그 정상은 경제적 성공이 될 수도 있고, 시간적 자유가 될 수도 있고, 각자가 원하는 보물이 보관된 장소가 될 것이다. 각자가 원하는 삶의 최상의 자리에 오르기까지 당신이 가지고 가야 할 준비물은 무엇이 있을까?

첫 번째는 목표이다. 목표는 지도와 같다. 내가 가야 할 방향과 그곳에 가면 무엇이 있는지를 분명하게 보여준다. 구체적일수록 좋다.

두 번째는 건강한 체력이다. 가끔씩 체력이 떨어지면 열정도 함께 떨어지는 경우가 많다. 내가 정한 정상까지 올라가기 위해서는 속도보다 방향이 중요하고, 방향보다 더 중요한 것은 끝까지 갈 수 있는 체력이다. 마라토너의 순위는 완주한 조건이 되어야 순위에 들어갈 수 있다. 이처럼 정상에 오르기까지는 지치지 않고 올라갈 수 있는 체력이 무엇보다 중요하다. 당신이 때때로 열정이 떨어지고, 의욕이 없어지고, 지금이 내 삶의 슬럼프라며 이유 없이 삐뚤어지고 나태해지고 싶을 때는 자신의 체력부터 점검해봐야 한다. 체력이 무너지면 멘탈도 함께 무너진다. 좋은 멘탈도 건강한 체력이 받쳐줄 때 그 기능이 온전히 탄력받게 된다. 또한 슬럼프를 극복하기 위해서도 체력부터 기르는 것이 중요하다. 건강한 체력이 갖춰지면 멘탈 또한 좋아져 삶의 선순환을 만들게 된다. 자신이 정한 정상에 도착하려면 건강한 체력부터 길러 보자.

세 번째는 함께 가는 것이다. "빨리 가려면 혼자 가고, 멀리 가려면 함께 가라."는 아프리카 속담처럼 멀리 가려면 함께 가야 한다. 챌린지 100 또한 공동체 프로그램이다. 팀원이 함께 서로 응원해주고 격려해주는 철저한 공동체 게임이다.

자신이 정한 정상에 오르기까지 같은 길을 걷고 있는 동료들과 함께 공동체 의식을 가지고 간다면 덜 지친 몸과 마음으로 멀리 갈 수 있을 것이다.

위의 세 가지만 단단히 챙겨서 가더라도 당신이 정한 정상에는 반드시 도착하게 될 것이다. 챌린지 100도 철저하게 행동과학에 따른다고 설명했다. 챌린지 100이라는 100일의 시간 동안 올라갈 정상이 있다면 그 정상에 오르기까지 목표, 건강한 체력, 공동체, 이 3가지를 잘 챙겨 감으로써 누구나 챌린지 100이라는 정상에 오를 수가 있게 된다.

정상에 오르기까지 필요한 3가지
1) 목표
2) 체력
3) 팀

챌린지 100이 나에게 주는 선물

챌린지 100이 나에게 주는 선물은 무엇이 있을까? 아마도 챌린지 100을 수행해본 챌린저라면 한 가지를 뽑기가 힘들 정도로 참 많은 것들이 있을 것이다. 이것은 해본 사람만 안다. 유명한 TV 광고에 나오는 "참 좋은데~~ 설명할 길이 없네~~"라는 대사와 비슷하다. 정말이지 챌린지 100을 경험을 해봐야만 느낄 수 있고 경험할 수 있는 짜릿함이 너무나 많다.

그중 간접적으로 몇 가지를 뽑아보도록 하겠다. 필자의 경우나 주변 챌린저의 수행 결과 공유한 내용을 토대로 말하자면, 우선 100번의 반복을 통해서 얻게 된 결과물이 있다. 필자의 경우 아들에게 쓴 편지 100통, 단련된 몸의 근육, 100일 동안 10권의 독서 등등의 결과물이 있다. 그리고 챌린지 100을 수행 완료하면서 스스로에 대한 자신감이 생겨난 것을 비롯해 '나도 마음만 먹으면 결국 해낼 수 있구나.'라며 자존감이 회복되고 자신감이 높아지게 됨을 느끼게 된다. 더불어 챌린지 100을 꾸준히 실행함으로써 주변 사람들로부터 성실하고 열정을 지닌 사람으로 인정받게 되고, 실제로 직장생활이나 단체생활 속에서 스스로를 브랜딩하는 효과도 발생하게 된다. 그리고 새로운 건강한 습관이 생겨나면서 기존에 있던 나쁜 습관 하나가 사라지게 된다. 이것은 필자에게도 놀라운 발견이었다. 새로운 행동습관이 생겨나면 기존의 행동습관 하나가 사라지는 것을 발견하게 된 것이다. 이것은 우리의 행동을 기억하는 저장소의 공간은 한정되어 있어서 새로운 습관 하나가 들어오면 기존의 다른 습관 하나가 없어지는 효과라고 한다. 독자 여러분들도 챌린지 100을 통해서 새로운 습관 하나를 만들면 나쁜 습관 하나가 사라지는 경험을 하게 될 것이다. 즉, 일석이조의 효과를 보게 된다. 이렇듯 챌린지 100이 당신에게 주는 선물은 너무나 많다는 것을 알게 될 것이다. **그중 챌린지 100이 당신에게 주는 가장 큰 선물은 당신이 스스로가 원하는 모습으로 바뀌어 가는 과정에서 느낄 수 있는 행복이라고 생각한다.** 결국 행복한 순간들이 쌓여서 행복한 인생이 되는 것이 아닐까? 필자는 독자 여러분들이 챌린지 100을 통해서 행복을 최대한 느끼고 가장 행복한 인생을 살기를 간절히 바란다.

챌린지 100이 당신에게 주는 가장 큰 선물은 챌린지 100을 통해서 당신이 스스로가 원하는 모습으로 바뀌어 가는 과정에서 느낄 수 있는 행복이다.

제5장

실천

나만의 챌린지 100 달력 만들기

지금까지 챌린지 100이 왜 필요한지를 다루었다면, 앞으로는 챌린지 100 프로그램을 가장 효율적으로 수행할 수 있는 방법을 알려 줄 것이다.

행동과학에 따른 챌린지 100의 5가지 요소(T, G, B, P, S)를 시스템으로 만들고 이제 실행만 남았다면, 챌린지 100을 수행하는 챌린저들은 자기만의 챌린지 100 달력을 준비해보자. 챌린지 100 달력은 특별한 양식의 달력이 아니라 그냥 탁상용 달력 하나만 있으면 된다. 그 달력에 일일 수행 여부를 ○×로 표기하면 된다. 챌린지 100 프로그램의 특징 중 하나가 반복할 행동을 정하고 100일 동안 100번을 수행하는 도중에 달성을 실패한 날이 있다면 처음부터 다시 하는 것이 아니라 그날은 수행 누적 일수에 적립을 시킬 수가 없게 된다. 즉, 11일째 날에 수행 달성을 실패하였으면 자신이 정한 패널티를 실행하고, 챌린지 100 수행 일수는 전날의 10일째 날이 되는 것이다. 그다음 날 달성해야 11일째 달성이 되는 것이다. 이것만 보면 '챌린지 100이 과연 수행 달성의 실행률이 높을까?'라는 의문이 생겨날 수도 있을 것이다. 필자가 확신을 가지고 말할 수 있다. 경험해본다면 그 의문은 사라질 것이다. 현재 필자가 만들어 준 챌린지 100의 시스템으로 수행 중인 챌린저의 평균 수행률은 90%가 넘는다. 즉, 100일 수행 중 90일 이상은 수행을 하고, 추가 10일을 더해서 100번의 수행을 달성한다는 것이다.

더 놀라운 사실은 90% 수행률이라는 것이 평균값이라는 것이다. 정확한 수치로 환산할 수는 어렵겠지만, 30명의 챌린저가 모여서 챌린저 100을 수행한다면 그중 25명은 100% 달성을 한다는 것이다. 필자 또한 여태껏 수많은 챌린저 100을 수행해 왔지만 수행률은 100%였다. 물론 팀의 리더라서 그럴 수도 있지만 다른 팀원들의 수치만 봐도 분명 챌린지 100 프로그램은 그 어떤 습관 만들기 프로그램보다 수행률이 압도적으로 높다는 것을 알 수가 있었다.

이처럼 챌린지 100 프로그램의 특징 중 하나는 수행에 실패하는 날이 있어도 그다음 날 수행할 수 있는 기회를 준다는 것이다. 단지 수행에 실패한 날에는 자신이 정한 패널티를 수행하면 된다. 예를 들어 그 패널티를 멤버들에게 커피 돌리기를 정했거나, 다음 날 두 배의 양으로 수행하기로 정했다면 그대로 수행하면 된다. 아마도 패널티를 경험해본 챌린저라면 그 이후로의 실패횟수는 현저히 사라지게 될 것이다. 이렇게 스스로 챌린저 달력을 만들어 달성 여부를 체크하다 보면 동그라미 쳐진 달력을 볼수록 성취감이나 스스로에 대한 믿음이 더욱 생겨나게 될 것이다.

핵심요약

챌린지 100 달력을 준비해서 일일 달성 여부를 체크해보자!

챌린저 100 그룹 만들기

챌린지 100 프로그램은 팀을 이뤄서 하는 실천 게임이자 시스템이다. 챌린저를 모집하고 그룹을 만드는 것이 가장 먼저 해야 할 일이다. 이때는 그룹의 특성이 너무나 중요하다. 이 그룹의 특성이 챌린지 100 수행률에 큰 영향을 미치게 되기 때문이다. 즉, 가족끼리 그룹을 만들어 챌린지 100을 수행한다면 그 수행력은 훨씬 떨어질 것이다. 지극히 사적인 모임의 특성을 지니고 있어서 수행에 실패했을 경우 아무도 이미지에는 아무런 손상을 입지 않게 된다. 이처럼 챌린지 100 그룹을 형성할 때는 공적인 모임일수록 더욱 좋다. 즉, 친구나 가족, 연인끼리 하는 것이 아니라 학교, 병원, 회사, 종교단체 어느 기관이든 상관이 없다. 공적인 관계면 다 된다. 공적인 관계로 형성해야 하는 이유는, 공적인 그룹에서는 수행에 실패

했을 경우 자신의 이미지 손상으로 연결되기 때문이다. 공적인 공간에서는 누구에게나 이미지 형상이 있다. 인간에게는 자신의 이미지를 좋게 만들고 싶은 욕구도 있고, 반대로 자신의 이미지에 손상을 입지 않기 위해 저항하는 욕구도 있다.

공적인 관계의 그룹에서는 수행에 실패했을 때 자신의 이미지에 손상을 입게 되므로, 이에 저항하는 욕구에 의해 만들어지는 건강한 두려움과 긴장감 때문에 실행력 또한 올라간다. 또한, 혹시나 수행에 실패했을 경우 자신이 성실하지 못하는 이미지로 비추어질 수도 있다는 압박감 또한 작용한다. 이런 저항력을 가지기 때문에 실행력이 더욱 높아지게 되는 것이다. 그리고 그룹을 형성할 때는 지원자에게 의무가 아닌, 100% 자발적 참여를 유도해야 한다. 인간에게는 스스로 정한 선택이 옳다는 것을 증명하려는 욕구가 있다. 예를 들어 당신이 구매한 물건을 누군가가 평가를 하거나 단점을 말하면 당신은 기분이 나빠질 것이다. 이 같은 심리는 자신의 선택이 부정당하는 느낌이 들어서이다. 또한 당신이 아주 값비싼 물건을 구매하였다면, 주변 사람들에게 그 제품의 특장점만 구구절절 늘어놓으며 자랑하게 된다. 이 같은 심리는 자신의 선택이 옳았다는 것을 증명하려는 욕구가 있어서이다. 이처럼 자발적으로 참여하게 되면 스스로가 하게 된 선택에 대한 자부심과 책임감이 동반된다. 자부심과 책임감이 동반되는 일에는 행동력이 배가 된다.

이와 같이 공적인 그룹을 만들고 그 구성원이 자발적으로 참여한 사람들로 이루어졌다면 이제 챌린저 100 프로그램의 반은 만들어진 것이다.

달성 여부 공개 그리고 공유하기

챌린지 100 프로그램은 그룹게임이라고 했다. 즉, 여러 챌린저가 모여 수행하는 공동체 프로그램이다. 챌린지 100 프로그램은 공동체의 특장점을 최대한 활용하는 것이 특징이다. 공동체의 특징은 서로가 서로를 보고 느끼고 이미지를 그린다는 것이다. 자신의 일일 수행달성 여부를 모두가 보는 그룹 방이나 지정된 카톡방을 통해서 인증샷으로 공개하고 공유해야 한다. 공개를 하고 공유를 한다면 챌린저들은 서로가 서로에게 동기부여가 되고 행동 자극을 받게 된다. 우리가 매번 다이어트에 실패하는 것도 TV 속 먹방 프로그램을 보고 스스로 먹고 싶다는 행동 자극을 받게 되기 때문이다. 우리는 누군가의 행동을 보면 그것에 의해 동기부여가 되고 행동 자극을 받게 된다. 이 행동 자극을 역으로 활용하는 것이다.

공개적인 공간에서 자신의 행동을 공개하고 공유하며 다른 챌린저들에게 동기부여와 행동 자극을 주게 되는 것이다. 공무원 임용시험 준비를 하는 사람이 같은 부류의 사람들이 모여 공부하는 고시원을 택하는 이유도 서로가 서로에게 동기부여가 되고 행동 자극이 되기 때문이다. 이처럼 챌린지 100 프로그램은 공개적인 공간에서 자신의 일일 수행 여부를 인증샷으로 올리고, 서로에게 관심을 가지고 서로에게 동기부여와 행동 자극을 받게 되는 것이 특징이다. 이것이 챌린지 100 프로그램이 다른 습관 만들기 프로그램보다 월등히 수행률이 높은 이유 중 하나이다.

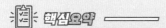

핵심요약

챌린지 100 프로그램을 수행하는 챌린저는 일일 수행 여부를 영상이나 인증샷으로 올려 팀원과 공유하는 것이 원칙이다.

서로 함께 체크해주기

챌린지 100을 수행하면서 서로 함께 체크해주는 일이 중요하다. 자신의 수행률에만 집중하는 것이 아니라 함께 수행 중인 챌린저들에게는 리액션이 중요하다. 당신이 해주는 리액션은 상대 챌린저들에게 더욱 자신감을 불어넣어 주며, 주변의 응원은 정서적으로 더 큰 힘을 얻게 하여 수행력을 더욱 높여주게 된다. 현재 대중적으로 흥행하고 있는 운동 중 크로스핏이라는 운동을 아는가? 미군들의 훈련 중 하나로 시작되어 전 세계의 국민운동으로 자리 잡게된 운동이다. 크로스핏은 일반적인 웨이트 트레이닝과는 구조가 조금 다르다. 일반적인 웨이트 트레이닝은 혼자서 스스로가 정한 스케줄에 맞춰 운동을 하는 것이라면, 크로스핏은 그룹으로 함께하는 맨몸운동이다. 그리고 함께 정해진 목표횟수를 정하고 누군가가 가장 먼저 수행을 완료했다 하더라도 바로 주저앉아서 쉬는 것이 아니라 마지막까지 수행하는 챌린저를 향해 그들의 목표 숫자를 함께 카운트다운 해준다. 그리고 끝까지 수행할 수 있도록 파이팅을 외치고 힘을 북돋아 준다. 크로스핏은 수많은 운동 중에서도 난이도가 높고 악명 높은 힘든 운동이지만, 한번 시작하면 가장 의리심 있게 서로의 우정을 나누며 오랜 기간 동안 하는 운동으로 유명하다. 이처럼 챌린지 100 프로그램에서도 서로 함께 체크해주며 응원해주는 것이 서로에게 힘을 북돋아 주고 수행력을 높여주는 좋은 요인이 된다.

핵심요약

챌린지 100 프로그램을 수행하는 팀원 간의 응원과 리액션은 서로의 수행력을 높여주는 큰 원동력이 된다.

챌린지 100 스토리북 만들기

챌린지 100 수행을 완료하였다면 자신만의 스토리북을 만들어 보자. 같은 행동을 100번 반복하면서 느낀 점이나 스스로가 달라진 점이 무엇인지를 적고, 다음 챌린지 100을 또다시 수행하게 된다면 어떠한 제목으로 할 것인지도 미리 설정해두는 것이 좋다. 또한 다음 챌린지 100을 또다시 수행할 시에는 어떠한 마인드로 수행할 것인지 하는 마인드셋을 정해두는 것도 도움이 된다.

이렇게 멋진 수행을 마치고 그 과정을 기록하는 기쁨이란 대단할 것이다. 그리고 챌린지 스토리북에 기록된 자신의 도전여정은 먼 시간이 흐른 후 스스로 되돌아볼 멋진 추억과 행동 자극이 되어줄 것이다. 삶을 살다 보면 자신감이 떨어지고 자존감이 낮아져서 마치 자신이 쓸모없는 사람으로 느껴질 때가 있다. 이는 자기 동정에 빠지게 되고 우울감까지 느끼게 된다. 누구에게나 심리적 위기가 찾아오게 되는데, 그 심리적 위기를 극복하는 탄력성을 만들어야 한다. 그러기 위해서는 "나도 할 수 있다 정신"을 찾아야 한다. "나도 할 수 있다 정신"은 자신이 수행했던 챌린지 100을 회상하고 그때의 감정을 다시 느껴본다면 "나도 할 수 있다 정신"을 되찾는 데 큰 도움이 될 것이다. 챌린지 100 스토리북이 "나도 할 수 있다 정신"을 되찾아주고, 자신감과 자존감을 회복시켜 주고, 새로운 도전을 할 수 있는 힘을 불어넣어 줄 것이다. 인간은 타인의 경험을 백 번 듣는 것보다 스스로가 한 단 한 번의 경험을 더욱 믿는 경향이 있다. 챌린지 100의 수행경험은 100% 자신의 경험이라, 주변의 그 어떤 조언보다 더 큰 힘이 되어줄 것이다.

핵심요약

챌린지 100 프로그램을 수행 완료하였다면 자신만의 챌린지 100 스토리북을 만들어 보자. 수행과정에서의 느낌과 변화된 자신의 모습을 묘사해보자.

다음 실천 목록 정하기

필자가 좋아하는 말 중에는 "꿈 넘어 꿈"이라는 말이 있다. 우리는 꿈만 꾸지 꿈 넘어 꿈은 꾸지 않는다. 외국 어느 TV에서 과거 10년 전에 로또에 당첨된 사람들을 찾아 그들의 삶을 추적해서 관찰한 프로그램이 있었다. 그중 90%는 로또 당첨금 모두를 탕진한 채 빚에 허덕이며 살고 있었고, 나머지 10%만이 그 당첨금을 더 큰 재산으로 키워내며 멋진 삶을 살고 있었다. 여기서 90%의 재산을 탕진한 사람들과 10%의 더 큰 자산을 일구어낸 사람들의 차이는 무엇인지 관찰해보니, 단 한 가지의 차이점을 발견할 수가 있었다.

바로 꿈 넘어 꿈이었다. 90%의 재산을 탕진한 사람들에게는 로또의 꿈을 이루었을 때 그다음 꿈이 없었다. 반대로 10%의 더 큰 자산으로 일궈내 발전된 삶을 살아가는 사람들은 로또가 당첨된 이후의 꿈이 설정되어 있었던 것이다.

꿈 넘어 꿈이 없었던 90% 당첨자들은 그저 당첨금을 소비하기에 바빴지만, 꿈 넘어 꿈이 있었던 10%의 당첨자들은 그 당첨금을 계획에 맞게 투자한 것이다. 챌린지 100 또한 단 한 번의 경험으로 끝내서는 안 된다. 내가 진정 원하는 나의 모습으로 나를 바꾸는 여정은 아직 멀고도 멀다. **챌린지 100을 수행 완료했다면 그다음 목록을 스토리북에 꼭 설정해두어야 한다.** 그리고 가급적 설정된 챌린지 100을 바로 수행한다면 당신은 챌린지 100이라는 훌륭한 변화의 도구를 삶 속에 장착하게 되는 것이다. 꿈 넘어 꿈을 설정하라. 당신의 변화와 성공이 일회성에 그치는 것이 아니라 지속할 수 있는 유일한 방법은 꿈 넘어 꿈을 설정하는 것이다.

챌린지 100을 수행 완료하기 전에 그다음 챌린지를 미리 설정해두자!

챌린지 100으로 얻은 삶의 영향 나누기

당신은 챌린지 100을 통해서 많은 것을 얻게 될 것이다. 대부분의 챌린지 100 프로그램을 수행하는 챌린저들은 수행 완료 후 자신감을 되찾게 되고, 자존감이 높아지고, 좋은 습관 하나가 더 생겨나게 되고, 주변으로부터 성실함을 인정받게 된다. 이런 긍정적인 삶의 변화를 주변 사람들과 나누는 것이 중요하다. 긍정도 부정도 나누면 배가 되어 또다시 자신에게 돌아온다.

좋은 것은 계속해서 나눠라. 챌린지 100을 통해서 얻은 삶의 영향을 주변 사람들과 끊임없이 나눠라. 누구나 스스로를 바꾸고 싶어 한다. 나를 바꾸면 행복해짐을 우리 모두는 알고 있다. 하지만 바꿀 수 있는 방법을 모르고 확실한 수단이 없어서 바꾸지 못한 채 살아간다. 챌린지 100은 나를 바꿀 수 있는 가장 강력한 도구이다.

자신의 성장을 위해서라도, 자신의 행복을 위해서라도 인풋과 아웃풋은 동반되어야 한다. 즉, 어떠한 프로그램으로 좋은 것을 얻으면 반대로 다른 누군가에게 주고 나누어야 한다. 자연도 끊임없이 순환되듯이, 우리의 지식과 경험도 얻고 잃는 것이 아니라 순환되어져야 한다. 주변 사람들과 나누면 적어지는 것이 아니라 곱절이 되어 다시 자신에게 돌아온다. 챌린지 100으로 자신을 바꾸고 얻은 것이 있다면 주변 사람들과 그 경험과 노하우를 나누는 아름다운 나눔 문화를 실천하기 바란다. 챌린지 100을 수행하는 모든 챌린저들이 행복 전도사가 되기를 기대해 본다.

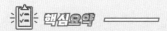

핵심요약

챌린지 100으로 삶의 변화를 맛보았다면 주변 사람들에게 전파하는 챌린지 100 프로그램의 전도사가 되어보자!

스스로에게 보상하기

　행복도 성공도 타인에게 있지 않다. 나 자신에게 있다. 우리는 타인에게는 관대하지만, 스스로에게는 인색할 때가 많다. 그렇다고 철저한 이기주의자가 되라는 것은 아니다. 스스로의 노력에 대한 인정과 적당한 보상은 또 다른 만족감과 동기부여가 된다. 정신 건강에 좋다는 명상은 스스로와 교감하는 행위이다. 명상의 진정한 목적은 나의 몸과 마음에 집중하는 시간을 가지는 것이다. 온전히 나에게 집중하면 스스로와 좋은 교감을 하게 된다. 우리는 누군가 자신과 비슷한 사람과 대화를 나누면 기분이 너무나 좋아지게 된다. 즉, 나와 가치관이 비슷한 사람을 만나면 시간 가는 줄 모르고 긴 시간 동안 대화를 나눈다. 세상에서 나와 가치관이 가장 일치하는 사람은 유일하게 자기 자신일 것이다. 그런 자신과의 교감은 자기 행복을 위해서도 너무나 중요한 일이다. 스스로에게 보상하기 또한 온전히 내가 원하는 것을 나에게 주는 교감의 시간이 된다. 이것은 꼭 물질적인 것이 아니라도 상관없다. 나만의 시간을 가지든, 내가 좋아하는 취미를 가지든, 내가 충분히 좋아할 만한 물질이든, 그 무엇이 되었든지 간에 나 스스로에게 온전히 허락해주는 것이다. 챌린지 100을 수행 완료하면 반드시 스스로에게 보상하는 시간을 가지기를 바란다. 인생에서 가장 값진 삶의 동반자는 자기 자신이다. 스스로와 끊임없이 교감하고 자신의 몸과 마음에 집중하며 살아간다면 누구나 스스로의 가치를 느낄 수 있고, 행복감을 느낄 수가 있을 것이다.

챌린지 100을 마치면 반드시 스스로에게 보상을 해주자. 수행기간 동안 수고하였을 나에게 보상을 하는 것은 그다음 챌린지 100을 수행하는 데 커다란 원동력이 된다.

나의 챌린지 소문내기

챌린지 100 프로그램을 시작하게 되면 주변 사람들에게 최대한 소문을 내보라. 나의 챌린지를 주변 사람들과 공유하면 책임감이 동반되어 그 행동력은 더욱 커지게 된다. 내가 아는 주변 사람들 중에는 목표를 이루는데 아주 능숙한 친구가 한 명 있다. 이 친구를 만나면 이 친구는 항상 자신의 목표를 이야기한다. 처음에는 허상만 가득한 친구라고 생각했었는데, 시간이 흐르자 자신이 말한 목표를 빠짐없이 하나씩 이루고 있는 것이 아닌가? 그 친구가 말한 목표를 들었던 주변 지인들은 그 후 만남이 이루어지면 자연스레 그 목표에 관심을 가지고 물어보게 되었고, 그 친구는 목표의 진행 정도를 말해주며 대화를 이어나갔다. 결국 그 친구가 말한 목표는 모두의 관심사가 되어 응원 제목이 되었고, 때로는 기도 제목이 되

었다. 그 친구는 어느새 주변 지인들의 응원과 기도를 자신에게 끌어모으고 있었다.

이러하기에 목표를 실현시키는 힘이 더욱 강렬해지는 것이다. 대부분의 사람들은 스스로의 목표나 챌린지를 숨기기에 바쁘다. 이런 심리는 혹시나 내가 말했다가 실패하였을 경우 스스로가 못난 사람이 된다는 두려움 때문이다. 수많은 성공학을 연구하는 지식인들은 자신의 목표를 공개적으로 드러내고 구체적으로 공유할수록 그 목표가 실현될 가능성이 더욱 커진다고 말한다. 이처럼 **자신의 목표나 챌린지를 주변 사람들에게 소문내보라. 스스로에게는 책임감이 생겨나고, 주변 사람들의 응원과 기도를 끌어모으게 될 것이다.** 때로는 소문의 힘을 활용해보라. 당신의 챌린지가 실현됨을 경험하게 될 것이다.

📋 **핵심요약** ────────

자신의 챌린지를 주변 사람들에게 소문내고 공유하라. 그들의 응원과 기도로 자신의 챌린지가 더욱 탄력받게 되는 것을 체험하게 될 것이다.

나의 일과에는 챌린지 100이 포함된다

우리는 과거로부터 학습된 생활 패턴이 있다. 그 패턴대로 끊임없이 반복하며 살아간다. 챌린지 100 프로그램을 수행한 챌린저라면 자신의 하루 일과에 챌린지 100 프로그램이 포함되어 있을 것이다. 그리고 챌린지 100이라는 훌륭한 도구로 자신을 끊임없이 바꾸어 가며 하루하루를 적립해 나갈 것이다. 무언가를 꾸준하게 하고 싶은 것이 있다면 그것을 자신의 일과 속에 집어넣는 것이 중요하다. 꾸준한 사람들의 특징을 살펴보면, 한 번에 많은 것을 해결하려 하지 않는다. 자신이 이루고 싶은 무언가가 있다면, 그것을 세분화시켜서 하루에 할 양을 정하고 그것을 자신의 일과 속에 집어넣어 꾸준하게 실천한다.

예를 들어 운동을 꾸준히 하고 싶은데 실천이 안 될 때는 챌린지 100을 하루 한 번 헬스장에 가서 1시간 운동하기로 정하고 그 것을 자신의 일과 속에 집어넣고 실행한다면 수행률도 확실히 높아 지게 되고, 챌린지 수행결과 자신의 몸과 마음에 엄청난 변화가 있음을 느낄 수 있을 것이다. 자신의 일과 속에 집어넣는 것이 왜 그 행동력을 높여주는지를 설명하면, 인간은 무슨 일이든 마무리를 지어야 심리적 안정감을 찾게 된다. 이처럼 자신이 정한 하루 일과 속 스케줄은 모두 마무리 지으려는 습성이 있다. 그래야 심리적 안정 감을 찾게 된다는 것을 알기 때문이다. 우리가 어떠한 과제를 일과 속에 집어넣게 되면, 우리의 뇌가 그것을 실행해야 할 의무적인 일로 인식한다는 것이다.

그리고 우리의 뇌 속에 의무적인 일로 인식되면 실행하려는 의지가 더욱 높아진다. 우리는 이것을 활용하는 것이다. 자신이 꾸준히 실행하고 싶은 과제를 '오늘 하루 중에 하면 좋고, 아니면 그만이고.'라는 생각을 한다면, 그 실행력은 매우 떨어지게 된다. 하지만 오늘 반드시 해야 할 하루 일과 속의 업무라고 생각한다면 그 실행력은 훨씬 더 높아질 것이다. 이처럼 스스로가 이루고 싶은 프로젝트가 있다면, 그것을 세분화시켜 하루의 양을 정하고 챌린지 100을 통해서 그것을 꾸준히 실천해보자. 시간이 흐를수록 반복의 힘과 반복이 이루어낸 기적을 느낄 수가 있을 것이다. 이렇듯 우리는 하루 일과 속에 그 프로젝트의 조각을 실행목록으로 정하고 그것을 매일 정해진 양을 반복해서 해보자. 필자의 경우에도 아들에게 편지 100통을 쓰기란 너무나 많은 양이었고, '과연 내가 할 수 있

을까?' 하는 의문도 들었지만, 그것을 챌린지 100을 통해서 하루 1
통씩 꾸준히 반복한 결과 아들에게 100통의 편지를 쓸 수 있게 되
었다. 100통의 편지는 너무나 큰 양이지만, 하루에 1통은 그리 버
거운 일이 아니기 때문이다. 이처럼 챌린지 100이라는 훌륭한 도구
를 자신의 일과 속에 집어넣고 꾸준히 실천한다면 아무리 버거운
일이라 할지라도 결국 성취하게 될 것이다.

핵심요약

아무리 버겁고 난이도가 높은 일이라도 챌린지 100을 하루 중 일
과에 표함시키고 그것을 반복한다면 그 일은 반드시 성취하게 된
다.

제6장

독자들의
의무

도전 그리고 나눔 실천하기

도전은 아름답다. 도전이라 하면 무언가를 새롭게 시도하는 일로 해석하는 독자가 많을 것이다. 하지만 필자가 말하는 도전은 자신이 여태껏 늘 한계에 부딪혀 왔던 일들에 그 한계를 넘어서는 시도를 해보라는 것이다. 아마도 독자 여러분들이 부딪쳐 넘어진 그 한계의 벽은 반복의 힘으로 부숴 버릴 수가 있다고 필자는 확신한다. 반대로 반복으로 안 되는 일을 찾아보라. 아마도 반복으로 안 되는 일을 찾기가 반복으로 이루어지는 일들을 찾는 것보다 더욱 어려울 것이다. 정말이지 무엇이든 될 때까지 하면 된다. 자신이 소망하는 간절한 무언가는 될 때까지 반복하면 반드시 이루어진다. 만일 그럼에도 불구하고 그것이 이루어지지 않았다면 될 때까지 하지 않았기 때문이다.

필자도 실천력이 뛰어난 사람은 아니었다. 늘 생각에 머물고 실천하지 않거나, 이 핑계 저 핑계 대면서 스스로를 합리화시키며 진행하지 못했던 일들이 너무나 많았다. 하지만 챌린지 100 프로그램을 만들기 위해 행동과학에 대한 많은 서적과 심리학 서적을 찾아보면서 인간의 행동력을 높여주는 5대 요소를 발견하게 되었고, 마침내 그 5대 요소(T, G, B, P, S)가 들어간 챌린지 100 프로그램을 탄생시킨 것이다. 어쩌면 챌린지 100 프로그램은 필자를 위해서 만든 프로그램이라고 해도 과언은 아니다. 평소 마음먹었던 것들을 챌린지 100을 통해서 하나씩 이뤄 나가고 있다. 이처럼 자신의 한계를 넘어서는 도전을 챌린지 100을 통해서 시작해보라. 그리고 그 도전에 성공하였다면 주변에 경험과 노하우를 반드시 나누자. 챌린지 100 프로그램은 어느 기관이든 상관없다. 행동력을 높여주는 5대 요소(T, G, B, P, S)가 갖추어진 챌린지 100 프로그램을 수행한다면 반복의 힘으로 그 어떤 것이라도 못 이룰 것은 없다. 공적인 공간, 즉 병원, 학교, 회사, 학원, 군대, 어느 공간에서든 누구나 할 수 있는 프로그램이다. 독자 여러분들께서도 이처럼 좋은 프로그램이 널리 퍼질 수 있도록 많은 챌린저들이 얻은 값진 경험과 노하우를 주변 사람들에게 알려 주기를 간곡히 바란다.

챌린지 100 5대 요소(T, G, B, P, S)를 갖추고 수행한다면 그 어떤 것이라도 반복의 힘으로 이루어낼 수가 있다. 당신이 그 경험을 했다면 반드시 주변 사람들에게 챌린지 100 시스템을 알려주기를 바란다.

코이노니아 만들기

코이노니아는 헬라어로 "공유하다", "남과 함께 나누다", "공통 (共通)", "다 같이"라는 뜻을 지닌다. 코이노니아는 말 그대로 공동체를 이뤄 교제하고, 서로 나누는 것을 뜻한다. 장수마을의 특징도 코이노니아를 이루고 있었고, 전 세계 행복지수가 가장 높은 나라나 마을에서도 코이노니아를 이루고 있었다. 인간은 외롭다. 외로운 정서는 인간이 느끼는 가장 기본 정서다. 서로 교류하고, 좋은 일과 힘든 일을 나누며 살아간다면 우리는 외로움을 극복하며 살아갈 수가 있게 된다. 챌린지 100도 공동체 프로그램이다. 챌린지 100 프로그램을 통해서 서로의 목적 달성을 위해 응원해주고, 서로의 감정들을 공유하는 코이노니아를 완성해보자. 그리고 챌린지 100 프로그램을 시작으로 코이노니아를 만들어 서로의 삶의 변화를 지켜봐 주고, 응원해주고 기도해주자. 코이노니아는 분명 인간의 공허함과 외로움을 채워주고, 인간의 가슴이 왜 따뜻한지를 서로에게 느끼게 해주는 좋은 도구가 되어줄 것이다. 챌린지 100을 통해서 코이노니아를 실천하고 서로의 행복을 채워주기를 간곡히 바란다.

 핵심요약 ————————

챌린지 100으로 형성된 단체가 서로의 외로움을 채워주고 응원해주는 코이노니아로 발전되기를 희망한다.

③

동행하기

앞서 말한 것처럼 인간은 외롭다. 우리는 서로가 서로의 외로움을 보살펴줄 의무가 있다. 챌린지 100을 통해서 나를 바꾸는 힘을 기르고 있다면, 이제는 서로 간에 외로움을 보살펴주는 마음이 중요하다. 우리의 삶은 늘 누군가와 함께하게 되고 그들과 동행하게 된다. 필자는 어쩌면 단 한 번뿐인 삶을 지구라는 가장 아름다운 마을에 여행을 와서 함께 동행하는 것이라 생각한다. 동행은 아름답다. 무엇이든 혼자서 하는 것에는 한계가 있고 그 기쁨 또한 제한적이다. 함께하는 것. 함께 이뤄 나가는 것. 동행은 선택이 아니다. 인간이라면 누구에게나 행복한 삶을 위한 필요충분조건이다. 챌린지 100 프로그램을 수행하는 챌린저들의 수행력이 높은 이유도 함께하기 때문이다. 동행의 힘은 강하다. 필자는 군 복무 시절 행군하

제1부 외면 바꾸기 201

다가 발바닥에 동전만 한 물집이 생겨 걷기가 불편해지자 행군 대열에서 떨어져 혼자 행군한 적이 있었다. 혹한기 훈련이라 영하 15도를 넘나드는 추운 날씨에 행군을 했었고, 행군 대열에서 떨어져 혼자 걸었을 때의 몸과 마음은 곱절로 힘들었었기에 지금까지 기억에 남는다. 이와 같은 경험은 누구에게나 한 번쯤은 있을 것이다. 함께하면 덜 힘들고, 함께하면 더 빨리할 수 있고, 함께하면 불가능한 것도 가능해진다. 동행의 힘은 강하다.

독자의 여러분들도 챌린지 100으로 동행의 힘을 경험해보았다면 주변 사람들과 동행의 의무를 지니고 살아가기 바란다.

핵심요약

챌린지 100을 통해서 동행의 아름다움을 느껴보았다면 우리는 주변 사람들과 함께 동행하는 삶을 살아야 한다.

나의 반응 그리고 주변의 반응 체크하기

챌린지 100 프로그램으로 느낀 스스로의 반응을 살펴보라. 성
장을 위해서는 피드백이 너무나 중요하다. 진단하고, 반응을 살펴
보고, 더 나은 방법을 강구하는 것. 이것이 성장의 기본요소 중 하
나이다. 챌린지 100 수행 후에는 자신이 느낀 점을 진단해봐야 한
다. 반복을 통해서 느낀 몸의 반응과 바뀐 자신을 바라보는 주변
사람들의 반응도 살펴보라. 그 반응을 느껴야 다음 챌린지 100을
더욱 농도 있게 수행할 수 있게 된다. 챌린지 100 프로그램은 철저
하게 나를 바꾸는 강력한 프로그램이다. 나를 바꾸면 내가 행복해
진다. 나를 바꾸면 내가 성장한다. 나를 바꾸면 내가 성공한다.

《나를 바꾸는 챌린지 100》의 주된 목적은 더 나은 나로 바꾸
는 것이다. 나를 바꾸는 과정을 진단하고, 반응을 진지하게 살펴보

라. 주변의 반응을 살펴보기 위해서는 질문을 하는 것도 좋다. 챌린지 100 프로그램을 통해서 자신이 어떻게 변화하고 있는지 제3자의 입장에서 객관적으로 느낀 점을 알려달라고 부탁하는 것이다. 이것은 함께 수행하는 챌린저들에게 물어도 좋고, 가까운 가족이나 지인들에게 물어봐도 좋다. 그리고 그들의 피드백을 받고 다음 챌린지 100 수행 시에 보완해 나간다면 당신이 수행하고 있는 챌린지 100은 그 누구의 챌린지 100보다 더 큰 효과를 발휘하는 강력한 도구가 되어줄 것이다. 챌린지 100 수행 후 반드시 자신의 반응과 주변의 반응을 진단해보자. 이것은 챌린저들이 스스로를 바꾸기 위한 선택이 아니라 의무다.

> **핵심요약**
>
> 챌린지 100 프로그램의 주된 목적은 나를 바꾸는 것이다. 나를 바꾸기 위해서는 챌린지 100을 통해서 스스로가 바뀐 점을 주변 사람들에게 피드백을 받고 자신의 변화를 체크하면서 진행한다면, 그 변화의 효과는 더욱 커지게 된다.

5

챌린지 100 전염운동 동참하기

우리는 분명 주변 사람의 영향을 가장 많이 받으면 살아간다. 나쁜 것만 전염이 되는 것은 아니다. 좋은 것도 전염된다. 웃음이 없는 사람이 웃음이 넘치는 사람을 계속해서 만나다 보면 웃음이 전염되어 웃는 법을 배우게 된다. 늘 기운이 없는 사람이 기운 넘치는 사람을 계속해서 만나다 보면 건강한 기운이 생겨나게 된다. 이것을 "거울효과"라고 한다. 거울효과는 나와 마주하고 있는 사람과 함께 오래 하다 보면 그 사람의 모습을 닮게 되고, 그 모습이 자신의 본모습이라고 받아들여지는 것을 말한다.

독자 여러분들도 각자 삶을 되돌아보고 인생의 전환점을 콕 집어 본다면, 그 시점에 특별한 귀인을 만난 기억이 있을 것이다. 그 귀인의 영향으로 자신이 변화되고 그때부터 인생의 전환점을 맞이하게 되었다는 사실을 깨닫게 될 것이다. 이처럼 우리는 누군가에게 좋은 것을 전염시킬 수가 있다. 새해가 되면 늘 똑같이 목표를 정하지만, 실천력이 떨어져 작심삼일에 그치는 경우나, 변화를 해야만 하는 위기 상황에 놓여있는 지인들이 있다면 챌린지 100을 소개시켜 주고 실천방법을 알려주기 바란다. 챌린지 100을 수행하게 된 그 지인에게는 아마도 소개시켜 준 당신이 인생의 특별한 귀인이 되어줄 것이다. 챌린지 100 프로그램은 공적인 단체라면 그 어떤 단체든, 장소든 상관없이 실행 가능한 프로그램이다. 비용이 드는 것도 아니다. 자신이 속해있는 단체도 좋고, 취미활동을 하는 동아리나 클럽도 좋다. 챌린지 100의 5대 요소(T. G. B. P. S.)를 적용시켜 실천방법을 알려주자. 좋은 것을 전염시키는 당신의 이타심이 주변 사람들의 삶에 전환점을 만들어 주게 될 것이다. 당신이 챌린지 100으로 인생의 전환점을 맞이하였다면 주변 사람들 모두에게 챌린지 100 프로그램을 전염시켜 주기를 간곡히 바란다.

핵심요약

인간은 자신이 마주 보고 있는 사람을 닮게 된다. 이것을 거울효과라고 한다. 당신의 생각과 행동이 다른 누군가에게 거울효과를 주고 있다는 사실을 잊지 말자.

6

챌린지 100 여행하기

우리의 삶에 여행이란 늘 스스로의 가슴을 설레게 한다. 우리는 언제나 새로운 것에 설렘을 갖게 된다. 여행은 그 새로운 경험을 충족시켜 준다. 그래서 이 시대 대부분의 사람들이 다음 여행을 기대하고 기다리며 살아가는 것인지도 모른다. 여행을 하는 과정에서 새로운 환경을 경험 하는 순간, 그에 반응되는 자신의 모습에 충분한 아드레날린이 분비된다. 이것은 새로운 환경을 접하는 여행뿐만 아니라, 새로운 경험에는 모두 비슷한 몸의 반응이 일어난다고 한다. 예를 들어 우리가 소문난 미용실에 가서 마음에 드는 머리 스타일로 바꾸면 마음이 설레고 좋아진다. 이것은 평소 내가 보지 못한 나의 모습에서 느끼는 새로움이다. 놀라운 사실은 이 작은 경험들에서도 우리는 여행지에 가서 설렘을 느끼는 것과 비슷한 감정반응이 일어난다고 한다. 챌린지 100을 통해 스스로를 바꾸는 삶을 살아가는 챌린저들의 하루하루는 새로움 그 자체가 된다. 필자를 포함한 주변 여러 챌린저들의 소감을 들어보면, 자신이 바뀌는 것을 느끼는 순간 세상이 달라져 보인다고 한다.

나를 바꾸는 것은 내가 늘 끼고 있던 색안경의 색깔을 바꾸어 끼는 것과 같다. 색안경을 바꾸어 끼면 내가 바라보는 세상도 달라져 보이게 된다. 그 새로움 속에 설렘도 함께 느끼게 된다. 세상에서 가장 설레는 여행은 바뀐 내가 접한 세상여행일 것이다. 내가 바뀌면 주변에서 나를 바라보는 시선도 함께 바뀌게 된다. 나의 인식이 달라지고, 내가 느끼는 세상 또한 달라지게 된다. 챌린지 100으로 떠나는 여행은 바로 이런 것이다. 챌린지 100으로 바뀐 내가 과거에 느끼지 못한 세상을 여행하게 되는 것이다. 챌린지 100을 수행하는 챌린저들은 참 행복한 사람들이다. 하루하루 설레는 여행을 경험하고 있지 않은가? 챌린지 100으로 당신만의 설레는 여행을 최대한 만끽하기를 간곡히 부탁한다.

📋 핵심요약

나를 바꾸는 과정은 분명 설레는 삶의 여행과도 같다. 챌린지 100을 통해서 짜릿한 삶의 여행을 만끽하는 것이 챌린저들만의 권리이자 의무이다.

내 안에 잠든 거인 깨우기

필자는 고등학교 시절 너무나 소심하고 자존감이 낮은 학생이었다. 한번은 고등학교 3학년 때 일이다. 야간 자율학습을 하고 있는데 담임선생님께서 들어오셔서 나를 보고는 같은 반 학생이 맞는지 확인을 하셨다. 그때가 4월이라 새 학기가 두 달이나 넘은 시점이었는데, 나를 몰라본 것이다. 그 정도로 필자의 고등학교 때의 모습은 존재감이 없는 학생이었다. 이런 내가 고등학교 동창 모임에 나가면 모두가 하나같이 놀라워한다. 성격이며, 태도며, 가치관이 너무나 달라진 나를 보고 놀라워하는 것이다. 심지어 나를 못 알아보는 친구도 참 많았다. 필자의 경험으로 비추어볼 때 우리 내면에는 또 다른 내가 잠을 자고 있는지도 모른다. 어느 심리학자들은 이를 "내 안에 있는 잠자는 거인"이라고 한다. 우리 모두에게는 내면에 잠든 거인이 있다. 하지만 이 잠든 거인이 잠만 자고 있는 사람도 있고, 잠든 거인이 꿈틀거리며 잠에서 깨어날 준비를 하고 있는 사람도 있고, 잠든 거인이 완전히 긴 잠에서 깨어나 자신의 모습으로 장착되어 살아가는 사람도 있다. 필자의 경우는 잠에서 완전히 깨어난 내면의 거인이 완전한 나의 모습으로 장착되어 살아가고 있는 중이라 말하고 싶다. 이것은 경험해본 사람만이 공감할 것이다. 존재감이 없고 소심했던 내가 지금은 수많은 사람들을 리드하는 리더가 되었고, 모두가 불가능한 일이라고 비웃었던 일들을 현실로 만들어 냈다. 이것은 소심하고 존재감이 없던 나의 허물을 벗겨내고 자신감이 넘치고 거침없이 전진하는 내 안의 거인이 곧 나의 모습이 되었기 때문이다. 이런 경험은 누구에게나 일어날 수가 있다고 믿는다. 만일 필자의 과거와 같이 소심하고 존재감이 낮은 독자라면 진심으로 새겨듣기를 바란다. 당신의 내면에 분명 잠든 거인이 있다. 단지 잠에서 깨어나 지금의 허물을 벗겨내고 나오지 못했을 뿐이다.

그럼 나의 잠든 거인을 깨우는 방법에는 무엇이 있을까? 새로운 행동을 반복하는 것이다. 기존에 하지 않던 다른 패턴을 만들어야 내 안의 잠재능력 덩어리인 잠든 거인을 깨울 수가 있다. 다른 패턴을 만들기 위해서는 기존과 다른 새로운 행동 반복을 하는 것이다. 무엇이든 분명 계속해서 반복하면 내 것이 된다. 챌린지 100으로 나를 바꾸어나가라. 내가 바뀌면 내 안의 잠든 거인이 잠에서 깨어나기 시작한다. 그리고 과거의 나의 모습은 잊어라. 그리고 계속해서 바꾸어나가라. 내 안에 있는 잠든 거인이 꿈틀거리며 잠에서 완전히 깨어날 것이다. 물론 하루아침에 모든 변화가 일어나지는 않는다. 계속 반복해야 한다. 언제까지? 될 때까지! 하지만 그리 많은 시간이 소요되지는 않을 것이다. 챌린지 100을 100일 동안 100번 수행 완료해보면 10%가 변해 있음을 느끼게 되고, 두 번째 챌린지 100을 수행 완료해보면 30%가 변해 있을 것이고, 세 번째 수행 완료해보면 70%가 변해 있을 것이다. 내 안에 있는 잠든 거인을 깨우면 기적이 일어난다. 기억하라. 내 안에 잠든 거인을 깨우면 그때부터 삶의 기적이 시작된다. 그 잠든 거인을 깨우는 유일한 방법은 나를 바꾸는 것이다. 나를 바꾸는 데 가장 강력한 방법은 기존과는 다른 행동 반복을 하는 것이다. 챌린지 100이 행동 반복을 통해 당신을 바꾸는 것에 가장 큰 도움을 줄 것이다. 당신이 챌린지 100을 알게 되는 순간부터는 당신 안에 잠든 거인을 반드시 깨우기를 바란다.

핵심요약

누구에게나 자신의 잠재능력 덩어리인 잠든 거인이 존재한다. 잠든 거인을 깨우기 위해서는 기존과는 다른 행동 반복을 통해서 나를 바꾸는 작업을 해야 한다. 기억하라! 내 안에 잠든 거인을 깨우면 당신의 삶에 기적이 시작된다.

8

나를 강하게 만드는 챌린지 100 경험하기

우리가 배를 타고 항해하다가 조난을 당해서 무인도에 남았다고 가정해보자. 우리는 논의 끝에 4명의 리더를 뽑았다 그러고 나서 그중 한 리더의 뒤에 줄을 서게 되고, 한 팀을 이루어 생활하게 되었다고 하자. 4명의 리더 중 1번 리더는 강한 리더, 2번 리더는 착한 리더, 3번 리더는 나쁜 리더, 4번 리더는 약한 리더라고 해보자. 당신은 어느 곳에 줄을 서겠는가? 이 실험은 여러 심리학자들이 여러 단체를 통해서 조사를 했지만, 응답자의 결과는 모두가 동일했다. 강한 리더에 가장 많은 표를 던졌다. 무인도와 같은 곳은 자신의 안전과 생명이 완전히 보장된 곳이 아니다. 자신이 선택한 리더에 의해 살 수도 있고, 죽음을 맞이할 수도 있다. 리더를 뽑는 일이란 자신의 생명을 지켜줄 리더를 뽑는 일이다. 강한 리더를 뽑

212   나를 바꾸는 챌린지 100

은 심리는 착하고, 나쁘고, 약한 리더보다 강한 리더가 자신의 생명과 안전을 잘 지켜줄 것이라는 믿음을 가지고 있기 때문이다. 우리 자신도 마찬가지이다. 우리가 의미 있고 행복한 삶을 살기 위해 가장 먼저 갖춰야 할 요소는 강인함일 것이다. 굳은살이 있어야 삶을 살면서 맞아도 안 아프고, 때려도 안 아프다. 강한 리더는 자신의 식구를 굶기지 않는다. 수많은 챌린저들의 경우 챌린지 100 수행 후의 첫 번째 변화는 강해졌다는 것이다. 무엇이든 할 수 있을 것 같은 기운과 강인한 마인드가 스스로를 더욱 강한 사람으로 만든 것이다. 스스로가 수행 반복을 통해서 더 강하게 단련된 자신의 모습을 직접 느낄 수가 있는 것이다. 인간은 타인의 10가지 조언보다 자신의 한 가지 경험을 더욱 신뢰한다. 챌린지 100은 자신이 직접 경험한 것이기 때문에 더욱 신뢰할 수가 있을 것이다. 이처럼 챌린지 100을 수행하면서 더욱 강해진 스스로를 경험해보기를 간곡히 부탁한다.

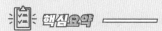

핵심요약

자신을 바꾸기 전에 가장 먼저 해야 할 마인드셋은 강인함을 갖추는 일이다. 챌린지 100 프로그램을 통해서 훨씬 강해진 자신을 발견할 수가 있을 것이다.

나를 더욱 좋은 사람으로 만드는
챌린지 100 공유하기

챌린지 100을 수행한 챌린저들의 특징 중 하나는 긍정적으로 변화된다는 것이다. 생각이나 감정이 챌린지 100을 수행하기 전보다 긍정적으로 바뀐다는 것이다. 인간은 누구나 스스로가 목표한 것을 이루면 스스로에대한 신뢰도가 높아진다. 사실 목표라는 것은 스스로에 대한 약속이기 때문이다. 스스로에게 지킨 약속을 지켜나간다면 스스로에게 신뢰감이 쌓이는 것이다. 관계의 법칙 중에는 나, 너, 우리 법칙이 있다. 나라는 존재가 행복해야 너라는 존재가 보이고, 너라는 존재에게 행복감을 줄 수 있을 때 우리라는 것이 보이게 된다는 것이다. 즉, 우리는 자신의 행복감이 충분히 채워질 때 상대를 볼 수 있는 여유가 생겨난다. 상대에게 좋은 영향을 주는 사람이 되고 싶다면 자신부터 충분히 좋은 사람이 되어야 한다. 챌린지 100을 수행하는 대부분의 챌린저들이 긍정적으로 변한다는 것은 스스로 충분한 행복감 또한 경험해서이다. 챌린지 100을 경험한 챌린저라면 주변 사람들에게 좋은 영향을 줄 수 있는 충분한 자격을 가진 사람들이다. 내가 좀 더 나은 사람으로 바뀌어간다는 기분은 본인만이 느낄 수 있는 최고의 기쁨이 되어줄 것이다. 홀로 산을 다니다 산삼을 발견한 기분 같은 것이다. 그 산삼을 주변 누군가와 나누어 먹는다면 내가 더 좋은 사람이 된 듯한 황홀함을 느낄 수가 있을 것이다. 나를 더욱 좋은 사람으로 만드는 챌린지 100을 경험하였다면, 다른 누군가에게 챌린지 100을 소개하고 공유하기를 간곡히 부탁한다.

핵심요약

챌린지 100을 수행하게 되면 스스로에게 신뢰가 많이 높아짐을 느끼게 된다. 또한 스스로 더 나은 사람이 되어가는 기분을 느끼게 된다. 챌린지 100을 통해서 나를 완성해나간다면 너와 우리에게도 좋은 경험을 공유해주기를 바란다.

제7장

진정한
변화의 완성

챌린지 100의 진정한 목적

필자와 독자 여러분들이 지금까지 챌린지 100 프로그램에 대해 면밀히 살펴보았다면, 지금부터는 우리가 챌린지 100을 수행하는 목적에 대하여 알아보자.

챌린지 100의 수행목적은 필자가 이 책을 쓴 목적과 같다. 행복해지기 위해서다. 단 한 번뿐인 우리의 인생을 의미 있고 행복하게 살기 위해서다. 행복의 정의는 각기 다르겠지만, 분명한 진리는 그 행복은 타인으로부터 얻는 것도 아니고, 외부 환경으로부터 얻게 되는 것도 아니다. 자기 자신으로부터 얻게 된다. 즉, 행복의 공급통로는 자기 자신에게 있다는 것이다. 태어나서부터 죽는 순간까지 유일하게 함께하는 존재는 자기 자신뿐이다. 행복을 자기 자신으로부터 얻게 됨을 깨닫고 공급받는 방법을 터득할 수 있다면, 우리의 삶을 더욱 의미 있고 행복한 삶으로 만들 수 있지 않을까? 행복이 분명 자기자신에게 있다면, 우리 자신을 스스로가 원하는 모습으로 바꾸어 가며 살아가는 삶이 가장 행복한 삶이 아닌가? 독자가 읽고 있는 이 책의 제목은 《나를 바꾸는 챌린지 100》이다. 나를 바꾸기 위해서는 오직 행동 반복뿐이고, 그 반복을 통해서 습관이 만들어지고, 그 습관이 결국 지금의 나를 만들게 된다. 반복을 위한 가장 강력한 도구는 챌린지 100 프로그램이다. 우리들의 삶의 목적과 챌린지 100의 수행목적은 같다.

행복을 위해서 우리는 삶을 살아가고, 그 행복을 위해서 나를 바꾸는 챌린지 100을 수행한다. 챌린지 100 프로그램의 진정한 목적은 오직 당신의 행복을 위해서다. 챌린지 100 프로그램을 통해서 당신의 행복을 마음껏 느끼며 살아가기를 바란다.

 **핵심요약**

"나를 바꾸면 내 삶이 행복해진다."
챌린지 100의 수행목적은 나를 바꿈으로 인해 나의 삶이 더욱 행복해지기 위해서이다. 행복한 삶이란 내가 원하는 삶을 사는 것이다. 내가 원하는 삶이란 내가 원하는 나의 모습으로 삶을 살아가는 것이다. 이것을 실현시켜 줄 프로그램이 챌린지 100이다.

②

"씨알엠 공식"
CR = M(Continuous Repetition = Mine)

　이 책을 통해서 독자 여러분들은 삶의 새로운 공식을 알게 된다. 그 공식은 바로 CR = M(Continuous Repetition=Mine)이다. "씨알엠 공식"은 "지속되는 반복은 결국 나의 것이 된다."라는 뜻이다. 씨알엠 공식을 기억하라! 이 책의 핵심내용이다! 무언가를 손에 쥐기 위한 유일한 방법은 지속되는 반복뿐이다. 부자가 되고 싶은가? 저축을 지속되게 반복하라! 어떠한 분야의 전문가가 되고 싶은가? 자신의 분야에 연구를 지속되게 반복하라! 훌륭한 운동선수가 되고 싶은가? 운동을 지속되게 반복하라! 다이어트에 성공하고 싶은가? 음식조절과 러닝을 지속되게 반복하라! 누구나 지속되게 반복한다면 자신에게 도움이 되고 목표를 이루는 데 힘이 되는 것을 잘 안다. 하지만 대부분의 독자들이 그 문턱에서 포기를 하고 실패를 하는 이유는 반복이 작은 도움이 되는 정도라고만 생각해서다. **반복은 자신의 목표를 가장 빠르게 실현시켜 줄 수 있는 유일한 방법이고 절대적인 방법이다.** 그리고 그 반복을 실행시켜 줄 프로그램이나 도구가 없기 때문에 꾸준한 반복에 실패하게 된다. 반복을 실행시켜 줄 강력한 도구는 여태껏 존재하지 않았다. 챌린지 100 프로그램 시스템의 5대 요소(T, G, B, P, S)를 적용시켜 자신만의 챌린지 100을 만들어 보라. 이제 당신은 챌린지 100을 통해서 인생의 행복을 느끼며 당신의 꿈과 목표를 이루게 될 것이다.

> **핵심요약**
>
> **CR = M**(Continuous Repetition=Mine)
> **"지속되는 반복은 결국 나의 것이 된다."**

스스로가 정한 결과 피드백과 주변 피드백을 기록으로 남기기

챌린지 100 프로그램을 더욱 효과적으로 활용하기 위해서는 챌린지 100 수행 완료 후에 챌린지 스토리북을 만드는 것이라고 했다. 챌린지 스토리북에는 챌린지 수행과정에서 스스로가 느낀 감정과 효과를 적고 주변 지인들에게 피드백을 요청하여 듣고 작성하는 것이 좋다. 주변의 피드백은 충분한 객관성이 있기 때문에, 주변의 피드백을 받아서 자신의 챌린지 100 프로그램을 수정하거나 보완하는 것이 좋다. 도구는 관리를 잘해야 그 가치가 올라간다. 챌린지 100 프로그램 또한 우리의 행복과 꿈을 이루어 줄 강력한 도구다. 자신이 챌린지 100을 수행하면서 부족했던 점을 보완하고 업그레이드해 나간다면 자신이 가진 챌린지 100의 가치는 더욱 높아지게 될 것이다. 필자의 경우도 지금의 챌린지 100 프로그램이 완성되기 전까지 여느 습관 만들기 프로그램과 다를 것이 없었다.

챌린저의 수행목록 중 매일 책 읽기라고 애매모호하게 정해놓아서 일일 수행을 완료했는지 알 수가 없었고, 스스로도 애매모호한 성취감을 느껴서 결국 작심삼일로 끝나 버린 경우가 많았다. 이런저런 시행착오 끝에 챌린지 100 시스템 5대 요소(T, G, B, P, S)를 만들었고, 완성된 현재 챌린지 100 프로그램을 수행하는 챌린저들의 평균 수행률은 90%가 넘는다. 독자 여러분들도 완성된 챌린지 100의 5대 요소에 맞게 자신의 수행목록을 점검하고 보완하여서 실행한다면 수행률은 확연히 좋아질 것이다.

챌린지 스토리북을 만들어 나의 피드백과 주변의 피드백으로 보완하여 다음 챌린지 100 목록을 실행해보자.

핵심요약

주변의 피드백은 개인이 자신의 행동이나 퍼포먼스를 평가하고 개선할 수 있도록 도와주는 중요한 요소이다. 자신의 챌린지 100을 스스로를 바꿔 줄 더욱 강력한 도구로 사용하기 위해서는 주변의 피드백을 반드시 제공받기를 추천한다.

나에 대한 끊임없는 탐구

　우리의 인생은 나에 대한 끊임없는 탐구의 여정이다. 하지만 우리는 타인에 대한 탐구에 집중하며 살아간다. 남의 시선을 지나치게 의식하고, 그들의 만족을 얻어 그들로부터 인정받으려 애쓴다. 우리가 중독되어 있는 각종 SNS도 "있어 빌리티"의 심리가 반영되는 대표적인 사례다. "있어 빌리티"란 실상은 별거 없지만, 사진이나 영상을 통해 뭔가 있어 보이게 자신을 잘 포장하는 능력을 말한다. 포장된 자신의 모습으로 인해서 스스로의 우월감을 과시하고픈 심리가 반영된다고 한다. 또한 상대의 프로필을 검색하며 그들의 삶을 평가하기도 한다. 이처럼 우리는 타인의 시선을 지나치게 의식하고, 자신 또한 상대의 포장된 삶에 관심이 많다. 하지만 특정 소수의 사람만이 자신의 탐구에 힘쓰며 살아간다. 이것은 자기중심적으로 살라는 것이 아니다. 자기 주체적으로 살라는 것이다. 그 특정 소수의 자기 탐구에 힘쓰고 자기 주체적인 삶을 사는 사람들은 연봉이 다르고 행복지수가 다르다. 실제로 1970년대 하버드 대학에서 재미난 조사를 한 적이 있다. 17살~19살 학생들을 상대로 일기를 쓰게 하였는데, 그 결과 재미있게도 일기 내용이 두 가지 부류로 나뉘게 되었다. A라는 그룹의 일기 내용은 자신의 감정과 자기반성 내용 위주였고, B라는 그룹의 일기 내용은 타인의 이야기와 타인을 비난하는 내용 위주였다. 그리고 10년이 흘러 그들의 삶의 수준과 행복지수를 살펴보았다. 자기 위주의 감정을 되돌아보고 자기 주체적인 A그룹의 경우는 대체로 리더의 위치에 있었고, 고연봉에 행복지수까지 높았다. 하지만 타인의 감정을 의식하고 부정적인 B그룹의 대부분은 리더가 아닌 스폰서 역할의 삶을 살고 있었고, 행복지수 또한 상대적으로 낮았다. 이처럼 스스로를 탐구하고 삶을 주체적으로 살아가는 사람들은 경제적인 수준뿐만 아니라 행복지수 또한 높음을 알 수 있게 된다. 우리는 누구에게나 내면에 잠든 거인이 있다. 하지만 대부분의 사람들은 스스로를 탐구하는 노력이 얼마나 삶의 수준을 높여주는지를 모른 채 살아간다. 스스로를 탐구하는 것은 분명 자기 주체적인 삶을 살아가는 것이다. 나를 바꾸는 챌린지 100의 독자 여러분은 지금부터라도 나의 관심채널을 남에게 두지 말고 자기자신에게 채널을 고정시켜 스스로를 탐구하고 바꾸어 가며 살아보자. 분명 10년 뒤 당신의 연봉과 행복지수에 완전한 반전이 이루어질 것이다. 스스로를 탐구하는 힘은 자기 변화 혁신 프로그램인 챌린지 100을 적극 활용하기를 바란다.

핵심요약 ─────────

모든 행복과 성공은 나의 내면에 있다. 남들의 시선은 참고를 하되 집착해서는 안 된다. 끊임없이 스스로를 탐구하고 자기 주체적인 삶을 살아야 그 삶 속에 행복과 성공이 있다.

주변에 대한 감사는 곧 응원과 책임감을 불러온다

감사는 인간이 만든 최고의 언어이다. 감사의 효능은 살면서 충분히 들어보았을 것이다. 필자의 경우 감사를 알기 전과 감사를 알고 난 후의 인생은 정반대로 바뀌어 갔다. 감사는 자기계발 책이나, 성공 관련 책이나, 부자 관련 책에서나 빠지지 않고 등장하는 단골 단어이다. 우리가 먹는 모든 음식에는 소금이 들어가 그 맛을 알맞게 맞추어 주듯이, 우리가 삶을 살아가면서 맞이하게 되는 모든 좋은 일에는 감사가 그 바탕이 된다. 감사 없는 성장 없고, 감사 없는 성공 없고, 감사 없는 부자 없다. 만일 주변에 감사를 모르는 사람이 성공이나 부자가 되었다면 그 성공과 부는 오래가지 못한다. 그럼 감사에는 어떠한 힘이 있는가? 우리의 생각에도 분명 주파수가 있고 에너지가 있다. 그래서 생각의 힘이 대단한 것도 우리는 살아가면서 겪는 수없이 많은 경험으로 알고 있다. 감사도 하나의 생각이고 감정이다. 감사에 관련된 여러 실험자료가 많다. 밥이 담긴 두 개의 그릇 중 하나에는 감사라고 적고, 하나에는 미움이라고 적었다. 그리고 감사라고 적은 그릇에 매일같이 "감사합니다."라고 말하며 그릇을 쓰다듬어 주었고, 다른 미움이라고 적힌 그릇에 매일같이 손가락질하며 "미워."라고 말해주었다고 한다. 그렇게 3일째 되는 날 미움이 적힌 그릇에 담긴 밥에 곰팡이가 피기 시작했다. 하지만 감사가 적힌 그릇에 담긴 밥은 아무렇지 않았다. 미움이 적힌 그릇에 담긴 밥은 날이 지날수록 곰팡이가 더욱 거세게 피기 시작했고, 감사가 적힌 그릇에는 7일이 지나서야 작은 곰팡이가 피기 시작했다. 이 실험은 당연히 같은 공간에서 진행된 것이다. 우리가 사용하는 언어에는 분명 감정의 에너지가 흐른다. 필자는 이것을 100% 맹신한다. 감사를 모르고는 성공을 할 수도 없고, 행복해질 수도 없다.

필자가 이 책을 쓴 이유도 이 세상 사람들의 행복지수를 단 0.1%라도 높이기 위함이다. 좋은 일이 일어났을 때만 감사하지 말고 먼저 감사하라. 먼저 감사하면 충분히 감사할 일들이 가까운 시일 내에 당신을 찾아온다. 챌린지 100 프로그램을 수행할 때도 주변 사람들과 자신의 챌린지를 공유하고 끊임없이 감사해보라. 당신의 챌린지를 알게 된 주변 사람들 모두가 당신을 응원해줄 것이다. 그리고 당신의 챌린지가 그들의 챌린지처럼 여기고 도움을 줄 것이다. 이처럼 감사는 주변 사람들의 응원과 당신을 도와줄 책임감을 끌어모으게 된다. 감사하라. 지금부터라도 행복해지고 싶다면...

감사는 당신의 성공과 행복에 가장 큰 원동력이 되어줄 것이다. 감사는 마음속에 품고 있으는 것이 아니라 표현하는 것이다. 주변 사람들에게 자주 그리고 많이 감사를 표현해보라. 당신이 주변 사람들에게 감사를 표현하는 것만으로도 당신은 인생의 전환점을 맞이하게 될 것이다.

챌린지 100으로 진화되는 나

인간의 진화는 선사시대 때의 이야기만이 아니다. 우리는 하루하루 새로운 환경에 적응하며 끊임없이 발전되어 살아간다. 누구는 하루하루의 변화에 빠르게 적응하고 스스로를 더 발전된 모습으로 진화시키며 살아간다. 진화되는 것과 진화하는 것은 다르다. 진화되는 것은 자신의 의지와 상관없이 외부환경이 변함에 따라서 수동적으로 스스로가 변화되는 것을 뜻하고, 진화한다는 것은 스스로가 자신이 변화되고 싶은 모습을 설정하고 그것의 행동을 반복함으로써 주체적으로 자신의 모습을 변화시켜 나가는 것을 말한다. 이 논리는 과학적인 관점이 아니라 필자의 주관적인 해석이다. 하지만 대부분의 독자들은 공감할 것이라 생각한다. 필자의 경우도 주체적으로 진화해 나갈 수 있었던 비결은 오직 반복뿐이었다. 자신이 바뀔 때까지, 스스로가 자신의 모습이라고 인정할 때까지 반복하면 된다. 이것이 특정 능력이 있는 사람들에게만 가능한 일이라고 생각하지만 사실 그렇지 않다. 누구나 반복할 수 있는 방법과 프로그램만 있다면 누구나 스스로를 바꿀 수가 있다. 챌린지 100은 스스로를 더 발전된 모습으로 진화시키는 데 중요한 도구가 되어줄 것이다. 챌린지 100을 아는 한 세상으로부터 진화되지 말고 스스로가 원하는 모습으로 주체적으로 진화하자.

핵심요약 ━━━━━

변화되는 것과 변화하는 것은 다르다. 챌린지 100으로 꾸준한 반복을 통해서 자기 주체적으로 변화해 나가자.

무한 가능성을 지닌 나, 그리고
끊임없이 도움을 주는 나의 신

인간의 가능성은 무한하다. 지금 우리가 누리고 있는 모든 기적 같이 편리한 세상은 인간이 만들어 낸 위대한 산물이다. 우리도 똑같은 인간이다. 그렇다면 우리의 가능성도 무한하다. 필자가 수없이 반복해서 강조하는 말 중 하나는 "인간은 타인의 100번의 조언보다 스스로가 경험한 한 가지 일을 더욱 신뢰한다."이다. 주변에 가족이나 지인 중 변화를 주고 싶거나 절실히 필요하다면, 100번의 조언보다 한번 경험하게 해주는 것이 변화에 더 큰 도움이 될 것이다. 우리는 스스로가 경험한 일을 더욱 신뢰하고 그 경험을 삶의 루틴으로 삼게 된다. 결국 스스로가 경험을 해야 한다. 스스로가 경험하는 것은 단 한 가지뿐이다. 실천하는 것이다. 챌린지 100이 아무리 좋다고 한들 귀로 듣는 타인의 경험은 중요하지 않다. 스스로가 챌린지 100 프로그램을 수행하면서 직접 눈으로 보고 경험을 해봐야 안다. 이 책을 읽고 챌린지 100 프로그램을 경험한 챌린저들은 타인에게 조언만 하지 말고 그들이 직접 경험할 수 있도록 자신의 팀에 넣어주고 실행하게 하라. 그리고 챌린지 100의 수행을 통해서 자신의 가능성이 무한하다는 것을 알게 해주자.

챌린지 100을 수행하면서 무한한 가능성을 스스로가 발견해 나가고, 여기에 믿음이 더해지면 당신의 챌린지 100은 더욱 완성된 도구가 될 것이다. 그것은 신에 대한 믿음이다. 그 신이 종교적이어도 좋고 아니어도 좋다. **당신의 수고와 노력을 인정해주는 신의 존재를 믿고 그 신이 당신을 끊임없이 돕는다고 믿어라.** 이것은 돈이 드는 것도 아니고, 특별한 노력이 필요한 것도 아니다. 그냥 믿는 것이다. 사회적 리더들의 경우에도 그들만의 신이 있어서, 그 신과 합력하여 끊임없이 스스로를 바꾸고 세상을 변화시킨다. 필자의 경우도 크리스천의 믿음을 가지고 살아간다. 우리의 삶을 되돌아보면 기적 같은 일들이 참 많을 것이다. 고난과 위험으로부터 헤쳐 나온 경험도 있을 것이고, 반대로 참 운이 벅차게 좋았다는 기억도 있을 것이다. 이 모든 것이 어쩌면 당신을 돕는 신이 있어서가 아닐까? 당신의 가능성을 믿고 신이 당신을 끊임없이 돕고 있다는 믿음을 지닌다면 당신이 원하는 그 어떠한 모습일지라도 못 이룰 일은 없을 것이다.

당신의 무한한 가능성을 믿어라. 그리고 당신의 수고와 노력을 인정해주는 신의 존재를 믿고 그 신이 당신을 끊임없이 돕는다고 믿어라.

제2부

- - - - -

내면 바꾸기

제1장

보이지 않는 것이
보이는 것을 지배한다

운칠기삼

"우리의 인생은 운칠기삼이다."라는 말이 있다. 필자도 이 말에 100% 공감한다. 인간의 성공은 운이 70%이고 실력이 30%라는 말이다. 여기서 눈에 보이는 것이 실력이라면, 눈에 보이지 않는 것은 운과 복이라고 말해주고 싶다. 사람들은 눈에 보이는 실력에는 온갖 에너지를 쓰면서 진작 운과 복에는 관심을 두지 않는 경우가 많다. 삶의 진리 중 하나는 "눈에 보이지 않는 것이 눈에 보이는 것을 지배하게 된다."는 것이다. 눈에 보이지 않는 생각과 감정이 눈에 보이는 행동을 지배하게 되고, 눈에 보이지 않는 운과 복이 눈에 보이는 성과를 좌우할 때도 많다. 우리는 실력과 상관없이 좋은 성과를 낼 때도 있고, 실력과 상관없이 좋지 않은 성과를 낼 때도 있다. 분명 눈에 보이지 않는 운과 복이 우리의 성패를 좌우할 때가 있는 것이다. 운과 복을 다스리는 것이 실력보다 더욱 중요하다면, 그 운과 복은 어떻게 다스리는 것이 좋은가? 그럼 운과 복은 어떤 부류의 사람을 좋아하는가? 운과 복이 좋아하는 부류의 사람 중 첫 번째는 웃음이 많은 사람이다. 어느 날 운과 복이 머무를 곳을 못 정하고 헤매다가 어느 가정집 앞에서 서성이고 있었는데, 그 집안에는 부부가 큰 소리로 싸우고 있었고, 중간에서 아이의 울음소리가 크게 들렸다고 한다. 머뭇거리던 운과 복은 여기는 우리가 있을 곳이 아니라며 다음 집으로 향했고, 그 집안에서는 가족 간의 대화 소리와 웃음소리가 넘쳐흘렀다고 한다. 머뭇거리던 운과 복은 여기가 우리가 머물 곳이라며 그 집으로 들어갔다고 한다. 그리고 한동안 그 집에는 좋은 일이 넘쳐났고, 그 운과 복은 그 집에서 아주 오랜 시간 동안 머물렀다고 한다. 이렇듯 운과 복은 웃는 사람을 좋아한다.

운과 복이 좋아하는 부류의 사람 중 두 번째는 정직한 사람이다. 우리는 때때로 주변에 정직하지 못한 사람이 잠시 동안 성공을 이룬 경우를 보게 된다. 하지만 길게 보면 그 성공이 오래가지 못함을 보게 될 것이다. 우리의 삶은 결국 인과응보의 원칙을 따른다. 결국 뿌린대로 거두게 된다는 것이다. 이렇듯 운과 복은 정직한 사람을 좋아하고 그들의 성공을 가까이에서 돕는다.

운과 복이 좋아하는 부류의 사람 중 세 번째는 기운이 강한 사람이다. 운과 복은 강한 기운이 있는 곳을 찾아다닌다. 우리 주변에 운과 복이 많은 사람들의 특징 중 하나는 기운이 강하다는 것이다. 기운이 강한 사람은 행동력이 강하고, 긍정적이고, 호탕한 웃음을 지닌 사람들이다. 이렇게 강한 기운은 운과 복을 끌어당기게 된다.

운과 복이 좋아하는 부류의 사람 중 네 번째는 겸손한 사람이다. 반대로 자만하면 운과 복은 금세 달아난다. 자만은 스스로 가득 찬 상태를 말한다. 스스로 가득 차 있어서 그 안에 무엇이든 들어갈 틈이 없다. 운과 복도 들어갈 틈이 없고, 배움 또한 들어갈 틈이 없다. 반대로 겸손한 사람은 늘 스스로를 비우고 낮출 줄 알기 때문에 배움과 운과 복이 들어갈 여유가 많다. 스스로를 낮추는 자가 결국 가장 높이 올라가고, 겸손한 사람이 결국 가장 큰사람이 된다. 이것은 운과 복이 늘 함께하기 때문이다.

운과 복이 좋아하는 부류의 사람 중 다섯 번째는 나눌 줄 아는 사람이다. 운과 복은 지식이든, 물질이든 상관없이 무엇이든 좋은 것이라면 주변 사람들과 나눌 줄 아는 사람을 좋아한다. 옛말에 "덕을 많이 쌓아야 한다."라는 말이 있다. 얼마 전 삼성 이병철 회장의 생가를 방문하는 기회가 있었다. 집안에 우물이 두 개나 있어서 신기한 나머지 가이드에게 물었더니, 그 당시 이병철 회장의 집안은 4대째 천석꾼 집안이었다고 한다. 부자는 3대를 못 간다는 말이 있지만, 그 당시 이병철 회장의 집안은 4대째 그 부를 이어가고 있었던 것이다. 가이드의 말에 따르면 두 개의 우물 중 한 개의 우물은 동네 사람들을 위해서 늘 개방해두고 마음껏 이용하게 해주었다는 것이다. 이렇게 나눔을 실천하는 집안에는 운과 복이 늘 함께했을 거라는 생각이 든다.

이외에도 운과 복을 가까이 두기 위한 것들이 많겠지만, 이 5가지가 가장 핵심이라고 생각한다.

핵심요약

운과 복은

☞ 웃음이 많은 사람을 좋아한다.

☞ 정직한 사람을 좋아한다.

☞ 기운이 강한 사람을 좋아한다.

☞ 겸손한 사람을 좋아한다.

☞ 주변 사람들과 나눌 줄 아는 사람을 좋아한다.

2

보이는 세상보다 보이지 않는 세상이 더 크다

우리의 눈에 보이는 세상도 모든 것을 경험하기에는 불가능할 만큼이나 너무나 큰 세상이다. 하지만 우리가 눈으로 보지 못하는 우리 내면의 세상은 더욱 크다. 우리의 마음은 우주라고 하지 않던 가? 우리가 하루 동안 하는 눈에 보이지 않는 생각의 양은 눈에 보이는 것을 경험하는 양보다 훨씬 더 클 것이다. 우리는 하루 동안 평균 3,000~4,000가지의 생각을 한다. 그중 행동으로 옮기는 것은 생각의 양에 0.3%도 채 되지 않는다고 한다. 이렇듯 우리의 내면의 깊이와 양은 우리가 눈으로 보고 경험하는 것보다 더욱 무궁무진하다. 우리가 눈에 보이는 세상에만 집착한다면 우리 모두는 우물 안 개구리에 불과할 것이다. 우리는 내면의 세상을 볼 수가 있어야 한다. 우리의 내면에는 무한한 자원과 세상이 있다. 그 안에서 무엇을 캐낼 것인지는 우리의 선택에 달려있다. 이처럼 우리의 삶의 성공이나 행복을 증진시켜 줄 자원은 내면에 훨씬 많은 양이 존재할지도 모른다. 우리의 내면을 잘 살펴보고 잘 활용한다면 외면은 저절로 빌드업이 될 것이다. 지금부터는 외면에만 집착하지 말고 우주같이 넓고 무한한 당신의 내면의 세계를 경험해보라. 세상이 달라 보일 것이고, 당신의 능력치 또한 무한해질 것이다.

핵심요약

우리의 내면은 보물섬과 같다. 스스로 무엇을 캐낼지는 당신의 선택에 있다. 지금부터 외면보다 내면에 집중해 보자.

RAS와 챌린지 100의 만남

우리의 뇌에는 망상 활성계(reticular activation system)라는 것이 있다. 망상 활성계는 뇌의 각성이나 흥분, 집중 등에 관여하는 신경기관이다. 의학계에서는 쉽게 RAS라고 부른다. 이것을 잘 활용하면 우리의 생각이나 목표를 현실로 만들어 내는 힘이 더욱 커진다고 한다. RAS는 내비게이션과 비슷한 역할을 한다. 목적지를 입력하면 경로분석을 스스로 해낸다. 그리고 그 목적지에 해당하는 여러 정보를 인식하는 데 도움을 준다.

예를 들어 독자 여러분이 포르쉐 911 자동차를 갖고 싶다고 RAS에 저장해 두었다고 가정해보자. 그 이후로 길가에 포르쉐 911만 지나가면 의식적으로 쳐다보게 될 것이다. 더욱 재미난 사실은 그 이후로 당신의 눈에는 미디어에서든, 길가에서든 너무나 많은 포르쉐 911을 쳐다보게 된다는 사실이다. 또 하나의 예를 들면, 당신이 샤넬 백 중 신상 모델을 점찍어 두어 당신의 RAS에 저장이 되었다면 그 이후로부터 당신의 눈에는 그 신상 샤넬 백을 더욱 자주 많이 보게 될 것이다. 일종의 알고리즘이 우리 뇌에서도 작동을 하고 있는 것이다. RAS에 내용을 저장할 경우 RAS에서 인식을 하지 못하는 것도 있다고 한다. 그것은 불명확한 것과 부정적인 것이다. 예를 들어 우리가 내비게이션에 목적지를 저장할 때 경치 좋은 곳이라고 입력한다면 내비게이션은 인식을 못 할 것이다. 서울시 강남대로 777이라고 쳐야 정확하게 인식한다. 이처럼 구체적인 내용을 저장해야 기억할 수 있다는 것이다. 돈 많이 벌기식의 내용은 RAS에서는 인식과 저장이 안 되고, 2년 뒤 현금 1억 모으기와 같은 구체적인 것이어야 우리의 RAS에 저장이 된다는 것이다. RAS가 인식할 수 없는 두 번째는 부정적인 내용이다. 저장하고 싶은 내용 중 'Not'가 들어가면 인식과 저장이 안 된다고 한다. 예를 들어 "담배 피우지 않기" 같은 내용은 인식이 안 되고, "금연으로 6개월 보내기"와 같은 내용만 인식이 되고 저장이 된다는 것이다. 이때 중요한 것은 RAS에서 내용이 저장되면 경로(방법)는 스스로 찾아준다는 것이다. 필자는 이 RAS와 챌린지 100을 잘 조합한다면 목표를 현실로 만드는 최고의 도구를 만들 수 있겠다는 생각이 들었다. 원하는 것이 있다면 RAS에 저장해둔 뒤, 그것을 이루는 데 영향을 주는 행동을 설정하고 챌린지 100 프로그램을 통해서 반복하는 것이다. 만일 당신이 1억을 모으고 싶다면 1억이라는 숫자를 RAS에 저장을 하면, 1억을 어떻게 실현시킬지 경로를 분석하게 된다. 지금보다 소득을 높이고 소비를 줄여 저축 시스템을 갖추는 경로가 분석되면, 소득을 높이는 데 도움을 주는 행동과 소비를 줄이는 데 도움이 되는 행동을 챌린지 100 목록으로 정하고 수행력이 가장 높은 챌린지 100 프로그램을 통해서 반복하는 것이다.

지금 당장 당신이 가슴 뛰게 원하는 목표를 당신의 RAS에 저장하라. 그리고 경로분석이 완료되면 챌린지 100 프로그램을 통해서 반복하라. 그리고 당신의 꿈과 목표를 실현하라.

핵심요약

망상 활성계(RAS)에 원하는 목표를 구체적으로 입력하고 챌린지 100 프로그램을 통해 반복한다면 당신이 원하는 무엇이든 당신의 손에 그것을 쥐게 될 것이다.

4

가치가 높은 것은 눈에 보이지 않는다

가치가 높은 것은 눈에 보이지 않는다. 신뢰라든지, 성실이라든지, 믿음이라든지, 사랑이라든지 등등 보이지 않는 관념들이 눈에 보이는 것들보다 훨씬 더 가치가 높다. 어쩌면 우리는 눈에 보이지 않는 가치 높은 것들을 지켜나가기 위해서 눈에 보이는 것들을 애써 주어서 모으고 있을지도 모른다. 눈에 보이는 것에만 집착한다면 당신은 가치가 낮은 것만 쫓고 있는 것과 같다. 진정한 행복은 소유에 있지 않다. 가치 있는 것들을 지켜나갈 때 진정한 행복감을 느끼게 된다. 눈을 감고 내 삶에 가치가 높은 것들이 무엇이 있는지를 생각해보라. 심리치료 방법 중에는 "타임머신"이란 방법이 있다고 한다. 당신은 20년 전인 과거에서 온 사람이고, 타임머신을 타고 당신이 살고 있던 미래기준으로 20년 뒤인 지금으로 여행을 왔다고 가정해보자. 과거에서 온 당신의 나이는 60대이고, 당신이 살고 있는 20년 뒤 미래에는 당신의 부모님께서 돌아가셨을 수도 있고, 사랑하는 나의 아들이 30대가 넘어서 가정을 꾸리고 1년에 두 번 겨우 볼 수 있을 것이다. 하지만 지금 당신은 20년 전 40대인 지금으로 돌아와 어머니의 목소리를 들을 수가 있고, 아버지와 식사를 하며 악수를 할 수도 있고, 사춘기 아들과 얼굴을 부대끼며 몸 장난을 칠 수도 있다. 지금이라는 이 시간이 얼마나 귀하고 가치가 높은가? 만일 돌아가신 어머니와 전화통화를 할 수가 있다고 상상해보자. 그 전화 요금은 1분에 100만 원이다. 그래도 그 전화를 미치도록 하고 싶은 사람이 얼마나 많겠는가? 하지만 지금 당신은 얼마든지 어머니와 통화를 할 수 있고 응석을 부릴 수도 있다. 지금이니깐 할 수 있는 것들은 모든 것이 귀하다. 눈을 감고 지금만이 할 수 있는 것들을 챌린지 100으로 정하고 하나씩 실천해보자. 하루 전화 한 통씩 어머니와 통화하기라든지, 아들에게 하루 1통의 편지쓰기라든지 등등, 할 수 있는 것이 너무나 많다. 챌린지 100이라는 강력한 도구를 활용해서 당신이 지금만 할 수 있는 것들을 하나씩 실천해보자. 가치가 높은 것을 좇으며 살아가는 것은 어쩌면 세상에서 가장 가치가 높은 인생을 살고 있는 것이 아닐까?

핵심요약

눈을 감아야 보이는 것이 진정 삶의 가치가 높은 것들이다.

삶의 태도

　내면을 바꾸면 삶의 태도가 달라진다. 이 책은 당신의 외면과 내면을 바꾸는 방법을 알려주는 책이다. 당신은 무엇을 꿈꾸고 있는가? 20년 뒤의 당신은 어떠한 모습으로 살아가기를 원하는가? 당신이 그리는 청사진을 실현시키기 위해서는 실력보다 태도가 더욱 큰 역할을 하게 될 것이다. 실력은 자신의 반짝이는 성공을 만들기에 좋은 도구가 되지만, 태도는 그 성공을 오랜 시간 동안 지속하게 만들어 준다. 물론 능력과 태도를 모두 갖출 수 있다면 최고다. 하지만 이 모든 것을 갖춘 사람은 많지 않다. 실력이 태도를 만들어 줄 수는 없다. 하지만 태도는 실력을 만들어 준다. 자신의 성공과 행복을 바란다면 실력보다 태도를 먼저 점검해보라. 좋은 태도는 어디에서 나올까?

좋은 삶의 태도를 지닌 사람의 첫 번째 조건은 겸손이다. 모든 것은 겸손에서 시작된다. 인간은 스스로를 낮추는 사람에게 호감을 느낀다. 겸손한 사람은 어디에 가서도 사랑을 받는다. 최소한 적은 생겨나지 않는다. 실력이 아무리 뛰어날지라도 겸손하지 못하면 주변에서 질투나 비난을 받게 된다. 적을 당신의 편으로 만드는 유일한 방법은 겸손함을 갖추는 것이다. 두 손을 움켜잡으면 더 이상 잡을 것이 없고, 두 손을 공손히 벌리고 있으면 누군가가 무언가를 계속해서 담아준다고 한다. 이처럼 겸손은 두 손을 공손히 벌리고 있는 것과 같다.

좋은 삶의 태도를 지닌 사람의 두 번째 조건은 인사를 잘하는 사람이다. 인사는 처음과 끝을 상징한다. 처음 만날 때와 헤어질 때 딱 두 번 인사를 하게 된다. 인간은 처음과 끝을 잘 기억한다. 인사는 상대에게 자신의 좋은 태도를 보여주기에 훌륭한 도구가 된다. 인사는 진심을 담아 두 눈을 보고 밝은 미소로 하는 것이 좋다. 인사는 타고나는 것이 아니다. 충분한 연습으로 인사전문가가 될 수 있다. 지금부터 거울을 보면서 두 눈을 마주치고 밝은 미소로 인사를 연습해보자.

좋은 삶의 태도를 지닌 사람의 세 번째 조건은 긍정이다. 좋은 삶의 태도를 지닌 사람을 보면 하나같이 긍정적이다. "되면 한다"의 시대지만 그들은 "하면 된다"의 정신을 가지고 있다. 긍정은 끌어당기는 힘이 강하고, 부정은 밀어내는 힘이 강하다. 긍정적인 사람은 늘 스스로가 원하는 것을 잘 끌어당긴다. 필자는 제자들에게 늘 이야기하는 것이 있다. 스스로가 행복해지고 싶다면 주변 사람들을 긍정적인 사람들로 가득 채우라는 것이다. 긍정적인 사람들은 늘 긍정을 나누고, 부정적인 사람들은 늘 부정을 나누기 바쁘기 때문이다. 결국 긍정도 부정도 나누면 배가되어 다시 스스로에게 되돌아오게 된다.

좋은 삶의 태도를 지닌 사람의 네 번째 조건은 미안함과 고마움을 아는 사람이다. 미안할 일이 생겼다면 빠르게 미안하다고 사과할 줄 알아야 한다. 또한 고마운 일이 있었다면 빠르게 고맙다고 감사의 표현을 할 줄 알아야 한다. 고마움과 미안함을 표현하는 데에도 분명 유통기한이 있다. 시간이 흐르면 흐를수록 상대가 느끼는 당신의 진심의 색이 바래진다고 생각하라.

좋은 삶의 태도를 지닌 사람의 다섯 번째 조건은 끈기이다. 끈기는 당신의 목적을 이루는 데 가장 강력한 도구가 된다. 자신이 할 수 있는 데까지 노력하는 사람이 있고, 자신의 뜻을 이룰 때까지 노력하는 사람이 있다. 분명 자신의 뜻을 이룰 때까지 노력하는 사람이 훨씬 더 많은 목표를 이루며 살게 된다. 최고이기 때문에 끝까지 가는 것이 아니다. 끝까지 갔기 때문에 최고가 될 수 있었던 것이다. 모든 승리는 끝에 있다. 당신이 간절히 이루고 싶은 것이 있다면 그것을 이룰 때까지 포기하지 마라. 계속가라! 끝까지 가라! 당신이 원하는 목적지에 이를 때까지!

삶의 좋은 태도를 지닌 사람들의 5가지

☞ 겸손

☞ 밝은 인사

☞ 긍정

☞ 미안함과 고마움

☞ 끈기

지성, 인성, 영성

당신의 비즈니스를 확대하고 싶다면 인성과 영성을 키워라. 인간에게는 3대 감각적 재능이 있다. 지성, 인성, 영성이다. 지성은 지식수준을 말하고, 인성은 그 사람의 가치관이나 태도를 말하고, 영성은 새로움을 발견해 내는 창의력을 말한다. 대부분의 사람들은 지성에만 관심이 많다. 그래서 늘 자신의 스펙이나 능력을 과시하면서 스스로가 만든 지위게임을 하며 살아간다. 하지만 사회적으로 리더라는 자리에서 중요한 사안을 컨펌하는 사람들이나, 기득권에 있는 대부분의 사람들은 인성과 영성이 뛰어나다. **이것은 결국 지성보다 인성과 영성이 뛰어난 사람이 지성이 높은 사람을 지배하게 된다는 것이다.** 누군가를 지배한다는 것은 나쁜 뜻으로 이야기하는 것이 아니라 그들보다 우위에 있거나 리더 역할을 한다는 것을 말한다. 당신이 지금보다 한층 더 성장하고 싶다면 지성보다 인성과 영성에 관심을 가지고 개발하는 것이 중요하다. 인성의 경우에는 좋은 삶의 가치관과 좋은 태도를 가지면 인성을 개발하는 데 큰 도움이 된다. 좋은 삶의 가치관과 태도는 바로 앞 장에서 언급했었기에 참고하기 바란다.

다음으로 좋은 영성을 가지기 위해서는 명상이나 신앙생활이 도움이 된다. 명상은 머리와 영혼을 맑게 해주어서 새로운 아이디어를 창조해 내는데 좋은 조건을 만들어 준다. 신앙생활은 믿음과 기도를 통해 우리의 머리와 영혼을 맑게 해준다. 영성을 통해 창의력을 키우기 위해서는 매 순간 남들과 다른 관점에서 해석하는 노력이 필요하다. 뒤집어서 생각한다든지 혹은 다른 시각으로 문제나 사물을 보는 습관들이 남들과는 다른 사고와 결과물을 만들게 된다. 지성, 인성, 영성, 이 3대 재능 모두를 태어날 때부터 타고난 사람은 없다. 살면서 꾸준한 노력으로 그것을 개발시켜 나가는 것이다. 지금부터 인성과 영성에 관심을 가지고 개발해 나가 보자. 눈부신 성장을 할 수가 있을 것이다.

🗒️ **핵심요약**

인간은 3가지 성장 영역이 있다. 지성, 인성, 영성의 영역이다. 진정한 성장은 인성과 영성의 영역에 있다.

제2장

관계십

인간의 이해

　과거 하버드 대학에서 자신의 행복에 가장 영향을 끼치는 것이 무엇인지를 3,000명을 대상으로 조사한 적이 있었다. 행복에 영향을 주는 여러 가지 요소 중 돈, 시간, 명예, 관계, 섹스, 맛있는 음식 등등이 있었다. 그중 가장 투표율이 높은 압도적인 1위가 나왔다. 그것은 관계였다. 주변 사람들과의 관계가 자신의 행복지수에 가장 큰 영향을 준다는 것이었다. 우리는 관계 속에서 하루에도 몇 번씩이나 울고 웃는다. 관계십은 우리가 삶을 살면서 가장 핵심으로 다루어야 할 삶의 중요한 학습 과목이다. 우리는 관계에 앞서 인간에 대해 이해해야 한다. 부자가 되고 싶다면 돈에 대한 이해가 필요하고, 성공하고 싶다면 진정한 성공이 무엇인지를 이해해야 한다. 행복한 인생을 원한다면 진정한 행복이 무엇인지를 이해하고 알아야 한다. 관계십을 잘 만들어 가려면 우리는 인간에 대해 이해해야 한다. "인간의 본성은 이기적이다." 이것만 이해하더라도 여러 상황이나 그들의 요구를 배려하고 존중해 줄 수가 있다. 인간은 원래 이기적이다. 자신에게 유익하거나 도움이 되어야 비로소 관대해진다. 하지만 유익함이나 도움을 주지 못한다면 때로는 배신하기도 하고, 때로는 무심해지기도 한다. 이것이 원래 인간의 본성이다. 그래서 때로는 배신하는 것도, 무심한 것도 어쩌면 당연한 일일 수도 있다. 이것만 인지한다면 당신은 분명 이전보다는 훨씬 더 넓고 깊은 관계를 맺을 수가 있다. 상대에 대한 서운함도 자기밖에 모른다는 상대의 이기심을 느끼기 때문이다. 그것이 당연한 인간의 본성이라고 한다면 조금은 그 이기적인 마음을 이해하고 존중해 줄 필요가 있다. 그 이유는 당신도 충분히 똑같이 이기적인 사람이기 때문이다. 반대로 인간의 이기적인 본성을 충분히 활용하는 방법도 있다. 상대에게 유익함이나 도움이 되는 조건을 가지고 제안을 한다면 상대의 호의와 관심을 받게 된다. 이렇게 인간의 이기심을 이해하고 상대에게 유익함이나 도움을 주면서 관계를 맺어간다면 지금보다 당신의 관계는 더욱 확장되고 건강해질 것이다.

겸손

이야기 1)

다른 물고기를 잡아먹던 물고기 왕 우락부락이 때문에 숨어 지내던 다른 물고기들은 삐쩍 말라 그물을 빠져나왔는데, 우락부락이만 그물에서 빠져나오지 못해 어부에게 잡혔다.

이야기 2)

세상에서 엄마 개구리가 제일 큰 동물이라고 생각했던 아기 개구리들이 어느 날 황소개구리를 보고 엄마 개구리에게 이야기하자, 아기 개구리들을 실망시키고 싶지 않았던 엄마 개구리는 있는 힘껏 배를 부풀리고 또 부풀리다 빵 터져버렸다.

위의 이야기는 우리가 어릴 적 흔히 듣고 읽던 이솝 이야기이다. 겸손에 대한 교훈을 주기 위해 작가 이솝이 만든 이야기이다. 겸손의 반대말은 자만이다. 겸손이 스스로를 낮추고 예의를 갖추는 모습이라면, 자만은 자신의 마음이 온갖 자기자신으로 가득 차 있어서 스스로를 자랑하며 뽐내는 모습을 말한다. **겸손한 사람에게는 협력하는 사람이 생겨나고, 자만하는 사람에게는 적이 생겨난다.** 우락부락이도 자만을 상징하고, 엄마 개구리도 스스로를 뽐내다가 배가 터져버렸다. 겸손한 사람에게는 왜 협력하는 사람이 생겨날까? 인간은 스스로를 낮추는 사람에게 호감을 느낀다. 인간에게는 자신이 상대보다 강한 동물임을 과시하고 싶어 하는 본성이 있다. 상대가 강한 모습을 보이면 호감이 사라지고 스스로를 지키고자 하는 보호본능이 생겨나 상대를 본능적으로 적대시하게 된다. 이것은 태도의 문제가 아니라 본성이다. 질투 같은 감정 또한 이것이다. 반대로 상대가 스스로 낮추는 모습을 보이면 심리적 안정감을 찾고 그에게 마음을 쉽게 열게 된다. 이것은 인간이 스스로가 만든 지위게임 속에서 삶을 살아가고 있다는 증거다. 이처럼 겸손한 사람은 끊임없이 자신의 편을 만들게 되지만, 반대로 자만하는 사람에게는 늘 질투심 가득한 적이 생겨나게 된다. 우리의 내면을 바꾸기 위해서는 관계십이 너무나 중요하다. 우리는 주변관계에 영향을 가장 많이 받게 되기 때문이다. 좋은 관계십을 만들기 위해서는 겸손해야 한다. 겸손은 어렵지 않다. 단지 대부분의 사람들이 겸손이 무엇인지에 대한 개념정리가 되지 않아서 잘 안 될 뿐이다. **겸손해지**

기 위해서는 스스로를 낮추고 예의를 갖추는 것이 핵심이다. 자랑은 금물이다. 자신의 자랑을 드러내지 말자. 자기 자랑과 성공과 부는 드러내는 것이 아니라 숨기는 것이다. 숨길수록 자신의 성공과 부는 더욱 커진다고 한다. 스스로를 드러내지 않아도 드러나는 사람이 진정한 대인이다. 억지로 스스로를 드러내어 돋보이려고 하는 사람은 자기자신이 소인이라는 것을 알리는 것과 같다. 당신이 엄청난 대단한 사람일지라도 지금 당장 죽는다면 그래도 내일의 태양은 여전히 뜬다. "당신 한 사람 없어도 세상은 너무나 잘 돌아간다." 이 말은 자만하는 당신에게 상처를 주기 위함이 아니다. 자연의 섭리를 말하는 것이다. 그러니 자기 자랑은 그만하고 겸손해지자.

 **핵심요약**

겸손한 사람에게는 협력하는 사람이 생겨나고, 자만하는 사람에게는 적이 생겨난다.

액션과 리액션

대한민국을 대표하는 명 MC 두 명을 뽑는다면 아마도 강호동과 유재석을 뽑을 것이다. 두 MC 중 또 한 명을 뽑으라면 막상막하의 게임이 되겠지만, 유재석이 조금 더 높게 나올 것이라 본다. 이것은 필자의 개인적인 의견이 아니라 여러 방송매체에서 실시한 연예인 인지도 조사에서 나온 근거로 말하는 것이다. MC 강호동과 MC 유재석 사이에는 어떤 차이가 있을까? 강호동은 대화법에서 액션이 강한 사람이고, 유재석은 리액션이 강한 사람이다. 강호동은 자신이 직접 분위기를 이끌어 간다면, 유재석은 게스트를 통해서 분위기를 이끌어 간다. 이렇듯 상대와 이야기를 하면서 주도권을 잡고 대화를 이끌어 가는 사람이 있고, 상대에게 질문을 던져 상대를 이야기하게 만들고 그것에 호응하며 대화를 이끌어 가는 사람이 있다. 우리는 관계십에 있어서 끊임없이 누군가와 소통하며 살아간다. 그 소통법에는 액션이라는 도구와 리액션이라는 도구를 사용하게 된다. 대부분의 사람들은 상대의 말을 경청하기보다 자신의 이야기에만 집중한다. 하지만 사람은 귀가 두 개이고 입이 하나인 이유가 분명히 있을 것이다. 두 번 듣고 한 번 말을 하는 것이 가장 이상적인 대화법인데, 그것을 알면서도 잘 안 된다. 매번 말을 짧게 하겠다고 생각하면서도 막상 대화가 끝나면 말실수한 것을 되짚어 보며 후회의 한숨을 내 쉰다. 액션보다 리 액션이 강한 사람은 질문이라는 도구를 활용해서 상대의 말을 끄집어 내는 능력이 있다. 재미있는 사실은 액션이 강한 사람은 대화가 끝나면 진이 빠져 있고, 리 액션이 강한 사람은 대화가 끝나면 더욱 에너지가 넘친다. 또한 자신의 지혜와 상대의 지혜가 더해진 덕분에 얻은 것도 많게 된다. 좋은 관계십을 위해서도 당신은 상대의 이야기를 들어주는 사람이 되어라. 인간은 원래 듣는 것보다 말하는 것을 더욱 좋아한다. 인간의 본성 1원칙이 이기적이기 때문이다. 이것을 뒤집어본다면 나의 말을 들어주는 상대에게 호감을 느끼게 된다. 상대의 말을 경청하고 리액션을 잘한다면 상대를 자신의 편으로 만들고 좋은 관계를 만들어 갈 수가 있을 것이다.

리 액션을 잘하는 방법 3가지

1. 질문을 하라.

2. 웃음이나 박수로 적극적인 호응을 하라.

3. 상대에게 좋은 정보를 얻었다며 고마움을 표시하라.

말의 태도

행동에만 태도가 있는 것이 아니다. 말에도 태도가 있다. 우리는 살면서 상대의 행동보다 말의 태도에 상처를 받게 되는 경우가 더욱 많다. 말의 태도를 말투라고 한다. 말투는 타고나는 것이 아니다. 환경에 학습되고 스스로의 노력에 의해서 다듬어진다. 말투는 내가 가지고 있는 가장 값비싼 자원이라고 생각해야 한다. 내가 어떻게 그 자원을 쓰느냐에 따라 관계십에 큰 영향을 미치게 된다. 말 한번 잘해서 천 냥 빚을 갚기도 하고, 말 한번 잘못해서 천 냥의 빚이 만 냥의 빚이 되기도 한다. 좋은 말투는 상대의 존중에서부터 시작된다. 상대와 대화를 하다 보면 나를 존중한다는 느낌을 받을 수도 있고, 나를 무시한다는 느낌을 받을 수도 있다. 말에는 감정이 섞여서 표현되기 때문에 같은 말이라도 그 감정에 따라 말의 태도가 달라지는 것이다. 좋은 말투는 늘 상대의 기분을 좋게 만든다. 예를 들어서 "밥 먹자!"보다 "배고프겠다. 밥 먹으러 가자!"라는 말이 상대의 기분을 더욱 좋게 만든다. 아무리 작은 선물이라도 그냥 주는 것보다 포장을 정성껏 해서 주는 것이 상대가 느끼는 감동 지수에 전혀 다른 결과를 낳게 될 것이다. 말투도 마찬가지다. 상대에게 단순한 말이라도 되도록 예쁘게 포장을 해서 주는 습관을 가져보자. 관계가 더욱 발전될 것이다. 좋은 말투는 상대에 대한 존중하는 마음과 좀 더 예쁘게 포장해서 표현하는 것으로부터 완성된다. 지금부터라도 좋은 관계십을 위해서 자신의 말투를 점검해 보고 다듬어 보자.

핵심요약

좋은 말투는 늘 상대의 기분을 좋게 만든다. 아무리 작은 선물이라도 그냥 주는 것보다 포장을 정성껏 해서 주는 것이 상대에게 큰 감동을 주게 된다. 좋은 관계십을 위해서 좋은 말투를 하는 습관을 들여보자.

사과와 용서

누군가에게 실수가 되었든, 고의가 되었든 상대에게 상처를 주게 된다면 당신은 어떻게 하는가? 대부분은 실수를 했을 때 고의가 아니면 사과까지는 필요 없다고 생각하고는 그냥 넘어가는 경우가 많다. 아무런 감정이 없이 말한 것일지라도 상대가 당신의 말 한마디로 상처를 받게 된다면 당신은 어떻게 하는가? 사과를 하는 것이 맞는 것인가? 하지 않고 그냥 넘어가는 것이 맞는 것인가? 필자가 이에 답을 준다면 100% 사과를 하는 것이 맞다. 모든 잘잘못은 피해자의 감정에 따라 매겨진다. 가벼운 농담일지라도 상대는 상처를 받을 수 있고, 때로는 칭찬에도 상대는 상처를 받을 수 있다. 만일, 자신의 의도와 다르게 상처를 받았다면 먼저 사과부터 해야 한다. 왜냐하면 그 상처가 나로부터 생겨났기 때문이다. 그리고 나서 상대에게 나쁜 의도가 아니었음을 솔직히 말해주어야 한다. 사과에도 타이밍이 있다. 즉, 유통기한이 있다. 사과는 빠를수록 좋다. 사과가 늦어진다면 당신의 진심 또한 색이 바래진다. 사과는 자신의 자존심을 희생시켜서 하는 행위가 아니다. 단순히 나로부터 상대가 상처를 받았으니, 그것에 대한 오해를 푸는 과정에 있어서 가장 먼저 하는 인사라고 생각하면 된다. 상대의 감정에 공감을 해주고 사과하고 자신의 의도를 진실되게 잘 전달하면 된다. 진심이 담긴 사과는 항상 관계회복에 큰 치료제가 되어준다.

좋은 관계십을 위해서 중요한 기술 중 또 다른 하나는 용서이다. 사과는 상대에게 용서를 구하는 것을 말하지만, 필자가 지금부터 말하는 용서는 상대에 대한 나의 용서이다. 당신이 먼저 누군가에게 상처를 줄 때도 있지만, 상대로부터 상처를 받기도 한다. 상처를 받게 되면 미움이 생겨나고, 비난을 하고, 내가 받은 상처를 상대에게 똑같이 돌려주고 싶을 것이다.

미움은 내가 독약을 마시고 상대가 죽기를 바라는 마음과 같다고 하지 않던가. 나를 위해서라도 용서해야 한다. 필자에게도 살면서 배신을 당하고, 죽이고 싶을 만큼 미운 사람이 있었다. 하지만 모두 내 마음속에서 모두 용서했다. 용서를 하면 내 마음이 자유로워진다. 용서를 하면 내 마음속 오래된 미움의 쓴 뿌리와 사슬에서 해방되는 기분이다. 필자가 반복해서 말하는 인간의 본성 1원칙이 있다.

인간은 이기적이다. 이기적인 본성 때문에 상대에게 상처를 준다. 반대로 '내가 그 입장이었으면 나도 그랬을 수도 있겠다.'라는 생각을 해보자. 쉽지는 않겠지만 그렇게 마음을 가지려고 노력해야 한다. 그리고 용서해야 한다. 필자의 가족 이야기를 잠깐 하자면, 필자의 아버지는 필자가 6살 때 오토바이 사고로 돌아가셨다. 어머니 혼자서 4남매와 노총각 외삼촌과 중풍을 맞아서 늘 누워만 계셔야 하는 할아버지까지 7명의 가족을 책임지셨다. 그 당시 36살의 고운 어머니가 혼자서 가족의 생계를 책임지며 살아가는 모습은 늘 주변의 동정의 대상이었다. 그중 새아버지가 될뻔한 사람도 있었다. 그 당시 사춘기였던 누님의 마음속에는 엄마와 아저씨의 모습을 보고 질투심으로 가득 차올랐던 것 같다. 아버지는 생전에 누님을 세상에서 가장 아끼고 사랑하셨다. 외딴 시골에서 4남매 모두가 학교를 다니던 시절, 아버지는 길가에 코스모스가 가득 필 가을 무렵이면 당신의 거친 손으로 코스모스 여러 가닥을 꺾어 정성껏 모아서 누님에게 특별 선물을 하셨다. 비가 오는 날이면 어김없이 우산을 들고 누님의 학교로 향하셨고, 기분 좋게 약주를 드신 날이면 가장 먼저 누님을 깨워서 볼이 새빨개질 때까지 뽀뽀를 하셨다. 이런 아버지가 예고도 없이 교통사고로 돌아가시고 나서 누님의 아버지를 향한 짙은 그리움은 그 어떤 것으로도 쉽게 채워지지가 않았던 것 같다. 너무나 다정다감하셨던 아버지의 사랑에 대한 향수가 누님의 마음 한구석에는 너무나 짙은 그리움으로 남았던 것 같다. 그래서 더욱 새아버지가 될 뻔한 남자들이 나타나면 적대시하고 경계했었다. 하지만 필자가 그 당시 굳게 믿고 있었던 마음은 어머니 스스로

그 어떤 남자들의 호의보다 우리 가족이 우선이었다는 것을 느끼게 하셨다. 세월이 흘러 누님은 남들보다 조금 이른 나이에 결혼을 하고 아이를 가졌다. 그 당시 형과 나는 아직 학생의 신분이었고, 어머니의 경제적 지원과 헌신이 더욱 필요할 때였다. 그래서 어머니는 누님의 아이를 돌봐줄 여유가 없던 터라 자주 챙겨주지 못한 시기를 보낼 수밖에 없었다. 누님에게는 이것이 또 하나의 상처로 남았고, 그 상처의 쓴 뿌리는 계속 자라나기만 했다. 시간이 흘러 어버이날에 가족들이 모여 함께 식사를 하고 집으로 돌아가던 중 어머니가 뒷좌석에서 아주 작은 소리로 "정현아, 내가 참 미안했다. 엄마가 지금껏 너무나 숨 가쁘게 살다 보니 미처 챙기지 못했다. 지금에서야 너를 생각하면 참 힘들었겠다. 네가 엄마에게 서운한 것이 참 많았겠다. 미안하다. 그리고 마음이 많이 아팠겠다. 내가 정말 미안하다."라고 사과를 하시는 것이었다. 운전을 하던 누님은 갑자기 울음보를 터뜨렸고 한동안 그 울음은 계속되었다. 그리고 한참 뒤 누님도 엄마에게 사과를 했다. 엄마에게 늘 날카롭게만 대했던 철없는 자신을 반성하며 죄송하다고 사과를 했다. 이 일을 계기로 두 사람은 꽤나 오랜 시간 동안 쌓인 두꺼운 마음의 벽 하나를 허물어뜨렸고, 그 이후 누님의 얼굴은 10년 묵은 체증이 내려간 듯 밝아 보였다. 누님은 그 이후 스스로를 옭매고 있던 마음속 쓴 뿌리가 사라지고 또 다른 심적 자유를 찾게 되었다고 고백했다. 이렇듯 당신의 사과 한마디가 상대의 10년 묵은 체증을 내려주기도 하고, 당신의 용서가 스스로의 마음을 더욱 자유롭게 한다. 단 한 번뿐인 100년도 채 살지 못하는 인생인데 사랑하기도 바쁘지 않은가? 눈을 지그시 감고 되뇌어보자. 지금 나로부터 상처를 받은 채 살고 있는 사람은 없는지? 그리고 상대로부터 받은 내 마음속 상처가 치유되지 못하고 미움의 쓴 뿌리를 키우며 살아가고 있는 것은 아닌지? 지금이라도 진심을 담아 사과를 하고, 넓은 마음으로 그를 용서를 해주자. 상대를 위해서라도, 그리고 나 자신의 마음속 자유를 위해서라도...

당신의 사과 한마디가 상대의 10년 묵은 체증을 내려주기도 하고, 당신의 용서 한마디가 스스로의 마음을 더욱 자유롭게 한다.

신뢰

삼성○○에 과장으로 근무하고 있는 김 대리는 결혼을 앞두고 집을 장만하기 위해 은행 대출을 받기로 한다. 그래서 은행을 방문하여 대출상담을 했다. 분명 자신은 같은 나이의 친구들에 비해서 소득이 많고, 대기업에 다니는지라 신용점수가 높을 것이라 기대했었다. 하지만 김 대리의 신용을 조회한 결과, 기대했던 것보다 훨씬 더 낮은 신용점수였다. 이유는, 과거 신용카드를 사용하면서 연체된 기록이 다수 남아 있었기 때문이다. 과거의 작은 실수가 지울 수 없는 자신의 신용이 된 것이다. 물론 신용과 신뢰는 다르다. 신용은 세상으로부터 나의 믿음 가치를 말하는 것이고, 신뢰는 상대로부터 나의 믿음 가치를 말한다. 하지만 신용과 신뢰는 외부로부터 자신의 믿음 평가를 말한다. 신뢰는 단번에 완성되는 것이 아니다. 시간을 두고 조금씩 쌓이는 것이다. 그래서 우리는 흔히 신뢰를 쌓는 다고 말한다. **신뢰는 사람과 사람을 이어주는 연결고리와 같다.** 이 연결고리가 끊어지면 사람과 사람을 이어주는 이음줄이 끊어지는 것과 같은 것이 된다. 즉, 신뢰가 끊어지면 관계도 끊어지는 경우가 많다. 신뢰는 관계십에 있어서 심장이라고 말해도 과언이 아니다. 나의 신뢰도는 신용처럼 은행에서 점수로 매겨주는 것이 아니다. 나의 신뢰도를 알기 위해서는 주변 사람들에게 물어보는 것도 좋지만, 스스로에게 질문을 해보는 것도 좋다. 나와 똑같은 사람이 나의 친구 중에 존재한다면 나는 그를 신뢰할 수 있겠는가? 잠시 눈을 감고 답을 생각해보기 바란다.

그렇다면 관계십의 심장인 신뢰를 쌓기 위해서는 어떠한 노력이 필요한가? 지금부터 신뢰가 높은 사람의 공통점을 나열해 볼 것이다.

다음의 총 20가지 항목을 읽고 나서 yes or no로 체크해보자!

신뢰가 높은 사람의 특징은

1) 나는 작은 약속도 철저하게 잘 지킵니다.

2) 나는 매사에 긍정적인 사고를 가지고 있습니다.

3) 나는 꾸준하고 성실한 모습을 가지고 살아갑니다.

4) 나는 나의 실수나 잘못에 진심을 담아 사과를 합니다.

5) 나는 고마움이나 감사의 표현을 제때 잘합니다.

6) 나는 남을 비난하기보다 칭찬을 많이 합니다.

7) 나는 내가 말한 것은 끝까지 지키려고 노력합니다.

8) 나는 매사에 거짓말을 하지 않고 사실을 근거로 말합니다.

9) 나는 말보다 행동으로 보여줍니다.

10) 나는 즉흥적이지 않고 계획적이며, 계획한 것을 잘 실천합니다.

11) 나는 시간의 변수가 적고, 늘 예측이 가능한 모습을 보여줍니다.

12) 나는 나의 계획을 언제나 투명하게 이야기합니다.

13) 나는 예의가 바른 태도를 가지고 있습니다.

14) 나는 자기관리를 잘합니다.

15) 나는 작은 일에도 최선을 다하는 습관을 가지고 있습니다.

16) 나는 경청을 잘합니다.

17) 나는 상대를 존중합니다.

18) 나는 받는 것보다 주는 것을 중요하게 생각합니다.

19) 내가 선택한 것을 사랑하고, 책임감을 가지고 살아갑니다.

20) 나는 친절한 사람입니다.

위의 20가지 항목에 yes or no를 체크하였다면, 한 문장당 5점의 점수를 매겨 합산해보자. 이제 당신의 신뢰점수가 매겨질 것이다.

• 자신의 점수가 80점 이상인 경우 ☞ 주변관계가 좋고 자신을 믿고 따르는 스폰서나 협력자가 많을 확률이 높다.

• 자신의 점수가 70점 이상 80점 이하의 경우 ☞ 대체로 주변관계가 좋으나 관계의 확장성에 한계를 느끼는 경우가 생기고, 가끔 작은 오해들로 작은 논쟁이나 다툼이 일어나기도 한다.

• 자신의 점수가 60점 이상 70점 이하의 경우 ☞ 자기관리가 소홀한 경우가 많고, 잦은 실수로 스스로 스트레스를 받는 일이 종종 생겨난다.

• 자신의 점수가 60점 이하인 경우 ☞ 남을 크게 의식하지 않으며 이기적은 성향이 있다. 그리고 자신이 속해있는 팀이나 조직에서 인정을 못 받는 경우가 많다.

이 테스트는 필자가 신뢰하는 여러 서적을 참고해서 만든 문항이다. 이 테스트로 기분이 상한 독자가 없기를 바란다.

신뢰는 한 번에 얻어지는 것도 아니고, 태어날 때부터 타고난 것도 아니다. 신뢰에 대한 개념과 방법을 잘 이해하고 스스로를 끊임없이 바꿔가면서 신뢰 높은 사람으로 삶을 살아가기를 바란다.

> 📋 **핵심요약**
>
> 신뢰는 사람과 사람을 이어주는 연결고리와 같다. 실력은 잠시 그 가치를 인정받지만, 신뢰는 그 가치를 지속하게 한다.

감사

관계십에 있어서 감사를 제외하고 이야기할 수 없다. 필자가 이 책에서 가장 많이 등장시킨 단어는 아마도 "챌린지 100"과 "감사"일 것이다. 감사는 우리의 내면을 바꾸는 데 가장 우선적으로 지녀야 할 마음가짐이다. 감사는 인간이 만든 최고의 단어임에 틀림없다. 감사는 더 큰 감사를 부른다. 감사는 또 다른 감사를 부른다. 필자의 경우도 군 복무 시절 "감사합니다."를 빽빽이 매일 한 장씩 적었다. 누가 보면 돌아이 같은 행동으로 볼 수도 있겠지만, 그 이후 필자의 삶은 모든 것이 바뀌었다. 내면이 감사로 가득 차니깐 나의 외면 또한 감사라는 옷을 입게 되고 감사에 맞는 행동을 하게 되었다. 그 결과, 주변에 협력하는 사람들이 많이 모여들게 되었고, 지금까지 예전보다 더 큰 일들을 하며 살아가고 있다. 대부분의 사람들은 좋은 일이 생겨나면 그것에 감사할 줄 안다. 그리고 감사의 효능도 경험했을 것이다. 자신의 삶에서 감사를 실천하는 사람들 중 가장 높은 수준에 있는 사람은 '그럼에도 불구하고 감사'를 실천하는 사람이다. 좋은 일에만 감사할 줄 아는 것이 아니라 불행으로 느껴지는 힘든 고난 앞에서도 감사할 줄을 안다. '그럼에도 불구하고 감사'를 실천하는 사람은 그 고난 속에도 또 다른 보물이 있다는 것을 알고 있기 때문이다. 우리는 인생을 살면서 축복과 고난을 만나게 된다. 필자의 경험으로 비추어 볼 때 축복은 껍질이 벗겨져 있어 그냥 맛있게 먹기만 하면 되는 보물이고, 고난은 껍질이 너무나 단단하고 거칠게 쌓인 보물이다. 고난의 껍질을 까기에는 시간이 걸리기도 하고 손에 상처가 날 수도 있다. 하지만 그것을 까고 나면 그 속에는 축복보다 더 큰 보물이 숨어 있다. 그래서 우리는 "그럼에도 불구하고 감사"를 실천해야 한다. 또한 감사는 무(無)에서부터 시작되어야 한다. 필자는 가끔씩 20대 초반 때 경험했던 군대 시절을 생각한다. 정말 주머니에 아무것도 없던 초라한 모습이었다. 하지만 지금은 그때에 비하면 너무나 많은 것을 가졌고 성장하였다. 이렇듯 우리가 과거에 무(無)라는 아무것도 가지지 않았던 시절을 되돌아보고 지금의 자신의 상황에 감사할 줄 알아야 한다. 하지만 대부분의 사람들은 다른 누군가와 끊임없이 비교하는 지위게임을 하고 승리감과 패배감 속에서 스스로를 괴롭히며 살아간다. 행복은 온전히 나의 내면에 있다. 비교를 해도 나와 비교하라. 과거의 가장 초라했던 자신을 되돌아보고 지금 자신이 얼마나 큰 축복 속에서 살아가는지 깨달아야 한다. 감사의 반대말을 아는가? 정답은 "당연함"이다. 내가 가진 것 중 그 무엇 하나도 당연한 것은 없다. 과거 나의 무(無)의 상태를 되돌아보고 지금의 내 삶에 감사함을 마음껏 느껴보기를 바란다.

또한 감사는 만병통치약이다. 감사를 자주 외치면 마음속 스트레스나 부정적인 생각들이 사라진다. 이것은 정신건강뿐만 아니라 신체건강에도 좋다. 우리의 생각이나 감정은 우리 몸속의 호르몬에도 영향을 미치고, 우리의 행동에까지 영향을 미친다. 감사라는 마음을 자주 되뇌고 느낄 수록 우리의 정신적, 신체적 건강에도 큰 도움이 된다는 것을 명심하자.

핵심요약

감사의 끝판왕은 "그럼에도 불구하고 감사함"을 외치는 사람이다. 좋은 일에만 감사하는 것이 아니라 좋지 않은 일에도 감사함을 잃지 않는 것이다.

정화

우리는 하루 평균 3,000가지 이상을 생각한다고 한다. 우리의 생각은 좋은 것이든 나쁜 것이든 우리의 내면에 쌓이게 된다. 우리 모두가 채우기에만 급급한 인생을 살아가고 있다. 채우기를 잘하기 위해서라도 우리는 '비움의 미학'을 배워야 한다. 비우지 않으면 채울 수 없다. 현자들은 오늘 하루 좋은 생각마저도 모두 비워야 한다고 말한다. 그래야 더 좋은 생각들로 새롭게 채울 수가 있다고 한다. 하루 중 최소한 한 번 30분 정도는 혼자 있는 시간 속에서 눈을 감고 머릿속의 생각들을 비워내자. 이것을 '마음속 정화'라고 한다. 마음속 정화를 하는 방법에는 명상이 가장 효과적이다. 필자의 경우에는 저녁 잠들기 전과 아침 기상 전에 한 번씩 명상을 한다. 명상은 긴 시간을 필요로 하지 않는다. 10~15분이면 충분하다. 필자의 방법을 공유하자면, 명상음악을 틀어놓고 하루 동안 마음속에 쌓인 생각들을 비운다고 상상한다. 마치 쓰레기통을 비워내고, 깨끗한 물로 씻어내는 상상을 한다. 그리고 깨끗한 헝겊으로 그것을 닦아내는 것까지 상상한다. 그리고 마음속으로 "오늘 하루 저에게 있었던 좋은 일, 나쁜 일 모두 잊게 해주세요. 그리고 내일은 새로움으로만 채워 주세요."라고 기도한다.

아침에는 똑같이 명상음악을 틀어놓고 "오늘 저에게 완벽한 하루를 주셔서 감사합니다. 오늘 하루 작은 일에도 최선을 다하는 사람이 되게 해주세요."라고 기도를 한다. 이렇게 하루의 시작과 끝을 정화한다면 과거의 불필요한 감정으로부터 자유로워진다. 그리고 현재에 더욱 집중하는 힘이 생겨난다. 현재에 집중할 수 있으니, 미래는 더욱 건강하게 될 것이다. 당신이 채우고 싶은 값진 무언가가 있다면 비움의 미학을 실천해보라. 하루 두 번만 마음속 정화를 통해서 깨끗이 비우는 연습을 해보라.내면이 바뀌고, 외면이 바뀌는 것을 경험하게 될 것이다.

핵심요약

비움이 있어야 채움이 가능하다. 좋은 것이든, 좋지 않은 것이든 그날그날 비워내자. 그래야 더 좋은 것으로 내일을 채울 수가 있게 된다.

쉼표와 마침표 활용법

서울 ○○대학에 다니고 있는 21살 김미경 씨는 아주 오랜만에 고등학교 동창 모임이 있어 예쁘게 차려입고 친구들을 만나러 압구정동의 한 음식점으로 향한다. 고등학교 졸업 후 처음으로 만나는 것이라 며칠 전부터 김미경 씨의 마음속은 설렘으로 가득 찼다. 식당에 들어서고 친구들과 인사를 나누며 자리에 앉았다. 음식을 먹으며 이런저런 옛이야기를 하다가 조금 부족한 듯하여 모두가 인근 카페로 이동했다. 거기까지는 너무나 즐거운 시간이었다. 하지만 카페에서 앞서 못 나눈 이야기를 서로 나누고 있는데, 대화를 하면 할수록 기분이 나빠지는 것을 느꼈다. 친구 중 몇몇이 자기 자랑을 하면서 결국 자존심 싸움으로 이어진 것이다. 그렇게 모임이 끝나고 집으로 오는 김미경 씨의 찝찝한 기분은 사라지지 않았다. 그 이후로 몇 번 더 모임을 가졌지만, 매번 그 몇몇 친구들 때문에 찜찜한 기분으로 헤어지게 되었다. 김미경 씨의 경우가 우리 삶의 일상에는 빈번하게 일어나는 일이다. 특정 누군가 때문에 상처를 받거나 만남 자체가 부담이 되는 경우를 많이 보았을 것이다. 직장동료가 되었든, 어릴 적 친구가 되었든 살아가면서 서로 간의 가치관이 달라지고, 좋아하는 것도 싫어하는 것도 모두 다른 경우가 많다. 심지어 너무나 사랑하는 사이에도 가치관이나 생각 차이로 싸우기를 반복하지 않는가? 나와 잘 맞는 사람과 잘 어울리는 것은 참 쉬운 일이다. 하지만 나와 잘 맞지 않는 사람과 잘 어울리는 것은 너무나 어려운 일이다. 관계십에 있어서 마침표만 있는 것은 아니다. 즉, 나와 잘 맞지 않는다고 해서 당장에 연을 끊거나 만나지 않겠다고만 생각한다. 하지만 **관계십에서 마침표뿐만 아니라 쉼표도 있다. 쉼표를 잘 활용한다면 당신의 관계십은 지금보다 훨씬 다채롭고 자유로워질 것이다.** 관계십에 있어서 쉼표란 잠시 거리를 두는 것을 말한다. 관계를 끝내는 것이 아니라 잠시 쉬어가는 것이다. 나와 잘 맞지 않는 관계는 시간을 두고 잠시 쉬어가야 한다. 일정 시간 동안 적당한 거리를 두면 부딪치는 것이 줄어들어 한결 마음도 편하고, 객관적인 시점으로 그 상대를 이해할 수 있는 시간을 확보하게 된다. 관계 쉼표를 잘 활용한다면 당신의 관계십은 더욱 성숙되고 자유로워질 것이다. 나와 잘 맞지 않는다고 해서 매번 마침표만 찍지 말고 관계십을 적절히 활용해보자.

관계 쉼표란 주변의 관계 중 나와 맞지 않거나 계속해서 부딪치는 경우, 인연을 끊는 것이 아니라 잠시 쉬어가는 시간을 가지는 것을 말한다. 관계에는 마침표뿐만 아니라 관계 쉼표라는 좋은 도구가 있다는 것을 기억하자.

나 자신과의 관계

5년 전까지만 해도 자기계발 서적이나 인문학 서적에서는 관계학에 대한 주제를 많이 다루었다. 인간은 누구나 사회의 어느 조직이나 팀에 소속되어 살아가고, 그 팀 안에서 사회성을 기르는 훈련이 필요하다는 관점으로 상대와의 관계십에 대한 처세술이 담긴 책들이 독자들의 관심을 끌고 베스트셀러가 된 것이 많았다. 하지만 지금은 타인과의 관계가 아닌, 자신과의 관계십을 다루는 책들이 많이 나오고 있다. 옷에도 트렌드가 있듯이 책에도 트렌드가 있는 듯하다. 결국 독자들의 공감대를 이끌어 낼 수 있는 책들이 높은 판매고를 올리게 되고, 서점의 베스트셀러 자리를 차지하게 된다. 현재 독자들의 공감대는 타인과의 관계십에 있는 것이 아니라 자신과의 관계에 있다. "나다움"은 누구나 원하는 모습이다. 나다움은 과거의 나의 모습이 아니다. 내가 원하는 나의 모습이다. 내가 원하는 모습을 분명하게 정하고 내가 그 모습으로 표현되어질 때 우리는 나다움을 느낀다. 그리고 나다움을 제대로 표현할 수 있을 때 넘쳐나는 행복감을 느끼게 된다. 우리는 언젠가 죽는다. 이것을 부정하는 사람은 없다. 즉, 인간은 가족이든, 친구든 누구든지 그 관계와의 헤어짐은 예고되어 있다. 당신이 관계를 맺고 있는 그들과 그 언젠가 헤어진다는 말이다. 그렇다고 주변 관계를 소홀히 여기라는 뜻은 아니다. 단지 그들에게 과도하게 집착하거나 의지하지 말라는 것이다.

당신이 진정한 행복한 삶을 살기 위해서는 자신과의 관계를 더욱 면밀하게 챙겨야 한다. 태어나서 죽는 순간까지 100년을 산다고 하면, 그 100년을 빈틈없이 함께하는 관계는 자기 자신이 될 것이다. 이 관계는 유일하다. 인생은 1인칭 시점으로 살아야 한다. 누구를 위해서가 아니라 자신의 삶을 위해서 살아야 한다. 이것은 자기 중심적으로, 마냥 이기적으로 살라는 것이 아니다. 자기 주체적으로 살라는 것이다. 타인의 말보다 내면의 나의 말에 귀를 기울이고, 타인에게 인정받기에 앞서 스스로에게 인정받을 수 있는 삶을 살아야 한다. 당신의 삶 중에 가장 우선시 되어야 하는 관계는 자기 자신과의 관계이다. 자신의 내면을 늘 점검하고 관리해야 한다. 그렇다면 자기 자신과의 관계를 회복하고 가장 나다운 모습으로 살아가기 위해서는 어떠한 노력이 필요할까? 우선 나를 아는 것이다. 내가 무엇을 좋아하고 어떠한 모습으로 살아가고 싶은지를 분명하게 알 수 있어야 한다. 혼자 있는 시간 속에서 눈을 감고 스스로 생각해보자. 내가 진정 무엇을 좋아하고 어떠한 모습으로 살아가기를 원하는지를 곰곰이 생각해보자. 그리고 생각나는 대로 노트에 적어보자. 그런 다음 그것에 도움이 되는 반복할 행동을 정하고 챌린지 100 프로그램을 통해서 반복해보자. 자신이 원하는 모습에 가까워지는 경험을 하게 될 것이다. 내가 원하는 모습으로 나를 바꾸면 삶이 행복해진다. 결국 행복은 타인에게 있지 않다. 행복은 결국 내 안에서 찾아야 빨리 찾을 수가 있다. 태어나 죽는 순간까지 함께할 자기 자신과의 관계를 더욱 면밀하게 잘 챙기자. 스스로가 되고 싶은 자신의 캐릭터를 설정하고 그것에 가까워질 수 있도록 챌린지 100 프로그램을 활용해보자. 진정 나다운 인생을 살 수가 있을 것이다.

핵심요약

당신의 진정한 행복은 자기자신에게 있다. 내 안의 행복은 결국 내가 원하는 나의 모습을 찾고 그 모습이 되기 위해 나를 바꾸는 것이다. 결국 나를 바꾸면 내 삶은 행복해진다.

제3장

동기 부여

내적 동기부여 vs 외적 동기부여

독자 여러분들은 삶의 의욕이 바닥났을 때를 경험해본 적이 있는가? 아마도 독자 여러분들 또한 지금까지 살아오면서 한 번쯤은 그런 경험을 해봤을 것이다. 번아웃이 되었든지, 무언가에 흥미를 잃게 되었든지, 몸이 너무 지쳐 모든 것이 버겁다고 느꼈다든지 등등. '그렇다면 그때 삶의 슬럼프를 어떻게 이겨냈는가?'라고 물어본다면 독자들은 어떤 대답을 해줄 것인가? 아마도 곰곰이 생각해보면 삶에 조금 보람되거나 조금 재미난 것을 만나게 되어 자신도 모르게 슬럼프의 구덩이에서 벗어나게 되었을 것이다. 그렇다. 우리는 조금 보람되는 것과 조금 재미난 것에 동기부여를 얻게 된다. 동기부여란 의욕을 불러일으키는 것을 말한다. 동기부여는 내적 동기부여와 외적 동기부여가 있다. 내적 동기부여는 내 마음속에서 우러

나서 의욕을 되찾게 되는 것을 말하고, 외적 동기부여는 주변 환경이나 외부적인 시스템에 의해서 의욕을 되찾게 되는 것을 말한다.

내적 동기부여는 스스로 깨달음이나 새로운 목표를 가지게 될 때 의욕을 되찾게 되고, 외적 동기부여는 외부로부터 보상을 받게 되거나, 칭찬이나 인정을 받게 될 때 의욕을 되찾게 된다. 우리가 더 큰 일을 해나가기 위해서는 내적이 되었든 외적이 되었든 분명한 동기부여가 필요하다. 내적 동기부여와 외적 동기부여 중에 어느 것이 더 큰 힘을 발휘할까? 이것을 연구한 대부분의 심리학자들은 내적 동기부여의 손을 들어주었다. <u>외부의 환경적 요소보다 내면의 깨달음이나 목표가 더욱 강렬하고 오랜 시간 동안 그 힘을 발휘한다고 말한다.</u> 쉽게 말하면 내가 스스로 무언가를 미치도록 하고 싶어질 때 자신의 의욕이 강렬하게 작동한다는 것이다. 내적 동기부여를 위해서는 나 자신을 먼저 알아야 한다. 내가 무엇을 원하는지를 알아야 한다. 그리고 내가 진정 원하는 목표를 설정해야 한다.

**소유에 의지하지 마라. 결국 허무함을 느끼게 된다.
인간에게 의지하지 마라. 결국 상처받게 된다. 오직 목표에
의지해라. 진정한 행복감을 느끼게 된다.**

-아인슈타인-

내적 동기부여를 활성화시키기 위해서는 자신이 진정으로 원하는 목표를 설정하는 것이 가장 중요하다. 그리고 그 목표에 의지하

며 살아간다는 것은 진정으로 자신이 원하는 삶에 의지하며 살아
간다는 것이다.

외부로부터 얻게 되는 동기부여는 늘 수동적이고 한계가 있다.
하지만 내적으로 언제든지 스스로가 진정으로 원하는 목표를 설정
하고 동기부여를 활성화시킬 수 있다면 언제나 자신의 동기부여 공
장은 싱싱하게 돌아가게 될 것이고, 무한한 양의 의욕을 생산해 낼
것이다.

핵심요약

목표는 당신이 진정으로 원하는 것이어야 한다. 그 조건이 성립되
어, 당신이 현재 목표를 향해 달려가고 있다면, 그것은 당신이 원하
는 삶을 향해 달려가는 것과 같다. 그리고 그 목적지는 분명 행복
이 될 것이다.

호기심 관리

　호기심이란 새롭고 신기한 것을 좋아하고, 모르는 것을 알고 싶어 하는 마음을 말한다. 우리의 모든 행동은 호기심으로부터 시작된다고 해도 과언이 아닐 것이다. 필자는 호기심도 관리의 대상이라고 생각한다. 우리의 내면을 잘 관리하고 바꾸기 위해서는 호기심을 잘 관리해야 한다. 모든 나쁜 일도 좋은 일도 호기심으로부터 시작되기 때문이다. 필자의 동창 중에는 호기심이 넘쳐나는 친구가 있다. 이 친구는 호기심이 너무 많다 보니 그 호기심을 꼭 행동으로 옮겨봐야 직성이 풀리는 친구였다. 어느 날에는 게임에 관한 호기심이 넘쳐나서 무리하게 돈을 끌어다가 게임기를 구입하여 게임만 했고, 또 어느 날에는 낚시에 호기심이 생겨 직장도 그만두고 온갖 낚시 장비를 구입하여 낚시만 했다. 또 어느 날에는 바이크에도 호기심이 생겨 가지고 있던 게임기와 낚시 장비를 싼값에 처분하고 바이크에 몰입했다. 지금 이 친구의 생활은 어떠할까? 노코멘트로 남겨두겠다. 주변에 이런 친구가 한 명쯤은 있을 것이다. 호기심은 인간의 본성 중 하나이고 나쁜 것은 아니다. 하지만 호기심이 호감으로 착각해서는 안 된다. 궁금한 것과 좋아하는 것은 다르다. 하지만 우리는 때때로 호기심이 스스로 좋아하는 호감의 감정으로 착각해서 그것을 행동으로 옮기려는 욕구가 강해진다. 모든 범죄도 호기심으로부터 시작된다고 한다. 궁금증을 좋아하는 것으로 착각하고 행동으로 옮기다가 본인도 모르게 범죄를 저지르게 된다고 한다. 때로는 지나친 호기심이 자신의 성공에 중요한 원동력이 되기도 한다. 하지만 이 같은 경우는 쉽게 이것저것 바꾸며 인생을 낭비하지 않는다. 하나의 뜻을 품고 자신의 호기심이 세상에 커다란 유용한 무언가로 탄생하기까지 몰입하고 연구하고 발전시킨다.

호기심은 철저한 관리의 대상이다. 적어도 독자 여러분들 중 호기심이 매우 강한 성향을 가졌다면, 호기심이 현실로 이루어졌을 때를 상상해보는 훈련이 필요하다. '담배를 피우면 어떤 기분일까?'라는 호기심이 생겨난다면 무작정 담배를 피우지 말고 상상부터 해보라는 말이다. 담배를 피우는 상상을 해보고 주변의 소중한 사람들의 반응이나 나에게 미치는 영향을 생각해봐야 한다. 그러고 나서 득보다 실이 많다고 생각되면 상상에 그치는 것이 좋다. 반대로 '내가 만일 하루 1시간씩 운동을 하면 어떨까?'라는 호기심이 생겨난다면 이 또한 상상을 해보는 것이다. 직장을 마친 후 하루 1

시간씩 동네 ○○헬스장에 가서 런닝을 하고, 웨이트를 하고, 샤워를 하고 집으로 향하는 상상을 한다. 그리고 나의 운동하는 모습에 주변 소중한 사람들의 반응을 상상해보라. 아마도 실보다 득이 많을 것이다. 그렇다면 당신의 운동에 대한 호기심은 호감으로 발전시켜도 좋다. 우리가 하루 3,000가지 이상을 생각하는 것 중에는 많은 것들이 호기심을 유발시킨다. 우리는 그 호기심을 관리하는 힘이 필요하다. 그렇지 않으면 우리는 범죄자가 될 수도 있고, 주변 소중한 사람들에게 상처를 주거나 걱정거리가 될 수도 있다. 반대로 호기심을 잘 관리한다면 당신이 하는 대부분의 행동들이 타인에게 존중을 받거나 박수를 받게 될 것이다. **호기심은 호감이 아니다.** 착각 속에서 벗어나 호기심을 철저히 관리하는 당신이 되기를 바란다.

핵심요약

우리의 대부분의 행동은 호기심으로부터 시작된다. 호기심은 분명 행동 자극이 되기 때문에 스스로가 호기심을 관리해야 한다. 호기심이 생겨나는 것은 행동으로 옮기기 전에 반드시 행동 이후를 상상해봐야 한다. 그리고 실보다 득이 많다면 그때 행동으로 옮겨야 한다.

목표의식

우리의 내면은 언제나 중심이 존재할 때 안정감을 느낀다. 그래서인지 인간은 본능적으로 자신의 내면에 무언가를 중심에 두고 살아간다. 사람마다 그 중심이 다를 것이다. 누군가에게는 그 핵심 키워드가 사랑이 될 수도 있고, 성공이 될 수도 있고, 돈이 될 수도 있고, 자유가 될 수도 있다. 그리고 그 핵심 키워드에 의지하며 살아간다. 필자는 나 자신의 중심이 목표라고 생각한다. 저마다 목표는 다르겠지만, 자신이 원하는 무언가를 중심에 두고 의지하며 살아간다. 목표는 자신이 이루어야 할 무언가가 아니다. 목표란 자신이 진정으로 원하는 것을 말한다. 당신이 지금 반드시 이루어야 하는 것을 목표라 착각하고 산다면 빨리 개념정리를 새롭게 해야 한다. 목표는 내가 의무적으로 해야 할 일들이 아니다. 당신이 진정으로 원하는 것, 그 목표가 이루어졌을 때 크게 기뻐할 수 있는 것을 말한다. 필자가 말하는 우리의 행복도 우리가 진정으로 원하는 삶을 살아가는 것이 목표가 되고, 그 목표를 이루어 나가는 과정에서 느끼는 감정이라고 말했다. 그래서 목표는 당신이 진정으로 원하는 것이어야 한다. 타인에 의해 세워진 목표는 당신의 행복과는 아무런 관련도 없고 의미도 없다. 당신이 오직 마음의 소리를 듣고 세운 목표만이 진정한 목표가 된다.

독자 여러분들도 각자 마음속 중심에 필자가 말하는 진정한 목표를 두고 살아야 한다. 목표의 뜻풀이 중 눈'목'자에 표적 '표'자가 사용되기도 한다. 목표는 두 눈을 집중시켜 보는 무언가를 말한다. 당신이 100m 앞에 있는 표적을 향해서 활을 쏜다고 상상해보라. 아마도 두 눈과 귀와 몸과 마음이 표적으로 삼은 중심을 향해서 몰입될 것이다. 목표는 두 눈과 귀와 몸과 마음이 하나가 되어 그곳만 바라볼 때 당신의 활이 그 표적의 한가운데로 날아가 꽂히게 될 것이다. 자신이 진정으로 원하는 목표를 정하고 자신의 중심에 두었다면 당신의 두 눈과 귀와 몸과 마음이 그곳을 향해 있어야 한다. 표적을 향한 당신의 레이더망이 조금만 벗어나더라도 당신의 활이 도달한 곳은 표적으로부터 멀리 벗어나게 된다. 목표를 중심에 두었다면, 당신의 몸과 마음을 온전히 집중해야 한다. 당신이 진정으로 원하는 것을 목표로 세웠다면, 그 목표를 이루는 것도 당신의 사명이다. 자신이 원하는 무언가를 정했다면, 그것을 보란 듯이 이루어내는 책임감이 동반되어야 한다. **목표는 사랑하는 나의 아이**

와 같다. 내가 그를 선택했다면 책임도 함께 지는 것이 부모의 진정한 사랑이다. 진정으로 당신의 삶을 사랑한다면 진정한 목표의 의미를 되새겨보고 지금 당신의 마음속 중심에 있는 목표를 재점검해보자. 그리고 설정된 당신의 소중한 목표를 꼭 이루어내자. 분명 목표는 당신의 행복한 삶을 위한 중요한 도구다. 당신의 진정한 행복한 삶을 위해서 목표라는 도구를 잘 활용해보자.

> **핵심요약**
>
> 당신이 중심에 두고 살아야 하는 목표를 정해보자. 당신의 목표는 이루어야 할 것이 아니라 진정으로 이루고 싶은 것이 되어야 한다. 또한 분명한 목표를 정했다면, 그 목표를 진심으로 사랑하고 책임감 있게 이루어내자.

인정

매슬로우의 인간의 5대 욕구(생리적 욕구, 안전의 욕구, 사랑과 소속의 욕구, 존중의 욕구, 자아실현의 욕구) 계층 이론에서 피라미드 상위로 갈수록 사랑과 소속의 욕구, 존중의 욕구, 자아실현의 욕구로 바뀐다. 이것은 누군가에게 인정받고, 존중받고, 존경받는 삶을 실현시키고 싶은 욕구일 것이다. 누군가에게 인정을 받는 것은 누구에게나 큰 기쁨이 된다. 이것은 자신이 무언가에 소속감을 느끼고, 그것으로부터 중요한 사람으로 인정받는 기분일 것이다.

인정이라는 감정은 누구에게나 행복감을 주게 된다. 인정을 받는 것이 기쁘다면, 우리는 누군가를 인정함으로써 그 기쁨을 줄 수도 있어야 한다. 타인에게 인정받는 것은 언제나 갈망하면서 우리가 타인에게 주는 인정에는 늘 인색하다. 인정도 서로가 서로에게 순환이 되어야 한다. 가장 가까운 가족으로부터도 우리는 인정을 잘 받지 못한다. 우리가 살면서 느끼는 자존감은 가장 가까이에 있는 존재에게 인정받을 때 자존감의 게이지가 올라간다. 내면에 기쁨을 느끼고 더 나은 사람으로 바뀌는 과정에서 그 시작점은 누군가에게 받는 인정이다. 주변에 태도나, 마음가짐이나 삶의 방식이 잘못되어 가고 있는 사람에게 해줄 수 있는 가장 빠른 특효약은 충고나 조언이 아니라 인정이다. 그를 진심으로 인정해주라. 인간은 누구나 자신의 내면에 있는 자존감이 올라가야 행동력이 강해진다. 인정받고 싶다면 먼저 인정해주는 훈련부터 해보자. 여기서 너무나 재미있는 사실은 내가 누군가를 인정해주면 상대의 자존감 게이지만 올라가는 것이 아니라 나의 자존감 게이지도 함께 올라간다는 것이다. 자존감의 게이지는 내가 더 나은 사람으로 느껴질 때 올라간다고 한다. 내가 타인을 진심으로 인정하게 되면 나 또한 더 나은 사람이 되는 것이기 때문에, 나의 자존감 게이지도 함께 올라가는 것이다. 다시 매슬로우의 인간의 5대 욕구로 돌아가서 이야기해보자. 매슬로우의 인간의 욕구 5단계 피라미드의 최상위에 있는 것은 "자아실현"이다. 필자가 이 책에서 많이 설명한 것 중 하나는 모든 행복은 자기 내면에 있다고 했다. 그 행복을 위해서 우리는 자신이 원하는 삶을 살아야 하고, 자신이 원하는 모습으로 바꾸어 나가야 한다고 했다. 어쩌면 매슬로우의 인간의 5대 욕구 중 최상위에 있는 자아실현과 그 뜻이 일맥상통하게 된다. 자아실현이란 하나의 가능성으로 잠재되어 있던 자아의 본질을 완전히 실현하는 일을 말한다. 누구나 자신의 내면에 잠든 거인이 있고, 그 거인을 깨우고 거인의 잠재능력을 현실로 실현해 내는 힘을 가지고 있다. 이 노력의 과정에서 우리는 끊임없는 행복감을 느끼게 된다. 분명 우리는 스스로에게 인정받는 삶을 살아야 한다. **결국 스스로에게 인정받을 때 자아는 실현된다.** 스스로에게 인정받기 위한 삶을 살자. 그리고 때로는 조금 못난 모습이라도 스스로를 인정해주고 잘하고 있다고 격려해주자. 이처럼 인정은 주고받는 건강한 순환구조가 되어야 한다. 타인에게 진심을 담아서 인정해주고 스스로에게 인정받는 삶을 살아가자. 그리고 인간의 최상의 욕구인 자아실현을 실현해보자.

 **핵심요약**

인간의 욕구 중 최고의 단계는 자아실현의 욕구이다. 결국 스스로에게 인정받을 때 내면의 잠든 거인이 깨어나고 자아는 실현된다.

피드백

　독자 여러분들과 필자는 진정한 행복을 찾아서 나를 바꾸는 여행을 함께 하고 있다. 그중 "내면"이라는 도시에 도착하여 여러 관광지를 돌아보고 있고, 지금부터 함께할 장소는 동기부여라는 곳에서 피드백이라는 메뉴를 맛보게 될 것이다.

　여러 심리학자들이 인간의 심리를 활용한 동기부여에 관한 전문서적을 세상에 많이 내놓았다. 동기부여에 관한 서적들에서 단골메뉴로 나오는 것이 피드백이다. 인간은 어떠한 것에 동기부여가 되는가? 스스로 간절히 목표를 세우고, 누군가에게 인정을 받고, 삶의 유익함을 발견하는 것 등등, 이 모든 것이 동기부여에 큰 도움이 된다. 하지만 목표, 인정, 유익함 이외에도 동기부여에 가장 크게 영향을 주는 요소는 피드백이다. 우리는 하루에도 누군가와 수많은 피드백을 주고받는다. '피드백과 동기부여가 무슨 상관이 있어?'라고 생각하는 독자가 많을 것이다. 피드백의 사전적 의미는 어떤 진행한 행동이나 반응의 결과를 본인에게 알려주는 것으로 정의된다. 피드백은 상대의 행동과 반응의 결과를 진단해주는 행위를 말한다. 여기서 말하는 진단이란 의사가 병을 진단한다는 내용이 아니라 상대의 행위에 대한 객관적인 자신의 생각을 전달하고 조언을 해주는 것을 뜻한다. 당신은 아마도 어느 조직이나 팀에 속해 있을 것이다. 학생이면 학교에 소속이 되어있을 것이고 직장인이면 회사라는 조직에 소속이 되어있을 것이다. 당신이 어떠한 행위나 업무에 관하여 선배가 객관적인 생각을 말하고 조언을 진심을 담아서 해준다면 당신의 동기부여지수는 어떻게 되는가? 아마도 당신의 동기부여지수는 올라가게 될 것이다. 인간은 누군가에게 평가받는 것을 불편해하지만 그 평가에 대해서는 궁금해한다. 타인이 자신의 모습이나 행위에 대해서 어떻게 생각하고 있는지에 대해 궁금증이 많을 것이다. 이 또한 인간의 본성이다. 피드백 또한 단순히 비난이나 평가수준에 그치는 것이 아니라 진심을 담아서 객관적으로 자신의 생각을 전달하고 조언을 덧붙여 준다면 상대의 의욕지수는 올라가게 될 것이다. 동기부여지수는 의욕지수에 비례한다. 당신의 조직에 함께 몸 담고 있는 후배들에게 진심이 담긴 피드백을 해주라. 그들의 동기부여지수에 변화를 주게 될 것이다.

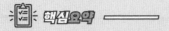

핵심요약 ————

진심이 담긴 피드백은 내면의 동기부여가 되고 의욕지수를 높여준
다.

미래 상상하기

우리 몸속에 기분 좋은 감정을 느낄 때 나오는 대표적인 행복 호르몬 중에는 옥시토신과 세로토닌이 있다. 이 호르몬은 심리적으로 기쁘거나 여유로움을 느낄 때 분비되는 행복 호르몬이다. 누구나 자주 느끼고 싶은 매력적인 호르몬이다. 하지만 옥시토신과 세로토닌보다 더 자극적인 기쁨을 느낄 때 나오는 호르몬이 있다. 이것은 도파민이다. 도파민은 좀 더 자극적인 기분 상태에 폭발적으로 분비가 된다고 한다. 예를 들어 국가대표 운동선수가 올림픽에서 메달을 땄을 때나, 자신이 간절히 원하는 무언가를 달성했거나 이루었을 때 폭발적으로 분비가 된다. 옥시토신과 세로토닌의 행복 호르몬이 중간레벨의 브랜드라면, 도파민은 값비싼 명품 브랜드 같은 것으로 이해하면 쉬울 것이다. 여기서 재미난 사실은 좀 더 자극적이고 흥분된 상태에서 느낄 수 있는 도파민이 미래에 대한 좋은 상상을 할 때도 분비가 왕성히 일어난다는 것이다. 우리의 감정은 과거와 현재의 기억으로만 통제를 받는 것이 아니다. 미래에 대한 상상만으로도 충분히 현재 내가 느낄 수 있는 좋은 감정을 만들어 낼 수가 있다. 당신은 미래를 얼마나 생각하는가? 지금 당신이 걱정하고 두려워하는 거의 모든 감정이 미래로부터 끌어당기는 것임을 알고 있는가? 일어나지도 않는 일들을 상상하고, 걱정하고, 두려워하는 것들이 너무나 많을 것이다. 반대로 당신이 간절히 원하는 목표가 있다면, 그것을 마치 이룬 것처럼 상상한다면 잠시나마 흥분과 기쁨이 이어질 것이다. 이 또한 미래로부터 끌어당긴 감정이다. 이처럼 만일이라는 상상으로 당신의 감정은 기쁠 수도, 두려울 수도 있다. 걱정을 관리하는 걱정관리법에도 능숙해야겠지만, 우리는 기쁨을 관리하는 기쁨관리법에도 능숙해져야 한다.

미래에는 당신이 생각하는 모든 것이 있다. 즉, 미래라는 마트에 장을 보러 간다면, 그곳에는 당신이 상상하는 모든 것이 판매되고 있다고 상상해보자. 그곳에서 당신이 선택한 것을 장바구니에 담아 오게 되고, 그것이 당신의 감정과 삶의 큰 영향을 주게 될 것이다. 당신은 미래라는 마트에 가서 무엇을 선택할 것인가? 적어도 당신이 원하는 것을 마음껏 담아오기 바란다. 그리고 덤으로 도파민이라는 명품 호르몬 또한 함께 얻어오기를 바란다. 이렇듯 당신이 좋은 미래를 상상하는 것만으로도 당신은 삶에 큰 동기부여를 가지게 될 것이다.

핵심요약

성공한 미래를 상상하는 것. 자신이 진정으로 원하는 자신의 미래 모습을 상상하는 것. 이 두 가지의 상상은 당신의 삶에 큰 동기부여가 되어줄 것이다.

결핍 에너지의 역이용

당신에게는 삶의 결핍이 있는가? 아마도 이 글을 읽고 있는 독자들에게도 과거의 결핍 추억이 하나쯤은 존재할 것이다. 그것은 사랑의 결핍이 될 수도 있고, 경제적인 가난으로 인한 결핍이 될 수도 있다. 아마도 인간이라면 누구에게나 있을 것이다. 자신의 결핍 추억을 찾아본다면, 우리는 잠시 과거로의 여행을 해야만 한다. 타임머신을 타고 자신의 과거로 돌아가 보자. 자신의 과거 중 가장 힘들었던 시절로 돌아가 보자. 그 힘든 시절의 자신을 찾아가 보자. 어떠한 원인으로 힘들어하고 날마다 울고 있는지를 보자. 아마도 그 당시의 결핍에는 아픈 상처가 함께 묻어있을 것이다. 누군가에게 복수하고 싶은 마음도 있을 것이고, 힘든 자신을 보며 그 당시의 상처가 다시금 내 마음을 짓누를 수도 있다. 우리의 몸에는 분명 에너지가 끊임없이 흐른다. 인간은 그냥 에너지 덩어리라고 보면 된다. 생각에도 에너지가 흐르고, 우리의 감정에도 에너지가 흐르고, 우리 몸속 모든 기관과 신경에도 에너지가 흐른다. 결핍과 상처에 관한 이야기를 하다가 왜 갑자기 에너지 이야기를 하는지 궁금해질 것이다. 분명 결핍과 에너지에는 밀접한 관계가 있다.

전북 고창의 한 포도밭에서 일어난 실제 이야기다. 전라도의 한 농부가 척박하지도 비옥하지도 않은 평범한 땅을 무려 5년 동안이나 유기농법으로 뒤집고 또 뒤집고 갈아엎으며 땅을 다졌다. 주변 농가에서 그를 미친 사람이라고 손가락질했지만, 그 농부의 의지는 한결같았다. 5년이라는 긴 시간이 흘렀고, 그제야 3,000평 규모의 농장에 고작 10그루의 포도나무만 심었다. 그리고 물을 주는데, 처음에는 뿌리 가까이에 주었고, 그다음에는 뿌리로부터 3m 떨어진 곳에 물을 주었다. 처음에는 물을 바로 공급받지 못한 포도나무들이 시들시들해져 있었다. 농부는 자신의 고집대로 계속해서 뿌리에서 3m 떨어진 곳에 물을 주었다. 어느 날 뿌리가 그곳을 향해 뻗어 나가며 3m 떨어진 곳의 물을 흡수하기 시작했다. 그다음은 5m 떨어진 곳을 향해 계속해서 물을 주었고, 그 포도나무는 또다시 시들시들하다가 어느 날 뿌리가 또다시 5m 떨어진 곳을 향해 뻗어 나가며 5m 떨어진 곳의 물을 흡수하기 시작했다. 농부는 이렇게 1년을 반복하였고, 첫해에 포도나무 한 그루에서만 포도 1,000송이가 싱싱하게 열렸고, 그다음 해는 1,500송이, 그리고 5년 뒤에는 3,000송이, 그리고 2023년에는 4,500송이가 열려서 기네스북에 등재가 되었다. 이것은 우화가 아닌 실제 이야기이다. 한 그루 포도나무에서 4,500송이가 열린 것이다. 기적이 아닌가? 4,500송이의 포도의 크기 또한 도매시장 기준으로 특대 사이즈이고, 품질이나 당도 또한 A++급인 것이다. 이 농부의 포도농법은 단 하나이다. 결핍 농법이다. 뿌리를 향해 바로 물을 공급한 것이 아니라 나무의 생명력을 믿고 그 주변에 물을 주고 오히려 결핍을 통해 뿌리 스스로가 뻗어 나가게끔 유도한 것이다. 3,000평이란 큰 규모의 땅에 단 10그루의 나무만 심었지만, 지금은 길게 뻗은 10그루의 포도나무 가지가 3,000평을 꽉 채우고 있다. 그리고 단 10그루의 포도나무에서 수확되는 포도의 양은 45,000송이나 되는 것이다.

인간의 생명력은 나무보다 더욱 강하다. 필자는 어린 시절 가난이 얼마나 삶을 불편하게 하는지 몸으로 마음으로 경험했기에, 20살이 되어 첫 번째 가진 생각은 부자가 되겠다는 것이었다. 때로는 나태함이 찾아와 나의 성장을 방해할 때는 어린 시절 그 가난함을 기억했다. 그때의 결핍을 되씹고 또 되씹었다. 필자의 과거 결핍 추억은 초등학교 6학년 때였다. 미술 준비물 살 돈을 어머니께 도저히 말할 용기가 나지 않아서 그냥 학교로 갔고, 미술시간이 되자 선생님께서는 학생들의 준비물 준비 여부를 확인하셨는데, 당연히 나는 준비가 안 되었고 결국 복도로 쫓겨났다. 차가운 콘크리트 복도 바닥에 무릎 꿇고 앉아있으면 지나가는 선생님들이 모두가 하나같이 손에 들고 있던 파일철을 나의 머리에 내리치며 지나갔다. 그때의 한 장면이 나에게는 가장 치욕스럽고 가슴 아픈 결핍 추억이다.

결핍은 또 다른 결핍과 상처를 남기기도 하지만, 그 속에는 분노와 독기의 에너지를 품고 있다. 그 에너지를 잘 활용한다면 결핍은 당신의 인생에 큰 밑거름이 되기도 한다. 결핍의 에너지를 잘 활용하라. 당신의 결핍 추억을 되살려보고 그것이 분노가 되었든, 독기가 되었든 그 에너지로 결핍된 포도나무의 뿌리처럼 길게 뻗어 나가라. 기네스북에 오른 포도나무처럼 4,500송이의 싱싱한 포도를 맺는 그 날이 분명히 찾아올 것이다.

핵심요약

과거 당신의 상처나 결핍은 또 하나의 에너지가 되어 당신의 성공의 원동력이 될 것이다.

제4장

삶의 흑과 백은
늘 동반된다

우리의 삶은 늘 흑과 백이 동반된다. 어둠과 밝음이
공존하고, 따뜻함과 차가움이 공존한다. 어둠이
있어야 그 속에서 밝은 빛이 보이고, 차가움 속에서
따뜻함 또한 느끼게 된다.

인간의 양면성

당신의 내면을 바꾸기 위해서는 인간에 대한 이해가 선행되어야 한다. 이 책을 읽는 이유는 나를 바꾸기 위해서다. 나를 바꾸면 내 삶이 행복해진다. 나를 바꾸기 위해서는 나에 대해 이해하는 힘이 필요하다. 당신 또한 결국 똑같은 인간이기 때문에 인간에 대해 이해를 해야만 당신 스스로를 이해하게 된다. 인간은 양면성을 지니고 있다. 우리는 흔히 겉과 속이 다른 사람들에게 실망하기도 하고 때로는 혐오하기도 한다. 하지만 인간이 겉과 속이 다른 것은 어쩌면 인간의 본성이다. 인간의 가장 첫 번째 본성은 이기적이다. 이기적인 본성 때문에 겉과 속이 다른 것은 당연한 일이다. 이것은 사람마다 다른 것이 아니라 인간이라면 똑같은 본성을 지닌다. 하지만 사람마다 주변 환경이나 가치관에 따라 분명 그 차이는 있겠지만. 이기적인 본성은 사라지지 않는다. 인간은 물에 빠지면 스스로부터 챙기게 된다. 매슬로우의 인간의 5대 욕구 중에 첫 번째 욕구가 생리적인 욕구다. 이것은 생존을 위해 철저하게 스스로를 챙기려는 욕구다. 인간은 이기적이다. 이기적인 사람이 나쁜 것이 아니라 인간의 본성이라고 이해해야 한다. 이 때문에 인간은 양면성을 지니고 있다. 겉으로는 친절하고 이타적으로 행동하지만, 속마음에는 이기심으로 가득 차 있다. 만일 누군가 이타심을 잘 실천하고 있다면, 그 사람은 내면에 있는 이기심을 철저하게 통제하고 있는 것이다. 필자가 인간을 이기적이며, 배신하는 것이 어쩌면 당연한 일이고, 양면성을 가진 것으로 표현하는 이유가 있다. 우리는 상대가 선하고, 배려심이 강하고, 친절한 기준을 가지고 사람을 만나기 때문에, 그렇지 못한 현실에 늘 실망하고 상처를 받는다.

당신은 어떠한가? 철저하게 이타적이고, 완벽한 배려심과 친절함을 지니고 있는가? 아마도 이 질문에 멈칫하게 될 것이다. 평소 매너가 좋다가도 술에 취하면 한순간에 변하는 사람도 있고, 자신에게 손해가 발생하게 되면 친절함이 사라지는 사람도 있고, 늘 남을 위한 봉사가 일상이었지만, 자신의 이득이 사라지게 되면 한순간에 그 봉사를 손에서 놓는 사람도 있다. 물론 모든 사람이 그렇다는 것은 아니다. 하지만 우리는 이런 인간의 이기적인 본성과 양면성에 대해 이해하는 것이 중요하다.

상대에 대한 기대치를 낮추면 관계는 더욱 좋아진다. 인간의 양면성이란 누구에게든 존재하기에, 혹시나 당신의 지인 누군가의 양면성이 드러나면 너무 큰 실망은 하지 않기를 바란다. 나도 같은 인간이기에 그와 똑같은 상황이라면 나도 어쩌면 그럴 수도 있겠다는 마음이 필요하다. 물론 법적으로 가야만 하는 큰일들은 법대로 해야겠지만, 하루에 일어나는 소소한 작은 일들에는 인간의 이기심과 양면성을 이해하고 좀 더 넓은 마음을 가지며 살아가는 것이 스스로에게 도움이 된다. **누군가를 믿으면 내 마음이 자유로워지는 것처럼, 상대에 대한 기대치를 조금 더 낮추면 내 마음이 더욱 넓어진다.** 우물에 작은 조약돌 하나 던져도 출렁이는 소리가 우물 안을 진동한다. 하지만 넓은 바다에 아무리 큰 돌을 던질지라도 소리 없이 잠긴다. 내 마음이 넓어지면 주변에서 던지는 돌에 내 마음이 쉽게 요동치지 않는다. 소리 없이 잠긴다. 주변에서 당신에게 아무리 큰 돌을 던질지라도 소리 없이 잠기는 바다와 같은 당신의 내면을 가지기를 소망한다.

핵심요약

인간의 이기적인 본성으로 인해 양면성을 보이는 것은 어쩌면 인간으로서 당연한 모습이다. 이런 이기적이면서 양면성을 지닌 인간의 본성을 이해하고 상대에 대한 기대치를 낮추면 관계는 더욱 좋아진다.

② 상황의 양면성

파티를 잘 즐기는 사람은 많다. 하지만 위기를 잘 극복하는 사람은 흔치가 않다. 우리의 삶도 파티를 즐기는 축복의 순간도 있고, 위기에 직면하는 고난의 시간도 있다. 인생은 흔들리는 추와 같아서 측복과 고난의 순간은 왔다 갔다를 반복한다. 당신이 지금 너무나 행복한 축복의 순간이라면 그다음 찾아올 고난의 시간을 준비해야 한다. 반대로 당신이 지금 고난을 경험하고 있다면, 그다음 축복의 순간을 기대하고 지금의 고난을 잘 극복해야 한다.

앞서 필자가 말한 것처럼, 인생에는 축복과 고난이 반복해서 찾아온다. 축복은 껍질이 너무나 쉽게 벗겨지는 달콤한 것이라면, 고난은 껍질이 너무나 거칠고 딱딱한 것이라 벗겨내기가 너무나 힘든 것이다. 하지만 손에 피가 나고 시간이 걸리더라도 그 거칠고 딱딱한 껍질을 벗겨내면 그 속에는 또 다른 축복이 들어있다. 축복과 고난의 차이는 껍질의 차이일 뿐이다. 껍질을 까고 나면 똑같은 축복이 들어있다. 결국 당신이 껍질을 까는 일을 포기하지 않는다면 우리의 삶에는 축복만이 존재하게 될 것이다. 당신이 지금 무언가의 문제에 직면해 있는가? 고난처럼 느껴지는 삶의 버거움이나 어려움을 겪고 있는가? 누군가와 다툼이나 금전적인 문제로 힘들어하고 있는가? 취업을 준비하는 데 뜻처럼 잘 풀리지가 않는가? 사랑하는 사람과 멀어지는 아픔을 겪고 있는가? 이 모든 것을 껍질이 거칠고 딱딱한 축복이라고 생각하자. 당신이 그 껍질을 벗겨내는 것에 포기만 하지 않는다면, 그다음은 축복을 맞보게 된다. 우리의 삶 속에는 양면성이 늘 함께 존재한다. 순자의 말처럼 늘 흑과 백이 동반된다. 어둠이 있어야 밝은 별 하나가 빛나 보이고, 추운 겨울에만 따뜻함을 느낄 수가 있다. 이렇듯 우리의 삶에는 늘 상황의 양면성이 동반된다. 당신이 지금 축복을 맞보고 있다면, 그다음의 고난을 준비해야 하고, 당신이 지금 고난을 이겨내고 있다면, 그다음의 축복을 기대할 수 있어야 한다. 당신의 내면에 삶의 양면성을 인지한다면, 인생에는 두 가지 축복만이 존재한다는 것을 깨닫게 될 것이다.

우리의 삶에는 상황의 양면성이 늘 존재한다. 축복은 껍질이 너무나 쉽게 벗겨지는 달콤한 것이라면, 고난은 껍질이 너무나 거칠고 딱딱한 것이라 벗겨내기가 너무나 힘든 것이다. 하지만 손에 피가 나고 시간이 걸리더라도 그 거칠고 딱딱한 껍질을 벗겨내면, 그 속에는 또 다른 축복이 들어있다. 겹 껍질을 까는 일을 포기하지 않는 다면, 결국 우리의 삶에는 축복만이 존재하게 된다.

위기 대처법

앞장에서 우리의 삶에는 위기와 기회가 동반됨을 알게 되었다. 작은 성공을 맛본 사람들이 그 성공을 지속하지 못하고 무너지는 이유는 위기에 잘 대처하지 못해서다. 그럼 위기는 어떻게 대처해야 하는 것인가?

가장 **첫 번째는 위기를 인식해야 한다.** 위기에서 무너지는 사람들의 특징 중 하나는 자신의 위기를 위기로 인식하지 않는 것이다. 자신의 위기를 부정하는 것이다. 그러다 더 큰 위기가 오면 한 번에 무너지게 된다.

두 번째는 위기를 극복하기 위한 방법을 설계해야 한다. 이것을 위해서는 주변의 동일한 경험이 있는 사람들을 찾아가 조언을 구하고 도움을 요청하는 것이 좋다. 이때 조심해야 할 것은 경험이 없는 사람들에게 조언을 듣는 일이다. 세상에서 가장 위험한 조언은 경험이 없는 사람으로부터 듣게 되는 조언이다. 자신이 믿고 의지하는 스승이나, 자신이 겪고 있는 것과 같은 위기를 극복한 경험이 있는 사람에게 조언과 도움을 요청해야 한다.

세 번째는 설계된 방법론을 실행하는 것이다. 백문이 불여일견이고, 백견이 불여일행이다. 실천해야 한다. 주변 사람들 중 필자에게 찾아와 자신의 위기를 극복할 수 있는 지혜와 방법론을 진지하게 듣고는 실천하지 않은 지인도 있었다. 해결은커녕 더 큰 위기 속에서 허덕이는 모습을 보면서 참 한심하다는 생각이 들었었다. 방법을 알면서도 실천하는 과정이 힘들고 귀찮아서 실행하지 않는 루저들이 너무나 많다. 더 큰 위기가 와서야 움직이고, 현실에 타격을 제대로 받아야만 그제야 마지못해서 움직이는 루저가 너무나 많다. 실행이 답이다. 당신의 인생에 위기가 닥쳐오면 그 위기를 인식하여 방법을 찾고 행동하는 3가지 원칙을 실행해보자. 그 위기는 생각보다 빠르게 극복되고 그다음의 기회를 맞이하게 될 것이다.

필자가 마음속 깊이 새겨두고 실천하는 것이 있다. 필자만의 실천 루틴을 독자 여러분들과 나누고 싶다.

위기를 극복하기 위한 마인드셋 3가지
1) 그것을 인정하고
2) 그것에 감사하고
3) 그것을 기회로 삼는 것

모든 일에 적용되는 말이다. 위기라는 것에 적용을 시킨다면, 자신의 위기를 인정하고 ⇒ 위기에 감사하며 방법을 찾고 ⇒ 그 방법을 실천하여 위기 속에 또 다른 기회를 찾는 것!

인정! 감사! 기회!의 법칙을 외워두고 당신의 모든 삶에 적용하여 당신이 누릴 행복을 잘 챙겨 가기를 바란다.

핵심요약 ────────

위기에 잘 대처하면 또 다른 기회를 만나게 된다.

위기를 극복하기 위한 행동 3가지를 기억하자!
인식 -> 방법설계 -> 실행

위기를 극복하기 위한 3가지 마인드셋을 기억하자!
인정! 기회! 감사!

기회 활용법

독자 여러분들은 기회란 무엇이라고 생각하는가? 우리는 흔히 기회라고 하면 선물 같은 무언가를 떠올린다. 기회는 단지 시기나 상황을 말한다. 당신이 무언가를 할 수 있는 시기나 상황을 말하는 것이다. 기회는 선물과 달라서 받기만 하는 것이 아니다. 기회가 왔을 때 우리가 과감하게 무언가를 해야만 기회가 선물이 될 수가 있다. 다시 말해 **기회란 당신이 과감하게 무언가를 할 수 있는 적절한 타이밍을 말하는 것이다.** 살면서 한 번쯤은 들어봤을 만한 퀴즈를 내보겠다.

신이 주신 최고의 선물 3가지는 무엇이라고 생각하는가? 1) 황금 2) 소금 3) ○○. 이 세 가지 중 3번에 들어갈 정답은 무엇이라고 생각하는가?

정답은 지금이다. 지금이라는 시간은 어쩌면 황금보다 귀하다. 지금이라는 시간은 내가 삶을 온전히 느낄 수 있는 유일한 시간이다. 또한 내가 유일하게 통제가능한 시간이다. 과거는 이미 지나가 버렸고, 미래는 아직 오지 않았다. 오직 지금만이 내가 느끼고 통제하고, 내가 선택한 행동들로 채울 수 있는 귀한 시간이다. **기회는 타이밍이라고 했다. 당신의 삶에서 과감하게 무언가를 할 수 있는 가장 좋은 타이밍은 바로 지금이다.** 지금만이 당신이 역전할 수 있는 유일한 시간이다. 지금이라는 시간은 늘 번개처럼 지나가서 준비되어 있지 않으면 잡을 수가 없다. 준비된 마음으로 늘 지금이라는 시간을 소중히 여겨라. 어제 죽은 사람에게는 지금이란 없다. 지금이라는 시간은 오직 생명을 가진 사람, 그중에도 생각이 지금에 집중되어 있는 사람에게만 주어지는 귀한 시간이다. 무엇을 해야 한다면 지금 하라. 내일 하겠다는 말은 하지 않겠다는 말과 같다. 기회는 오직 지금뿐이다. 지금 하라. 지금 당장 하라. 지금의 시간을 농도 있게 보내야 한다. 미래는 지금의 시간이 쌓여 만들어진 작품이다. **과거보다 더 나은 미래를 원하는가? 그렇다면 지금이라는 시간이 미래를 역전시킬 수 있는 최고의 기회라고 생각하고 지금에 승부를 걸어라!** 이것이 기회를 활용하는 최고의 방법이자 유일한 방법이다.

얼마 전 유재석 씨가 한 TV 프로그램에서 이런 이야기를 한 적이 있다. 함께 방송을 많이 하는 방송인 하하 씨가 이런 질문을 했다. "재석이 형은 하나의 프로그램을 오랜 시간 동안 하면서 최고의 시청률로 이끌어가고 있는데, 그 노하우가 뭐야?"라고 물으니, 유재석 씨가 말했다. "프로그램을 이끌다 보면 시청률이 올라갔다 내려갔다 하는데, 주변에서 말들이 참 많다. 어쩌면 너무나 당연한 반응들이다. 하지만 내가 그 주변 상황이나 말들에 휘둘리지 않고 지금에 충실한 것이 나의 가장 큰 루틴이자 노하우인 것 같다."라고 말했다. 지나고 나면 늘 기회의 순간이었던 것 같다고 고백하면서 자신이 그 기회를 잘 잡는 유일한 방법은 매 순간 지금이라는 시간에 나의 최선을 다하는 것이라고 말했다.

미련한 사람은 과거에만 집착하고, 지나친 허상에 빠져 사는 사람은 미래에만 집착하고, 가장 현명한 사람은 지금에 최선을 다한다. 독자 여러분들에게도 기회는 지나간 것이 아니고, 저 멀리 있는 것도 아니다. 바로 지금이라는 시간에 늘 나의 주변을 둥둥 떠다니며 배회하고 있다. 정신 바짝 차리고 지금이라는 시간에 집중하여 그 기회를 잡는 데 최선을 다하기를 바란다.

 **핵심요약**

기회는 타이밍을 말한다. 삶에 가장 적당한 타이밍은 바로 지금이다. 지금에 승부를 거는 사람에게 성공되는 미래가 보장된다.

인생은 굴곡과 패턴의 연속이다

"당신의 내면은 안녕하십니까?" 어느 광고 하나를 카피해 보았다. 우리는 우리의 내면을 잘 들여다보지 않는다. 그럴 여유가 없어서 그런 것인지, 우리에게 내면이 있다는 사실조차도 모르고 살아간다. 하지만 우리는 우리의 내면을 마치 당신이 가진 것 중 가장 중요한 방이라 생각하고 점검해야 한다. 우리의 내면은 외부의 현상들에 영향을 받게 된다. 내가 아는 분 중에는 한국사 스타강사로 유명한 전한길 선생님이 계신다. 물론 서로가 자주 연락하는 그런 사이는 아니다. 필자는 지금까지 여러 가지 일에 도전하면서 살아오는 동안 전한길 선생님의 삶의 태도를 본받고 살아왔다. 필자가 고등학교 시절 추운 겨울날로 기억이 된다. 그 당시 전한길 선생님은 대구 중앙로 어느 한 횡단보도 앞에서 길을 건너는 행인들에게 전단지를 직접 나누어 주며 자신의 강의를 홍보하고 계셨다. 그 때의 행인 중 한 명이 필자였는데, 그냥 지나가는 것이 미안하여 전 단지를 받고서는 아무런 생각 없이 그 전단지를 가방 속에 넣어두 었다. 그런데 얼마 후 친구들과 우연하게도 그 학원을 방문하여 선 생님의 강의까지 등록하게 된 것이다. 그 당시 나는 고등학교 1학년 이었고, 전한길 선생님의 강의실은 학원에서 가장 작고 허름한 곳 이었다. 얼추 봐도 10명도 채 되지 않은 학생들이 첫 강의를 들었 고, 시간이 지나면서 전한길 선생님의 진심과 열정이 느껴져서인지 학생들의 입소문을 타기 시작했고 수강생들은 계속해서 늘어났다. 그렇게 시간이 흘러 고3 때까지 전한길 선생님의 강의를 들었다. 그 런데 어느 날 선생님께서 수능을 앞두고 특강을 해주시겠다며 학 생들에게 꼭 참석하라고 당부까지 하셨다. 특강하는 날에는 300석 이 넘는 강의실이 꽉 찼고, 4시간이라는 긴 시간 동안 선생님은 학 생 모두를 몰입하게 만드셨다. 그리고 강의가 끝나기 마지막 10분 을 앞두고 정중한 자세로 학생들에게 진심이 담긴 말을 전했다.

"4시간 동안 제 강의에 집중해주셔서 진심으로 감사드립니다. 이 자리에는 제자 여러분과 함께 4시간 동안 자리를 지켜주신 분 들이 계십니다. 저의 아버지와 어머니이십니다."

모두가 뒤돌아보았고, 정말로 할아버지와 할머니 두 분이 맨 뒷 좌석에 앉아 계시는 것이었다. 다시 전한길 선생님의 말씀이 이어졌 다. "제가 지금까지 부모님의 속을 참 많이 썩혀드렸습니다. 불과 2 년 전까지만 해도 우리 학원에서 가장 작은 창고를 개조한 강의실에서 시작했지만, 지금은 가장 큰 강의실에서 강의를 하고 있습니다. 이런 아들의 모습을 부모님께 보여드리고 싶었습니다. 제자 여러분과 저를 끝까지 믿어주신 우리 부모님께 큰절을 올립니다."라며 큰절을 하시는 것이 아닌가. 모두가 어쩔 줄 몰라 하는 표정으로 박수를 쳤고 그렇게 마무리가 되었다. 그것이 전한길 선생님을 직접적으로 본 마지막 모습이었다. 그리고 필자가 수능시험에서 유일하게 만점을 받은 과목이 전한길 선생님께 배운 사회탐구 과목이었다. 지금은 방송에서 흔히 볼 수 있고, 유튜브에서도 구독자 수가 많기로 소문난 스타강사가 되셨다.

누구나 자신의 삶 속에 굴곡이 있다. 잘될 때도 있고, 때로는 벼랑 끝에 몰릴 때도 있다. 그리고 일정한 패턴을 반복하며 삶은 계속된다. 전한길 선생님의 삶 또한 우여곡절이 참 많았을 것이라고 생각했다. 고등학교 시절, 비록 삶의 경험은 없었지만, 필자는 그분의 표정과 말투와 눈주름 속에 그분의 삶의 굴곡이 느껴졌었다. 그리고 거친 패기 속에서도 바른 자세를 잃지 않는 모습이 감명 깊었었다. 지금까지도 선생님의 삶의 굴곡은 지속되고 있을 것이다. 필자의 삶도, 이 글을 읽고 있는 독자 여러분들의 삶도 마찬가지일 것이다. 당신의 삶의 굴곡과 패턴은 어쩌면 당연한 자연의 섭리일 것이다. 살면서 좋은 일만 있기를 기도하지 마라. 좋지 않은 일에 굴복하지 않고 일어서는 힘을 달라고 기도하라. 최고의 자리에 있는 사람들은 인생의 굴곡이 없어서 그 자리에 있는 것이 아니다. 그 굴곡에 넘어지지 않고 그 굴곡의 리듬을 타고 자신의 길을 묵묵히 걸어온 결과물이다. 독자들도 인생의 굴곡에 넘어지지 말고 그 리듬감으로 당신의 가고자 하는 종착역에 도착하기를 바란다.

핵심요약

누구에게나 삶의 굴곡과 패턴이 있다. 모든 성공은 끝에 존재한다. 스스로가 끝이 아니라고 하면, 당신의 성공은 아직 당신을 기다리고 있을 것이다.

옳은 방식이 어둠을 밝힌다

모든 인간은 자신의 분야에서 인정받기를 바란다. 인정을 받기 위해서는 일 처리도 빠르게 그리고 잘해야 한다. 즉, 일을 잘하는 사람은 인정받는다. 하지만 그 인정이 오래가기 위해서는 결과뿐 아니라 과정도 옳아야 한다. 결과는 작은 성공을 만들지만, 그 성공을 오랜 시간 동안 지속하는 힘은 올바른 과정에서 나온다. 사람도 마찬가지다. 요즘은 아이돌부터 배우까지 반짝이는 연예인들이 너무나 많다. 하지만 결국 좋지 못한 인성에서 무너진다. 결과물이 좋아서 세상으로부터 잠시 스타가 될 수는 있어도 꾸준한 인기를 지속하는 힘은 그 사람의 좋은 인성에서 나온다. 자신의 직업 앞에 국민이라는 타이틀을 가지려면 결과뿐 아니라 과정도 좋아야 한다. 그 올바른 과정은 분명 좋은 인성에서 나온다. 성공을 지속하기 위해서는 왜 과정이 옳아야 할까? 과정이 옳지 못하면 그 성공은 그 언젠가 탈이 난다. 화려한 장식을 한 고급 음식일지라도 유통기한이 지나 내용물이 부패해 있다면 그 음식을 먹은 사람은 그 언젠가 탈이 난다. 즉, 결과만큼 내용물도 건강해야 그 성공이 지속된다.

몇 년 전 발생한 코로나를 떠올려 보면, 모두가 처음 겪는 고난과 시련의 시간이었을 것이다. 필자의 경우도 마찬가지였다. 필자가 운영하는 사업장을 방문하는 고객이 하루에 3팀도 안 되는 날이 연속되었고, 주변 상가들이 하나둘씩 문을 닫기 시작했었다. 그 당시 직원들을 권고사직시키고 문을 닫는 것이 손해를 가장 많이 줄일 수 있는 유일한 방법이었다. 그 당시 필자는 조금 다르게 대응했다. 직원들에게 단 한 명도 권고사직을 시키지 않겠다고 약속하면서 매일 우리가 하듯이 똑같이 최선을 다하자고 말했다. 거리에는 개미조차 한 마리 볼 수 없었지만, 텅 빈 거리를 무시하고 아침 청소를 그 어느 날보다 열심히 했다. 아침저녁으로 소독을 하면서 눈에 보이지도 않는 코로나균과 전쟁을 하며 지냈다. 그렇게 몇 달을 보내자 정부에서는 지쳐만 가는 국민들에게 재난지원금을 지급해주었고, 그 이후 매장의 매출이 탄력을 받고 다시 올라가기 시작했다. 어느새 기록적인 매출까지 달성하게 되어 직원 모두에게 상여금을 주는 등 하루하루를 잘 보낼 수가 있었다. 일에 있어서 옳은 방식이란 특별난 것이 아니다. 늘 하던 자신의 올바른 루틴을 잘 지켜나가는 것이다. 코로나 이후 방문하는 고객님들은 모두가 기억하고 있었다. 차를 타고 지나가다가 길가에 아무도 없는 매장 앞을 아침마다 열심히 쓸고 닦는 모습에 감동을 받았다는 것이었다. 우리가 늘 하던 올바른 루틴을 잘 지켜나가는 것이 어쩌면 나의 일에 가장 옳은 방식이 되어준다. 그리고 그 언젠가 최고의 결과물을 만들어 주는 최고의 올바른 과정이 되어준다. 당신이 지금 어둠의 터널을 지나가고 있다면 기억하라. 당신이 해오던 올바른 루틴을 묵묵하게 해나가라. 터널의 끝은 빛의 시작이다. 당신을 전진하게 하는 것은 특별한 기술이 아니라 당신이 늘 해오던 올바른 루틴이 결국 당신을 터널의 끝으로 이끌어 주게 된다. 그리고 새로운 빛으로 도달하게 한다.

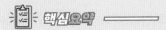
핵심요약

우리가 늘 하던 올바른 루틴을 잘 지켜나가는 것이 어쩌면 나의 일에 가장 옳은 방식이 되어준다. 그리고 그 언젠가 최고의 결과물을 만들어 주는 최고의 올바른 과정이 되어준다.

감사의 흑과 백

필자가 나를 바꾸기 위한 여러 방법을 제시하면서 가장 많이 등장한 단어가 감사일 것이다. 우리가 오늘 하루 습관처럼 수없이 감사를 외치지만, 그 안의 농도를 체크해볼 필요가 있다. 감사는 우리의 고마운 감정을 표현하는 것이다. 즉, 감사에는 감정이 들어가야 한다. 감정이 없는 껍데기기만 있는 감사는 상대에게 조금도 전달되지 않는다. 사소한 감사라 할지라도 그 말에 진심을 담아서 표현해야 한다. 칭찬에 진심이 담기지 않으면 상대방에게는 아부로 받아들여지게 되고, 감사에 진심이 담기지 않으면 상대에게는 고마움이 아닌, 당연함으로 받아들여지게 된다. 반대로 칭찬에 진심이 담기면 상대의 자신감을 높여줄 수가 있고, 감사에 진심을 담으면 상대의 자존감을 높여줄 수가 있다. **감사의 표현에도 흑과 백이 있다.**

내가 표현하는 감사가 상대에게는 어둡게만 느껴질 수도 있고, 밝은 빛으로 보여질 수도 있다. 진심은 늘 그 표현의 가치를 높여준다. 어떠한 표현이라도 자신의 마음을 담아서 진심으로 표현해보자. 이것은 우리 내면의 달콤한 치즈케이크 한 조각을 떼어서 주는 것과 같다. 신기하게도 떼어낸 치즈케이크는 상대방의 따뜻한 눈빛 하나로 다시 채워진다. 누군가에게 받은 도움이 아무리 사소하고 작은 것일지라도 진심을 담아서 감사표현을 해보자. 당신의 밝은 빛을 지닌 감사표현 하나가 상대의 행복지수를 드높이게 할 것이다. 당신의 감사는 어두움을 지니고 있는가? 밝은 빛을 띠고 있는가? 그것은 당신의 진심을 담느냐? 담지 못하느냐에 달려있다!

핵심요약

감사에는 진심이 담겨야 한다. 진심이 담긴 감사는 상대방과의 관계가치를 높여준다. 감사에 진심을 담는 방법은 감사의 이유를 달아서 하는 것이다. 지금 당장 누군가에게 감사의 이유를 달아서 감사표현을 해보라. 분명 상대방의 감동받은 눈빛을 보게 될 것이다.

제5장

인내의 정석

절제 성공학

수년 전에 가수 비가 TV 프로그램에서 자신의 성공에 대해 이야기하는 것을 들었다. 자신이 가수라는 치열한 분야에서 최고의 자리까지 올라갈 수 있었던 것은 남들보다 절제를 잘했기 때문이라고 했다. 그는 자신이 읽은 후 감동받은 인생 책 중에서 미즈노 남보쿠가 쓴 《절제의 성공학》이라는 책을 추천했다. 독자 여러분들 중 성공을 꿈꾸는 이가 있다면 꼭 이 책을 읽어 보기를 권한다. 이 책의 핵심내용은 성공을 위한 가장 중요한 덕목을 자기 절제라고 말한다. 필자는 이 말에 매우 공감한다. 여기서 필자의 생각을 덧붙이자면, 절제 없는 자유는 존재하지 않는다. 당신은 그것을 절제할 수 있어야 그것으로부터 자유로워질 수가 있다는 것이다.

술을 절제할 수 있다면 술로부터 자유로워질 수가 있고, 담배를 절제할 수 있다면 담배로부터 자유로워질 수가 있고, 소비를 절제할 수 있다면 돈으로부터 자유로워질 수가 있고, 식욕을 절제할 수 있다면 음식으로부터 자유로워질 수가 있고, 작은 화를 절제할 수 있다면 더 큰 화로부터 자유로워질 수가 있다.

우리 주변에 참 재미난 사람들이 많다. 술을 절제하지 못해 늘 술에 취해 살면서 인생이 괴롭다고만 하고, 자신이 마시는 술에 구속되어 살아가는 것 또한 모른 채 살아간다. 인생이 괴로워서 술을 마시는 것이 아니라 술을 절제하지 못해 괴로운 것이고, 그로 인해 술로부터 자유롭지 못한 삶을 살고 있는 것이다. 그렇다고 이 시대의 모든 애주가들을 비난하는 것은 아니다. 술을 절제하지 못하면 술에 구속되어 사는 것을 알아야 한다는 것이다. 우리는 끊임없이 자유를 갈망하면서 작은 욕망 하나는 절제하지 못한다. 자유는 절제로부터 얻어진다는 것을 알아야 한다. 필자의 경우도 담배를 끊은 지 벌써 20년이 넘었다. 필자의 경험상 하루에 피우는 담배 중 식사 후나 일과 후에 피우는 몇 개 피 빼고는 내가 피우는 담배로 그다지 큰 행복감을 느끼지 못했다. 아마도 이것은 담배를 피우는 거의 대부분의 독자들은 공감할 것이다. 그 몇 개를 절제하지 못해서 나머지 많은 양의 담배를 습관적으로 피우게 된다. 끊어야지 하면서도 끊지 못하는 자신을 늘 한탄하며 산다. 필자도 똑같이 그런 일상의 연속이었다. 담배를 끊고 난 후 가장 좋았던 점은 담배로부터 자유로워진 기분이었다. 절제를 통해 얻게 된 자유인 것이다. 인생을 자유롭게 살고 싶다면 절제하는 힘부터 길러야 한다.

절제는 단순히 무언가를 하지 않는 것을 말하는 것이 아니다. 자신이 진정 좋아하는 것을 멈출 수 있는 것을 말한다. 자신이 게임 때문에 새벽까지 잠을 못 자고 있다면 스스로가 아무리 좋아하는 것일지라도 멈출 수가 있어야 한다. 다이어트 때문에 늘 고민인 사람이 설탕이 가득히 들어간 도넛을 너무나 좋아한다면 먹고 있는 그 도넛을 멈출 수가 있어야 한다. 그것이 진정한 절제이다. 정말 좋아하지만 멈출 수 있는 것, 그것이 진정한 절제이고, 절제하는 힘이 길러지면 그때부터는 진정한 자유를 누릴 수가 있게 된다. 성공도 자유도 이 모든 것이 당신의 절제에서부터 시작된다. 성공하고 싶고 자유롭고 싶다면 절제하는 힘부터 길러라.

핵심요약

모든 성공은 절제로부터 시작된다. 모든 행복도 절제로부터 시작된다. 모든 자유도 절제로부터 시작된다. 결국 절제를 잘하는 사람이 성공도, 행복도, 자유도 쟁취할 수 있게 되는 것이다.

인내가 성공을 완성 시킨다

어느 광부가 병이 들어 죽기 전에 자신의 재산을 두 아들에게 물려주게 되었다. 큰아들에게는 가업인 광산을 물려 주었고, 작은 아들에게는 현금 100만 달러를 물려 주었다. 광산을 물려받아 가업을 이어받게 된 게으른 큰아들은 늘 불만투성이였다. 그럼에도 불구하고 1년 동안 자신이 물려받은 광산에서 금을 캐려고 노력했지만, 끝내 금을 발견하지 못하고 절망에 빠져있었다. 반면 작은아들은 물려받은 재산을 저축해두고 자신의 작은 농장을 성실히 돌보고 있었다. 어느 날 형이 동생을 찾아가 자신의 광산을 100만 달러에 팔겠다고 제안했다. 성실하고 착하기만 했던 동생은 형의 제안을 받아주었고, 동생은 광산으로 가서 가업을 이어받게 되었다. 반면 형은 동생에게 받은 100만 달러로 술과 도박으로 모두 탕진할 만큼 유흥에 젖어 살았다. 동생이 형으로부터 받은 광산에서 금을 캐기 시작한 지 한 달이 되자 금이 쏟아져 나왔다. 아버지가 살아생전에 열심히 파놓은 것과 형이 1년 동안 파놓은 것 때문에 얼마 지나지 않아 금이 쏟아져 나온 것이다. 그렇게 동생은 마을에서 가장 큰 부자가 되었고, 반면 형은 동생에게 받은 100만 달러를 모두 술과 도박으로 탕진해버렸다. 여기서 형과 동생의 차이는 무엇일까? 어떠한 차이 하나가 부자 인생과 빚쟁이 인생이란 두 갈래 길로 나눠지게 했을까? 과연 형은 술과 도박 때문에 빚쟁이가 되었을까? 동생은 과연 좋은 운 하나로 부자가 되었을까? 필자는 술과 도박이 형을 빚쟁이로 만든 것도 아니고, 좋은 운 하나가 동생을 부자로 만든 것도 아니라고 생각한다. 형과 동생의 차이는 단 하나이다. 인내심이다. 형에게는 인내심이 없었고, 동생에게는 인내심이 있었다. 아마도 동생이 광산의 일을 맡아서 할 때에 한 달 만에 금이 발견되지 않았더라도 계속해서 금을 캐기 위해 노력했을 것이고, 1년이 지나고 3년이 지나고 10년이 지나도 자신의 일을 멈추지 않았을 것이다. 형은 안 되면 포기를 했고, 동생은 될 때까지 포기하지 않았다. 결국 무엇을 해도 동생은 부자가 되었을 것이고, 형은 빚쟁이가 되었을 것이다. 성공은 넓이의 싸움이 아니라 깊이의 싸움이다. 얼마만큼 많은 일을 하느냐가 중요한 것이 아니라 얼마만큼 한 가지 일을 깊이 있게 팔 수 있는지의 싸움이다. 요즘 젊은 청년들은 "하면 된다."의 정신이 아니라 "되면 한다."의 정신으로 무장을 한다. 즉, 될 때까지 하는 것이 아니라 가능성이 보여야 하고, 결과물이 바로 나타나지 않으면 금세 포기한다. 그리고 또 다른 가능성이 보이는 일을 찾는다. 그리고 또다시 포기하고 또 다른 가능성이 보이는 일을 한다. 자신이 지나온 길을 되돌아보면 파다가 포기한 웅덩이가 한둘이 아닐 것이다. 성공은 우물을 파는 게임과 같다. 한곳을 정하고 그곳에 물이 나올 때까지 판다면 물은 나온다. 그리고 자신이 판 우물로 평생을 먹고 살게 된다. 필자는 이것을 "성공의 우물이론"이라고 부른다.

인내는 단순히 지금을 참는 것을 말하는 것이 아니다. 남들보다 조금 더 참는다고 인내심이 있다고 말할 수는 없다. 진정한 인내는 자신이 정한 목표를 이룰 때까지 지속하는 힘을 말한다. "되면 한다."란 말도 너무나 달콤한 말이지만 그것은 진리가 아니다. "하면 된다."란 말이 더욱 진리에 가깝다. 당신이 원하는 무언가가 있다면 그 목표를 이룰 때까지 지속하라. 그것이 진정한 인내이고, 당신의 성공을 완성시켜 주는 유일한 방법이다.

핵심요약

인내가 있는 사람은 될 때까지 하고, 인내가 없는 사람은 안 되면 포기한다. 결국 인내가 있는 사람이 성공을 이룬다.

시간의 힘

신으로부터 받는 선물 중 가장 공평한 것은 하루 24시간이다. 부자이든 가난한 자이든, 똑똑한 자이든 덜 똑똑한 자이든 모든 인간에게는 하루 24시간이 주어진다. 누구나 24시간이라는 시간을 제공받고 하루를 살아간다. 우리가 아무 생각 없이 보내는 시간이라는 자원이 죽음을 앞둔 사람에게는 돈보다 더 귀한 자원이 될 것이다. 우리는 언젠가 죽는다. 죽음으로부터 자유로운 사람은 존재하지 않는다. 우리의 생명은 유한하다. 100년이 채 안 되는 시간 안에 우리는 죽는다. 생명이 유한하다면 시간은 생명을 뜻한다.

지금이라는 우리의 시간은 어쩌면 우리 생명의 한 조각이 된다. 시간은 당신의 생명의 한 조각이다. 가난한 자는 돈을 더욱 귀하게 여기고, 부자는 시간을 더욱 귀하게 여긴다. 가난한 자는 자신의 시간으로 돈을 벌고, 부자는 자신의 돈으로 시간을 산다. 당신이 지금 열심히 일하고 돈을 버는 이유는 그 언젠가 좀 더 자유로운 시간을 확보하기 위해서일 것이다.

시간은 귀하다. 분명 돈보다 가치가 높다. 시간은 우리의 제한된 생명의 조각이기 때문에 시간은 돈보다 가치가 높다. 주변의 모든 성과물에는 시간이 필요하다. 당신의 마음이 늘 조급한 것은 시간이라는 자원을 투자하지 않거나 쓸데없는 것에 시간을 낭비해서 무언가에 도달하기까지 시간이 부족하기 때문이다. 시간은 때로 우리를 코너에 몰아붙이고, 조급하게 하고, 불안하게 하기도 한다. 하지만 신이 주신 시간의 기능에는 상처를 치유해주고 관계를 회복시켜주는 좋은 치료약이 되어주기도 한다.

농부가 열매를 수확하기까지 씨앗을 심고 물을 주는 것만이 일의 전부가 아니다. 가장 중요한 것은 기다림이라고 한다. 기다림에는 시간이 필요하다. 우리의 삶에도 무언가를 수확하기까지 여러 노력들도 필요하지만, 주된 노력은 시간을 두고 기다리는 것이다. 우리는 기다리는 시간을 불편해한다. 부동산으로 큰 부를 이루어낸 부자들에게도 가장 큰 기술이 무엇이냐고 물으면 단연 기다림이라고 한다. 기다릴 줄 알아야 투자의 타이밍을 읽을 수가 있다. 시간에 쫓기는 사람들은 늘 손해 보는 거래를 하게 된다. 반면에 시간을 두고 기다릴 줄 아는 사람은 늘 유리한 거래를 하게 된다. 시간을 잘 활용하는 사람이 결국 갑의 인생을 살게 된다. 그렇다고 시간을 마냥 느긋하게 사용하라는 말이 아니다. 더 나은 타이밍을 위해 참고 기다릴 수 있는 인내심을 기르라는 말이다. 인내심이 강한 사람들은 시간의 힘을 믿는다. 챌린지 100 프로그램도 반복되는 행동과 100일이라는 시간을 투자해서 자신을 바꾸는 프로그램이다. 챌린지 100을 수행하는 챌린저들도 자신이 투자하는 시간의 힘을 믿는다. 필자 또한 100일 동안 아들에게 100통의 편지를 쓰는 것에 성공한 것도 내가 투자하는 시간의 힘을 믿었기 때문에 가능했던 일이다. 이 책 또한 챌린지 100으로 하루 5페이지씩 글을 쓰고 있다. 100일이 지나면 이 책의 원고는 완성이 되어있을 것이다. 100일 동안 반복되는 나의 행동과 투자한 나의 시간을 믿는다. 무언가를 얻기 위해서는 자신의 생명과도 같은 시간의 힘을 믿어야 한다. 당신이 무언가에 시간을 투자한다면, 그것은 당신의 생명을 투자하는 것과 같다. 지금부터 당신의 시간을 의미 있는 곳에 투자를 하고 그 시간의 힘을 믿기 바란다.

핵심요약

시간은 나의 생명의 한 조각임을 기억해야 한다. 시간이 없다고 늘 핑계 대는 사람은 시간이 없는 것이 아니라 생명과도 같은 시간을 엉뚱한 곳에 허비하고 있기 때문이다.

반복의 힘

같은 행동을 반복하게 되면, 우리 뇌에서는 무의식에 기억을 시킨다. 처음에 의식적으로 시작된 반복적인 행동이 무의식 행동으로 발전된다. 이것은 습관으로 자리 잡게 되고, 우리가 의식하지 않더라도 규칙적인 시간에 규칙적인 행동을 하게 된다. 우리의 반복되는 행동이 습관을 만들게 되지만, 결국 그 습관이 또 다른 우리를 만든다. 습관이 우리의 행동을 지배하게 된다는 말이다. 당신이 만약 결혼을 앞두고 있다면, 당신은 예비 배우자의 배경보다 더욱 섬세하게 살펴야 할 것은 그의 습관이다. 결혼생활은 매일 같은 공간에서 이야기를 하고, 식사를 하고, 잠을 자는 행위이다. 매일 마주 보는 배우자의 습관은 분명 자신의 삶에도 커다란 영향을 끼치게 된다. 생각보다 수많은 돌싱들은 배우자의 잘못된 습관을 이혼

사유로 꼽기도 한다. 이때의 잘못된 습관은 말 그대로 버릇을 말한다. 말버릇, 술버릇, 잠버릇, 대화버릇 등등 쉽게 바뀌지 않는 모습에 상처를 받고 결국 이혼을 선택한다. 이처럼 우리의 습관은 좋은 만남을 만들어 주기도 하고, 서로에게 상처를 남기고 헤어짐을 선택하게 만들기도 한다.

반복은 습관을 만든다. 생각에도 습관이 있다. 같은 생각을 반복적으로 하면 그 생각은 습관으로 자리 잡게 된다. 그래서 주변 사람들을 살펴보면, 매사에 긍정적인 사람은 똑같은 문제에 직면했을 때 그 문제를 긍정적으로 받아들이고, 매사에 부정적인 사람은 그 문제를 부정적으로 받아들인다.

그렇다면 습관을 바꿀 수는 없는가? 당연히 있다. **당신이 만들고 싶은 좋은 습관이 있다면, 그것을 반복하면 된다. 반복만이 습관을 만들 수가 있다.** 반복 외에는 습관을 만들 수 있는 방법이 없는가? 필자는 없다고 본다. 그럼 당신의 습관은 반복하는 것에 달려있다. 책 읽는 습관을 가지고 싶다면, 하루 30분 30페이지씩 반복해서 읽어보라. 반복의 횟수가 늘어날수록 우리의 뇌는 우리의 모습으로 인식하게 된다. 우리의 뇌에 인식된 생각이나 행동은 반복을 더욱 쉽게 만든다. 그리고 무의식적으로도 행동하게 만든다. 그렇게 습관은 우리 몸속에 생성이 된다. 반복하는 것이 습관을 만들어 주는 유일한 도구라고 믿는다면, 그 반복을 지속하게 해주는 또 다른 프로그램이 필요한데, 그것이 챌린지 100 프로그램이다. 행동력을 높여주는 챌린지 100 프로그램을 통해서 반복을 지속한다면 어느새 그토록 원하는 좋은 습관이 당신의 몸에 자리 잡게 될 것이다. 반복은 습관을 만들어 주는 것 외에도 당신이 반복하는 것의 힘의 영역을 더욱 확장시켜 준다. 운동을 반복하면 몸매가 좋아지고, 음식조절을 반복하면 날씬한 몸매를 갖게 되고, 공감되는 블로그를 반복해서 올리면 파워 블로그를 만들게 되고, 재미난 영상을 반복해서 올리면 유명 유튜버가 된다. 저축을 반복하면 부자가 되고, 일을 반복하면 자신의 분야에 전문가가 된다. 이렇듯 지속되는 반복은 반복하는 영역의 힘을 더욱 강하게 만든다.

"씨알엠 공식". 이것이 바로 이 책에서 가장 핵심이 되는 나를 바꾸는 챌린지 100의 시그니처 문장이다.

"씨알엠 공식" CR = M(Continuous Repetition = Mine)

지속되는 반복은 결국 내 것이 된다.

당신이 간절히 원하는 무언가를 당신의 것으로 만들려면 반복해라.
지속적으로 반복하면 결국 당신의 것이 된다.

지금부터 반복이 당신의 꿈을 이루게 해주는 핵심 기술이 되어줄 것이다. 반복하라. 지속적으로 반복해라. 당신의 꿈을 이룰 때까지!

 **핵심요약** ━━━━━━

"씨알엠 공식" CR = M(Continuous Repetition = Mine)
지속되는 반복은 결국 내 것이 된다.

⑤

포기하기에는 내일이 적합하다

　당신은 무언가를 포기하고 싶었던 경험이 있는가? 일이든, 사랑이든, 주변관계든 이제는 그만하고 싶은 생각이 들 때가 있는가? 아마도 대부분의 독자들은 그런 생각을 한 번쯤은 했을 것이다. 방송인 강호동 씨가 출연하는 〈한끼줍쇼〉라는 TV 예능 프로그램이 있었다. 저녁식사 시간에 맞춰 지정된 어느 한 동네를 돌면서 무작정 초인종을 누르고 함께 식사할 것을 제안한 후 집주인에게 허락받게 되면 집안으로 들어가 저녁 한 끼를 얻어먹는 프로그램이었다. 여느 때처럼 동네를 돌면서 저녁 식사를 제안하는데, 그날 지정된 동네는 딱 봐도 으리으리한 좋은 집들이 많았다. 고급 전원주택이 즐비했고, 그곳은 마치 역대 대통령이나, 대기업의 총수나, 임원들이 살법한 곳이었다. 그중 강호동 팀이 식사제안을 해서 들어가

식사를 하고 대화를 나누게 되었는데, 그 집의 주인공이 웅진코웨이 ○○○ 사장님이었다. ○○○ 사장님은 말단 직원부터 시작해서 사장까지 올라갔던 것이다. 강호동 씨가 어떻게 말단 직원부터 시작해 사장까지 올라갈 수 있었냐고 물었고, 그 ○○○ 사장님은 출근할 때마다 사직서를 들고 출근했다고 한다. 의외의 답이었다. 일이 너무 재미나고 그 누구보다 열심히 해서 지금의 사장 위치에 올랐다고 말할 줄 알았는데, 그 사장님은 매일 출근길에 사직서를 안쪽주머니에 넣고 다닐 정도로 매일같이 자신이 가고 있는 길을 포기하고 싶었다고 했다. 강호동 씨가 의외의 표정을 지으며 "그럼 왜 그만두지 않았나요?"라고 물으니, 그 사장님이 하는 말이 아직까지도 필자의 머릿속에 깊이 남아 있다. 그 사장님의 대답은 이랬다. "일을 하다 보면 안쪽 주머니에 사직서가 있는지 깜박하고 퇴근길에 내일은 꼭 제출해야지." 하면서 집으로 돌아왔다고 한다. 자신의 사직서 제출을 계속해서 내일로 미룬 것이다. 즉, 자신의 포기를 내일로 미뤘던 것이다. 그렇게 가다 보니 자신이 사장의 위치까지 와 있었다는 것이다. 포기는 늘 봄바람처럼 자신을 스쳐 지나간다. 흔들리지 않고 피는 꽃은 없다. 누구나 한 번쯤은... 아니 아주 많이 흔들리고 포기하고 싶은 마음이 스스로를 괴롭힐 때가 참 많을 것이다.

강당에 100명을 모아놓고 강연을 하다가 "지금 당신의 일을 포기하고 싶은 사람 손들어 보세요."라고 묻는다면, 아마도 반 이상은 손을 들 것이다. 일이든, 주변과의 관계든, 운동이든 포기하고 싶은 마음이 들 때가 있다. 그 포기를 내일로 미루어 보자. 단 하루만 미루어 보자. 그리고 그렇게 시간이 지나다 보면 어느새 세상에서 가장 아름다운 꽃을 피울지도 모른다. 그리스어 중에 "헤세드"라는 말이 있다. 헤세드는 사랑을 뜻한다. 우리는 사랑의 정의를 단순히 우리가 좋아하는 대상으로 생각할 것이다. **헤세드가 말하는 사랑의 정의는 책임감이 따르는 사랑이다.** 부모님이 자식을 사랑하는 것은 단순히 좋아해서 사랑하는 것이 아니다. 아이가 잘났든 못났든, 똑똑하든 똑똑하지 못하든 자신의 아이를 책임을 가지고 사랑한다. 사랑의 끝판왕이 헤세드 사랑이다. 우리는 헤세드 사랑을 배워야 한다. 자신의 일에 최고가 된 사람들은 모두가 하나같이 자신의 일에 헤세드 사랑을 실천한다. 자신이 선택한 일에 사랑은 물론이고 그 일에 강한 책임감을 가진다. 일뿐만이 아니라 자신이 선택한 무언가에는 사람이든, 일이든, 꿈이든 헤세드 사랑을 해야 한다. 즉, 사랑만 하는 것이 아니라 그것에 책임감을 가져야 한다. 자신이 큰 뜻을 가지고 꿈을 가졌다면, 그 꿈을 이루기 위해서는 그 일을 사랑만 해서는 안 된다. 그 꿈을 포기하지 않고 이루어 내겠다는 책임감이 함께해야 한다. 지금 당신이 너무 지쳐 힘들고 버거워서 포기하고 싶다면, 단 하루만 그 포기를 미루어 보자. 그렇게 계속해서 그 포기를 미루어 보자. 그 포기하고 싶은 마음은 어느새 힘이 약해져서 또다시 하고 싶은 마음이 생겨날 것이다.

핵심요약

포기를 미루면 언젠가 자신의 꿈을 이루게 된다. 자신이 선택한 무언가를 사랑하고 그것에 책임을 다하라!

참는 것도 경쟁력이다

　살다 보면 참지 못해 큰 손해를 보게 되고, 반대로 잘 참아서 큰 이득을 보게 되는 경우가 참 많다. 결국 우리의 실수와 실패는 참지 못해서 오게 된다. 참는다는 것은 누구에게나 어려운 일이다. 과식을 참지 못해 비만이 되고, 음주를 참지 못해 불의의 교통사고를 일으키고, 성욕을 참지 못해 범죄를 저지르기도 한다. 참는 것도 경쟁력이다. 인간의 삶에는 두 가지의 부류가 존재한다고 한다. 한 가지 부류는 신을 닮아 가는 삶, 또 한 가지 부류는 동물을 닮아 가는 삶이다. 이는 생각대로 살아가는 부류의 삶과 살아가는 대로 생각되어지는 부류의 삶이다. 신을 닮아 간다는 말은 자신의 의지와 생각대로 삶을 살아가는 것이고, 동물을 닮아 간다는 말은 살아가는 대로 생각되어지는 것이다. 우리가 지닌 본능을 이성으로 통제하지 못하면 우리의 삶은 동물의 삶과 다를 바가 없다. 이 말이 조금 자극적일 수도 있지만, 필자도 성숙하지 못했던 시절을 되돌아보면 본능대로 살 경우도 참 많았다. 배가 고픈 것도 아닌데 무언가에 집착하며 먹을 때도 있었고, 술에 취한 줄 알면서도 고빨을 받아서 말리는 주변 지인들에게 취하지 않았다며 한잔 더하러 가자고 하며 본능을 주체하지 못할 때도 있었다. 지금 생각해보면 너무나 부끄러운 일이다. 돼지에게 밥을 계속 주면 돼지는 배부른 줄 모른 채 멈추지 않고 계속 먹는다. 그리고 배가 터질 때까지 계속 먹는다. 어쩌면 우리의 인간의 모습이 이와 똑같을 때가 많다. **참는 것도 훌륭한 경쟁력이다. 결국 잘 참는 사람이 못 참는 사람을 지배하게 된다.** 소비를 참지 못해 가난에서 벗어나지 못하고, 화를 참지 못해 싸움이 일어난다. 모든 불행은 참지 못해서 일어난다. 참는 힘은 훈련으로 충분히 기를 수가 있다.

참는 힘을 기르기 위한 첫 번째 방법은 행동하기 전에 상상으로 시뮬레이션을 해보는 것이다. 시뮬레이션 결과가 좋다면 행동으로 옮기고, 결과가 좋지 않다면 행동으로 옮기지 않는 것이다. 행동하기 전에 한 번쯤 시뮬레이션을 해보는 것만으로도 참는 시간을 벌 수가 있다.

참는 힘을 기르기 위한 두 번째 방법은 속으로 1부터 100까지 숫자를 헤아리는 것이다. 100까지라는 숫자는 상황이 진정될 수 있는 충분한 시간이라고 한다. 스스로 마음속에 불타는 본능이 생겨난다면 눈을 감고 100까지 헤아려 보라. 100초는 2분도 채 되지

않는 시간이다. 온전히 숫자를 헤아리는 데 집중을 하고 그 시간이
지나면 마음속 본능이 진정될 때가 참 많다. 화가 날 때도 긴 호흡
속에 100까지 헤아려 보라. 그 화가 어느새 진정이 되어있을 것이
다. 잘 참는 것은 결국 마음속 본능을 진정시키는 것이다. 100까지
라는 숫자의 힘을 믿어보라.

**참는 힘을 기르는 세 번째 방법은 최악의 상황을 상상하는 것
이다.** 당신이 운전을 하다가 옆에 차가 끼어들었고 홧김에 그 차를
추격해서 욕을 하고 싶을 때 최악의 상황을 상상해보라. 욕을 한
후 서로 싸움이 붙어서 상대가 크게 다치고, 복잡한 합의 과정을
거치는 상상을 해보라. 그 행동을 멈추게 될 것이다. 게임에 빠져서
매일 새벽 늦은 시간까지 잠을 못 자고 있다면, 다음 날 직장에서
쫓겨 나는 최악의 상상을 해보라. 아마도 지금의 본능에 좇아가는
행동들이 진정될 것이다.

이같이 세 가지 방법을 반복적으로 훈련해보라. 아마도 당신은
참는 것에 고수가 될 것이다. 참는 것에 고수가 된다면, 당신의 삶
은 동물을 닮아 가는 것이 아니라 신을 닮아 가는 참된 인생을 살
게 될 것이다.

참는 힘을 기르는 법

☞ 행동하기 전 상상으로 시뮬레이션을 하는 것

☞ 행동하기 전 속으로 100까지 헤아리는 것

☞ 행동하기 전 최악의 상황을 상상하는 것

세 가지 보람

인간에게는 세 가지의 보람이 있다. 고생한 보람, 열심을 다 한 보람, 기다림의 보람이 있다. 인생에는 고생총량의 법칙이 있다고 한다. 사람이 태어나서 자신이 고생을 경험하는 총량이 정해져 있다고 한다. 젊어서 고생을 하면 나이 들어 비교적 편한 삶을 살고, 젊어서 편하게 살면 나이 들어 비교적 고생을 한다고 한다. 어쩌면 당신이 지금 고생을 한다는 생각이 든다면 희망을 품어도 좋을 것이다. 지금 고생하는 시기가 지나면 좀 더 편하게 살 수 있는 보상의 시기가 찾아올 것이다.

두 번째 보람은 열심을 다 한 보람이다. 국가 대표 유도선수 중한 명이 금메달을 따고 인터뷰를 했다. "당신은 유도의 재능이 특출 나군요. 모든 경기에서 한판승을 이루어 낸 것을 보면 당신은 재능을 타고난 것이 분명합니다."라고 말했다. 그 유도선수는 자신은 재능을 타고난 것이 아니라 노력을 타고 난 것이라고 말했다. 우리는 태어날 때부터 자신의 일에 금메달을 딸 정도의 특출난 재능을 타고난 사람은 아무도 없을 것이다. 흔히 재능이란 남들보다 좀 더 잘하는 수준까지 올라간다면 주변에서는 재능이 있다고 판단한다. 예를 들어 노래를 잘하는 친구가 있다고 하자. 그 친구의 노래 실력이 가수 뺨칠 정도의 실력이 아닐지라도 보통의 친구들보다 잘하는 수준이라면, 노래에 재능이 있다고 치켜세워 준다. 또 갓 돌이 지난 어린아이가 영어단어 하나를 보기 좋게 말한다면, 우리는 그 아이를 보고 영어에 재능이 있다고 치켜세워 준다. 이렇듯 남들보다 잘하는 수준에 이르면 우리는 재능이 있다고 인정받는 경우가 많다. 이 말은 누구나 꾸준한 노력으로 충분히 새로운 재능을 만들 수가 있다는 것이다. 열심을 다 한다는 말은 자신이 가진 노력을 다 한다는 것이다. 당신의 재능을 믿지 말고 당신의 노력과 열심을 믿어라. 당신이 무언가에 열심을 다 한다면 재능을 가지는 보상을 반드시 받게 될 것이다.

세 번째 보람은 기다림의 보람이다. 사람마다 자기만의 시즌이 있다. 우리는 이것을 "때"라고 부른다. 고생을 다하고, 열심을 다 하고 자신의 때를 기다리면 반드시 세상의 중심에 설 날이 오게 된다. 고생을 다하고, 열심을 다 하면서 자신의 때를 기다리지 못하면 그 고생과 열심이 헛것이 될 경우가 많다. 당신 마음속에 간절한 무언가를 품고 있다면, 고생을 다하라! 그리고 매 순간 열심을 다 하라! 그리고 자신의 때를 기다려라! 반드시 당신이 마음속에 품었던 무언가가 현실이 되어 당신을 기쁘게 할 것이다.

 **핵심요약**

우리의 삶의 세 가지 보람

1) 고생한 보람

2) 열심을 다 한 보람

3) 기다림의 보람

제6장

사람을
바꾸는 일

사람을 완전히 바꾸는 일이란 어쩌면 불가능한 일이다.
하지만 누군가에게 변화의 시작은 만들어 줄 수가
있다. 세상에서 가장 훌륭한 기부는 주변 사람들에게
변화의 시작을 제공해주는 일이다.

존중과 배려

사춘기를 제대로 만난 12살의 아들 때문에 김○○ 여사는 오늘도 깊은 한숨을 내쉰다. 예민해진 아들을 더 좋은 아들의 모습으로 바꾸고 싶지만, 마음처럼 쉽지가 않기 때문이다. 좋은 옷도 사주고, 아이가 좋아할 만한 음식을 끊임없이 내어줘도 돌아오는 것은 짜증과 불만뿐이다. 김○○ 여사는 이런 아들 때문에 정신 상담까지 받으며 힘들어한다. 아이의 아빠는 삐뚤어진 아이를 혼내기만하고 별다른 해법을 찾지 못한다. 김○○ 여사는 어느 TV 프로그램에서 김창옥 씨가 하는 말을 듣고 무언가를 느낀 듯 아이에게 다가가 방송에서 들은 방법을 적용해보기로 했다. 먼저 아이의 모습을 바꾸려고만 했던 자신의 욕심을 잠시 내려놓고 존재의 감사를 표현하기로 했다. "너와 같은 아들이 있어서 고맙고, 건강하게 자라줘서 고맙고, 보고 싶을 때 언제든 볼 수 있어서 고맙고, 엄마가 때로는 무거운 짐을 들을 때 무뚝뚝한 손을 내밀어 함께 들어줄 때도 고맙다." 이렇게 고마움을 표현하니 아들은 무슨 일이 있냐며 도리어 걱정을 해주었다. 그렇게 한 달 동안은 아이에게 최대한 있는 그대로를 인정하고 고마움을 표현해주었다. 방에만 숨어 지내던 아이는 조금씩 거실에 나와 가족들과 함께 TV를 보거나 이야기를 나누는 일이 잦아지기 시작했다.

김○○ 여사는 예민하고 숨어만 지내던 아이에게 어떠한 방법으로 변화의 시작을 만들어 줄 수가 있었을까? 그것은 바로 존중이다. **존중이란 상대를 높이는 것만 뜻하는 것이 아니다. 상대의 있는 모습 그대로를 인정하고 고마운 마음을 가지는 것이다.** 누구나 스스로의 존재를 부정받게 된다면 자신의 마음을 닫아버린다. 상대의 좋은 모습이 아니라 있는 모습 그대로를 인정하고 고마운 마음을 표현해보라. 상대의 마음의 문이 열리고, 스스로 더 나은 변화를 시작하게 된다. **상대의 변화를 이끌어 내기 위한 두 번째는 배려하는 마음을 가지는 것이다. 배려의 첫 번째 원칙은 기다려주는 것이다.** 누구에게나 자신만의 속도가 있다. 우리는 자기 자신의 기준에서 상대의 행동이 느리다고 판단하면 상대를 답답해하고 기다려줄 줄을 모른다.

상대의 속도에 맞춰주는 것이 진정한 배려이다. 상대의 속도에 맞춰주면 상대 또한 나의 속도에 맞추려고 노력하게 된다. 이렇게 관계의 선순환이 시작된다. 존중과 배려를 몸에 익히면 주변 사람의 마음의 문을 좀 더 쉽게 열 수가 있고, 더 나은 사람으로 발전시킬 수가 있을 것이다.

당신이 이끌어가는 조직의 팀원 중 더 나은 변화를 만들어 주고 싶은 사람이 있다면, 그 변화의 시작을 만들어 줄 첫 번째 열쇠는 존중과 배려라는 것을 잊지 말자!

핵심요약

상대를 변화시키는 방법은

1) 상대의 있는 그대로를 인정하고 고마움을 가지는 것이다.
2) 상대의 속도를 인정하고 기다려주는 것이다.

공감

20년 전에는 혈액형으로 상대의 성격을 짐작하고 재미있는 판단을 내렸다면, 지금은 MBTI(Myers-Briggs Type Indicator)로 상대의 성격을 짐작하고 판단한다. 마이어스 (Myers)와 브릭스(Briggs)가 스위스의 정신분석학자인 카를 융의 심리유형론을 토대로 고안한 자기 보고식 성격유형검사 도구이다. MBTI는 4가지 분류기준에 따른 결과에 의해 수검자를 16가지 심리 유형 중에 하나로 분류한다. 정신적 에너지의 방향성을 나타내는 외향-내향(E-I) 지표, 정보 수집을 포함한 인식의 기능을 나타내는 감각-직관(S-N) 지표, 수집한 정보를 토대로 합리적으로 판단하고 결정내리는 사고-감정(T-F) 지표, 인식 기능과 판단 기능이 실생활에서 적용되어 나타난 생활 양식을 보여주는 판단-인식(J-P) 지표이다.

이 중 MZ세대들이 가장 중요하게 보는 것은 단연 세 번째 사고-감정 지표인 (T-F)이다. 즉, 상대의 MBTI 중 사고-감정 지표가 T인지 F인지를 가장 궁금해한다. 즉, 세 번째 지표가 T라고 하면 공감능력이 떨어진다고 생각하고, F라고 하면 공감능력이 뛰어나다고 생각한다. 누군가를 소개받을 때도 MBTI는 상대의 중요한 스펙이 된다고 한다. 결혼 중매회사에서도 자신의 MBTI를 공유해야 회원등록이 되는 곳도 늘어나는 추세라고 한다. 물론 호감을 주는 정해진 MBTI는 없겠지만, 그중 공감능력이 있는 사람과 좋은 관계를 맺고 싶은 것은 분명한 사실인 것 같다. 공감이라는 개념을 좀 더 분명하게 이해를 해야만 공감능력이 있는 사람으로 인정받게 된다. **공감한다는 말은 상대와 대화를 하고 있을 때 온전히 상대의 감정에 집중하는 것을 말한다. 이때 중요한 것은 나의 감정과 생각을 완전히 비울 수가 있어야 한다.** 온전히 상대의 감정에 집중하고 그와 같은 감정이 되어야 한다는 것이다. 상대가 누군가 때문에 스트레스를 받았다고 이야기한다면, 내 생각을 말하는 것이 아니라 상대의 스트레스 받은 기분을 온전히 느낄 수가 있어야 한다. "나라도 정말 힘들었겠다.", "스트레스 받았겠다."라고 말해주는 것 외에 때로는 함께 욕해주는 것도 좋다(선을 넘지 않는 범위에서). 인간은 누구에게나 의지 욕구가 있다. 자신이 가깝다고 생각하는 사람에게 자신의 감정을 공유하고 공감받기를 바란다. 이때 당신은 철저한 F가 되어주어야 한다. 만약 상대가 누군가 때문에 스트레스를 받았다고 이야기하는데, 그것을 중재하려고 한다거나, 충고나 조언을 하려고 한다면 당신은 철저한 T라는 말을 듣게 될 것이다. 그리고 상대의 스트레스는 더욱 증폭될 것이다. 만일 당신이 상대에게 조언이나 적절한 충고를 해주고 싶다면 공감부터 하고, 상대의 마음이 진정되면 그때 가볍게 이야기하는 것이 좋다. 당신의 공감능력은 어떠한가? 만일 매번 공감능력이 떨어진다는 이야기를 듣는다면, 당신의 감정과 생각을 온전히 비우고 상대의 감정에 집중해보라. 그리고 상대의 감정을 온전히 느끼고 고개를 끄덕이며 함께 맞장구를 쳐줘라. 그러면 당신은 상대로부터 공감능력이 매우 뛰어나다는 말을 듣게 될 것이다.

핵심요약

공감이란 나의 감정과 생각을 비우고 상대의 감정에 온전히 집중하는 것이다.

3

유익함과 편리함을 제공

당신이 누군가를 내 편으로 만들고 싶다면 먼저 이타심을 길러야 한다. 필자가 수없이 반복한 내용 중 인간의 첫 번째 본성을 기억하는가? 인간의 첫 번째 본성은 이기심이다. 그래서 자신의 이익을 우선시하게 되고, 때로는 그 이기심 때문에 누군가를 배신하고 상처를 주게 된다. 인간의 본성을 이해한다면, 배신과 상처는 당연한 일일 수도 있다. 우리가 초등학교 과정에서 배운 님비(NIMBY)현상과 핌피(PIMFY)현상을 기억하는가? 님비현상과 핌비현상은 어쩌면 인간의 이기심을 가장 잘 표현하는 예시가 될 것이다. 님비(NIMB)현상은 "Not In My BackYard!(우리 집 뒷마당에는 안 돼요!)"의 약자로 주변에 각종 혐오시설, 위험시설들이 들어서면 내집의 값이 떨어지게됨으로 절대로 허용할 수 없다며 집단행동을 하는 것을 말한다.

반대로 핌비(PIMFY)현상은 "Please In My FrontYard!(우리 집 앞마당에 부탁드립니다!)"의 약자로 지역주민의 편의나 삶의 질 향상에 도움이 되는 선호시설, 교통시설, 공공기관, 사회기반시설 등 자신들의 집값에 이득이 되는 것이 주변에 들어서기를 바란다는 말이다. 이런 개개인의 이기심이 결국 이렇게 집단이기주의로까지 발전된다.

인간은 이기적이다. 물론 선한 마음도 우리의 마음 저변에 있지만, 인간의 이기심은 어쩔 수 없는 첫 번째 본성이다. 필자는 인간의 이기심을 비난하고자 하는 것이 아니다. 인간의 본성을 이해하자는 것이다. 그렇다면 인간은 어떠한 것에 호감을 느끼는가를 알 수가 있다. 자신에게 유익함이나 편리함을 제공해준다면 그 상대에게 호기심을 느끼게 된다. 우리는 이것에 집중해야 한다. 당신이 누군가를 내 편으로 만들고 싶다면, 상대에게 유익함이나 편리함을 제공해줄 수가 있어야 한다. 상대를 내 편으로 만들기 위해서는 이기심의 반대인 이타심으로 상대에게 다가가야 한다. 세상에서 가장 현명한 사람은 철저한 이타심을 지닌 사람들이다.

세상에는 세 가지의 성향을 가진 사람이 있다고 한다. 기버, 테이커, 테이크앤 기버이다. 과거 하버드 대학에서 대학생을 대상으로 기버의 성향을 가진 부류를 A그룹, 테이커의 성향을 가진 부류를 B그룹, 마지막으로 테이커앤 기버의 성향을 가진 부류를 C그룹으로 정해두었다가, 이들의 10년 뒤의 삶을 조사해보니 그중 기버의 성향을 가진 A그룹이 가장 평균 소득이 높았고, 그다음이 테이커앤 기버 성향인 C그룹이 높았고, 테이커의 성향을 가진 B그룹이 가장 낮은 소득이었다. 이 실험 결과를 가지고 많은 심리학자들이 기버가 사회적으로 가장 인정을 받는 이유는 테이커앤 기버들에게 있다고 했다. 인간의 본성은 이기적이지만, 반대로 자신에게 유익함이나 편리함이 제공되면 그것을 되갚아 주려는 인간의 본성 또한 있다고 하다. 즉, 누군가에게 무엇을 받게 되면 상대에게 그 이상의 것을 주려고 애쓴다는 것이다. 또 재미난 사실은 기버, 테이커, 테이크앤 기버 중에서 테이크앤 기버의 분포가 가장 많았다고 한다. 이것을 잘 해석해본다면, 우리는 누군가에게 먼저 주면 대부분의 사람들은 받은 것 이상의 것을 되돌려 주게 된다는 것이다. 즉, 어쩌면 기버가 인간의 심리를 가장 잘 알고 있는 똑똑한 사람인 것이다. 물론 절대적인 과학적 근거는 될 수 없겠지만, 우리는 이 실험으로 기버의 삶이 가장 현명한 삶이라는 것을 알 수가 있다. 하지만 상대를 이용하기 위한 기버는 되면 안 된다. 필자가 말하고 싶은 것은 가깝게 지내고 싶거나 소중한 사람으로 관계를 발전시키고 싶다면 받기만을 기다리지 말고 먼저 주라는 것이다. 지금부터는 당신부터 철저한 기버가 되어보자. 주변관계에 좋은 변화가 시작될 것이다.

> **핵심요약** ━━━━━━
>
> 인간은 받으면 그 이상의 것을 주고 싶어 한다. 당신이 기버가 된다면, 가장 아름다운 이기주의자의 삶을 살게 될 것이다. 받고 싶다면 먼저 주자!

4

설득에는 신뢰가 바탕이 되어야 한다

세상일에는 설득 없이 할 수 있는 일이 많지 않다. 가만히 우리 주변의 일들을 살펴보자. 대화 없이 이루어지는 일은 거의 없다. 대화 속에는 설득이라는 기교가 들어간다. 당신에게 설득하는 능력이 있는가? 남들보다 설득력이 뛰어난가? 그렇다면 당신은 당신의 목표를 남들보다 좀 더 쉽고 빠르게 이루게 될 것이다. 설득이라는 기교는 나쁜 행위나 남을 속이는 것이 아니다. 설득은 말로써 상대방의 생각을 깨우치게 하고 나의 말에 귀를 기울이게 하는 것이다. 아마도 이 글을 읽는 독자들 또한 누군가를 설득할 수 있는 힘을 기르고 싶을 것이다. 설득을 잘하면 좋은 점이 참 많다. 우선 나의 말에 주변 사람들이 귀를 기울여 준다. 나의 편이 많아진다. 물건을 잘 팔 수가 있다. 돈을 잘 벌 수가 있다. 주변 사람들에게 나의 생각을 잘 표현할 수가 있다 등등, 설득을 잘함으로 인해 얻게 되는 이점이 너무나 많다. 필자가 말하는 설득이란 사기꾼들이 남을 속이기 위해 설득을 하고 말로써 상대에게 속임수를 쓰는 것과는 너무나 다르다. 진정한 설득은 사실을 근거로 상대방에게 말을 하고, 속임수는 거짓된 정보로 상대방에게 말을 한다. 우리는 분명 사실과 속임수를 구별할 수가 있어야 한다. 설득을 잘하기 위해서 무엇이 가장 중요하다고 생각하는가?

설득을 잘하기 위한 가장 중요한 요소는 신뢰다. 우리는 신뢰가 없는 사람의 말에는 귀를 기울이지 않는다. 신뢰가 있어야 한다. 인간은 믿을 만한 사람일 때 귀를 기울인다. 누군가를 설득하기 위해서는 신뢰를 쌓는 것이 순서이다. 즉, 당신이 설득력이 좋은 사람이 되기 위해서 신뢰 있는 사람이 되어야 한다. 신뢰는 말로만 해서 얻을 수 있는 것이 아니다. 행동으로 보여주어야 상대가 나에 대한 믿음을 얻게 된다. 신뢰를 얻기 위해서는 당신이 가볍게 뱉은 말이나 약속일지라도 그것을 계약서라고 생각하고 행동으로 옮길 수 있어야 한다. 인간은 큰 약속에는 당연히 지켜야 할 의무적인 약속으로 느껴 그 약속을 지켰을 때 큰 감흥은 없게 된다. 하지만 작은 약속을 잘 지키는 사람들에게는 잔잔한 신뢰를 얻게 된다. 여기에 답이 있다. 작은 약속을 잘 지켜서 잔잔한 신뢰를 차곡차곡 쌓아나가야 한다. 우리 주변에 널려있는 광고를 보라. 값비싼 제품일수록 신뢰가 두터운 모델을 앞세운다. 그리고 혹여나 신뢰가 떨어지는 이슈가 생겨나면 해당 제품의 광고모델은 위약금까지 배상하고 광고계약이 해지가 된다. 광고는 철저한 설득의 기교로 고객에게 자신의 물건을 구매하도록 유혹한다. **상대를 설득하기 위해서는 신뢰가 가장 중요한 바탕이 되어야 한다.** 이 세상 모든 일은 설득으로 이루어진다고 해도 과언이 아니다. 자신과 조금만 생각이 다르면 우리는 서로를 설득하게 된다. 누군가에게 사랑 표시를 할 때도 설득이 필요하고, 어릴 적 부모님께 무언가를 사달라고 애타게 요구할 때도 설득을 하고, 친구에게도, 직장 동료에게도, 고객들에게도 우리는 끊임없이 설득을 해야 한다. 설득이 신뢰를 바탕으로 시작된다는 이 한 가지 깨달음만으로도 당신은 지금부터 설득력을 키울 수가 있을 것이다.

🗒️ **핵심요약** ━━━━━━━━━

우리는 관계 속에서 설득이라는 기교를 활용하게 된다. 설득을 잘하기 위해서는 신뢰부터 쌓아야 한다. 신뢰는 작은 약속을 잘 지키는 것에서부터 시작됨을 기억하자.

청사진

당신이 누군가를 바꾸고 싶다면 청사진을 그려줘라. 청사진이란 미래에 대한 희망적인 계획이나 구상을 말한다. 당신은 아마도 시간이 지날수록 더 큰 리더의 삶을 살게 될 것이다. 어느 단체든, 조직이든 당신이 소속된 곳에서 누군가를 리드하는 자리로 계속해서 올라가게 된다. 결혼을 하면 가정과 아이들을 리드할 것이고, 좀 더 시간이 흐르면 부모님까지도 리드를 해야 한다. 당신은 노인이 되어 자식들에게 도움을 받기 전까지는 누군가를 책임지고 이끌어가는 리더의 삶을 살게 된다. **청사진은 당신이 리더의 삶을 살면서 가장 중요한 리더의 기술이 되어줄 것이다.** 누군가에게 그의 밝은 미래를 예측하고 희망적인 계획을 구상해준다면 그의 뇌에는 행복과 희망의 호르몬인 도파민이 분비될 것이다. 인간은 밝은 미래를 상상하거나 예측할 때 마치 그것을 이루어야만 느낄 수 있는 행복감을 비슷하게 느끼게 된다. 발전이 없는 사람은 과거의 미련을 먹고 살고, 발전이 있는 사람은 미래의 희망을 먹고 산다.

미국의 헐리우드의 명 배우 중에 한 사람인 짐 캐리는 무명시절 연극무대를 설치하는 일용직부터 시작했다고 한다. 자신이 설치한 무대에서 연극배우들이 연기를 펼치면 집에 가서 잠들기 전 주인공 대사를 따라 하며 자신도 배우의 꿈을 가졌다고 한다. 그의 지갑 속에는 자기가 직접 서명한 100만 달러짜리 가짜수표가 있었고, 일상이 힘이 들고 지칠 때면 지갑 속에 있는 가짜수표를 보며 힘을 얻었다고 한다. 단 하루도 자신이 100만 달러의 개런티를 받고 영화를 찍는 꿈을 잊어 본 적이 없었고, 매일같이 영화 속 주인공이 되는 상상을 하며 지냈다고 한다. 그러던 어느 날 연극무대에 오를 연기자 한 명이 교통사고를 당해 급하게 그를 대신할 연기자를 찾고 있었는데, 평소 집에서 따라 하던 대사를 연출가 앞에서 선보이게 되었고, 긴급 오디션에 합격한 그가 무대에 오르게 되었다. 관객들의 반응이 너무나 좋았고, 얼마 지나지 않아 그 연극무대에 주인공 역할까지 차지하게 된다. 그리고 시간이 흘러 어느 날 자신의 연극을 보게 된 영화 제작자로부터 캐스팅 제안을 받게 되는데, 놀랍게도 제안된 개런티의 금액은 100만 달러였다.

이 시대의 모든 성공자들은 자신들만의 청사진이 있었다. 그리고 가슴 뛰는 삶을 살아가는 이 시대의 예비 성공자들에게도 자신들만의 청사진이 있다. 목적지를 그리지 않고 그 목적지를 향해 간다는 것은 눈을 감고 자신이 원하는 곳을 찾아간다는 것과 같다. 당신은 당신만의 청사진이 있는가? 만일 청사진의 효과를 톡톡히 보았다면, 당신의 주변에 삶의 변화가 절실하게 필요한 사람들에게 청사진을 그려서 제안해보라. 그 청사진을 시작으로 가슴이 뛰고 또다시 자신만의 청사진을 그리게 될 것이다.

> **핵심요약**
>
> 당신이 지금 행복하지 못한 이유는 당신이 원하는 분명한 미래가 없기 때문이다.

시스템 심어주기

자기 자신을 믿어라. 자신을 완벽하게 믿어라. 자신을 100% 믿어라! 이 말에 필자는 공감할 수가 없다. 물론 자기 자신을 믿어서 나쁠 것은 없다. 하지만 100%로 믿는 것은 위험하다. 인간의 본성은 이기적이고 게으르다. 자신의 의지만으로 자신이 원하는 결과를 만들어 낼 수가 없다. 만일 자신을 100% 믿는 것만으로 서울대에 진학할 수 있다면, 누구나 자신을 100% 믿게 될 것이다. 하지만 서울대에 진학한 대부분의 학생들은 자신을 100% 믿어서 합격한 것이 아니라 어릴 적부터 주변 환경에서 만들어진 철저한 시스템을 잘 따랐기 때문일 것이다. 서울대에 들어갈 수밖에 없는 학생이라 서울대에 들어간 것이 아니라 서울대에 들어갈 수밖에 없는 환경과 시스템이 그들에게는 있었기 때문이라고 생각한다. 물론 개천에서

용이 나는 경우도 종종 있겠지만, 대부분의 경우가 그러할 것이다.

요즘 서울 어느 북 카페가 주목받고 있다고 한다. 조금 특이한 북 카페인데 늘 손님들로 가득 차 있다. 다른 카페와 특별히 다른 점은 입장할 때 자신의 핸드폰을 보관대에 보관해두어야 한다는 것이다. 이곳 북 카페에서는 책을 읽기도 하고, 업무를 보기도 하고, 공부를 하기도 한다. 이곳 북 카페만의 시스템으로 스스로를 방해하는 핸드폰 사용을 통제해서 책 읽기나 업무를 보는데 집중도를 더욱 높여주는 것이다.

당신이 무언가 하고자 하는 일이 있는데 실행을 못 하거나 진도가 나가지 않고 있다면 당신의 게으름이나 능력의 문제가 아니라 전진할 수 있는 시스템이 없기 때문이다. 저축을 너무나 하고 싶은데 마음처럼 되지 않는다면 그것은 당신의 의지 문제만이 아니다. 저축할 수밖에 없는 시스템이 없기 때문이다. 당신이 아침에 늦잠을 자고 잦은 지각을 일삼는다면 당신의 게으름이 가장 큰 문제가 아니라 저녁에 정해진 시간에 잠들고 스스로가 정한 시간에 일어나는 시스템이 없기 때문이다. 자기자신을 100% 믿지 마라. 자기자신을 딱 반 틈만 믿어라. 그리고 나머지 반 틈은 자신이 만들어 놓은 시스템을 믿어라. 필자에게는 챌린지 100이라는 시스템이 있다. 챌린지 100으로 운동도 꾸준히 하고 있고, 꾸준히 독서를 하고, 아들에게 편지를 100통 써서 선물로 주었다. 그리고 지금 독자 여러분들이 읽고 있는 《나를 바꾸는 챌린지 100》 또한 챌린지 100이란 시스템으로 쓰고 있다. 미리 정해둔 목차와 소제목을 가지고 하루

5페이지씩 글쓰기를 하고 있다. 아마도 챌린지 100이라는 시스템이 없이 오직 자신을 100% 믿는 것만으로는 절대로 지금의 것들을 실행하지 못했을 것이다. 자신의 행동력을 높여주는 것은 믿음이 아니라 시스템이다. 적어도 이 글을 읽게 된다면 당신의 의지와 열정을 점검하지 말고 자신이 가지고 있는 시스템을 점검해봐야 한다. 좋은 대학교 진학을 꿈꾸는 학생이라면, 좋은 대학교에 진학할 수밖에 없는 시스템을 얼마나 가지고 있는지? 부자가 되고 싶은 직장인이 있다면, 부자가 될 수밖에 없는 저축 시스템과 독서 시스템을 가지고 있는지? 당신이 가지고 있는 시스템이 당신을 계속해서 그에 맞게 진화시켜 줄 것이다. 당신 자체만을 믿지 말고 당신이 가진 시스템을 믿고 의지해야 한다. 또한 누군가에게 변화를 제공해주고 싶다면 변화할 수밖에 없는 시스템을 심어주라.

핵심요약

자기 자신을 100% 믿지 마라. 자기 자신을 딱 반 틈만 믿어라. 그리고 나머지 반 틈은 자신이 만들어 놓은 시스템을 믿어라.

누군가의 멘토가 되어주라

　당신에게는 삶의 스승이 있는가? 아마도 없다고 말하는 독자가 더욱 많을 것이다. 자신의 삶에 있어서 스승이 없는 것은 해 질 무렵 어부가 등대 없이 어둠이 가득한 바닷속 항해를 하는 것과 같다. 등대는 따뜻한 집으로 다시 돌아올 수 있는 기준의 빛이 되어준다. 등대의 불빛 하나가 어둠 속에서도 바다 한 중앙으로 거침없이 항해할 수 있도록 어부의 심장을 강심장으로 만들어 준다. 또한 스승의 역할은 부목과도 같다. 나무가 똑바로 자라도록 기둥을 받쳐준다. 스승이 있다고 모두가 성공하는 것은 아니지만, 성공한 사람의 대부분은 자신을 멘토링해 주는 스승이 있다. 인간은 게으르고 편한 것을 찾는 본성이 있어서 스스로를 잡아주는 무언가가 없다면 자기 멋대로 자라나 기둥이 삐뚤어지고 고꾸라지는 형상의 나무처럼, 결국 보기 흉한 모습으로 자라나게 된다. 당신에게 스승이 없다면 지금부터라도 본받고 싶은 사람이나 배울 점이 많은 사람을 스승으로 모셔라. 그리고 최대한 많이 배우고 성장하라.

멘토의 어원은 이러하다. 그리스 로마의 장군이 있었다. 그 장군에게는 외아들이 있었는데 전쟁터에 나갈 때마다 자신의 외아들이 걱정되었다. 혹시나 자신이 전쟁 중에 전사라도 하면 그 아이는 당장에 고아가 되는 것이기 때문이다. 어느 날 그 장군은 가장 친한 친구를 찾아가 "며칠 뒤면 내가 큰 전쟁에 나가게 되는데, 만일 내가 그 전쟁에서 전사하게 된다면 내 외아들을 책임져줄 수 있겠는가?"라며 정중하게 부탁했고, 그 친구는 간절한 장군의 부탁을 거절하지 않았다. 그리고 전쟁이 시작되고 며칠 뒤 장군의 전사 소식을 듣게 된다. 부탁을 수락한 친구는 장군의 외아들을 어린 6살 나이부터 자신이 도맡아서 키우게 된다. 무예기술뿐만 아니라 날마다 책을 읽게 하며 지적공부를 시키고, 삶의 태도를 가르치며 꾸준히 그를 성장시켰다. 그 아이는 자라서 로마 황제의 자리에까지 오르게 된다. 그를 황제로 키운 전사한 장군의 친구 이름은 멘토르 이다. 이 이야기는 그리스 신화에 나오는 오디세우스와 멘토르의 이야기다. 그리스어 멘토르가 현시대에는 모든 사람들이 멘토라고 부르게 된다. 이처럼 멘토는 누군가에게 지식을 가르쳐주는 것에 그치는 사람이 아니다. 삶의 모든 부분에 있어서 가르쳐주고 영향을 주는 사람을 말한다. 당신도 누군가를 멘토로 삼고 있다면, 멘토에게 삶의 모든 것을 의논하고 영향을 받을 수가 있어야 한다,

반면 누군가에게 멘토가 된다면, 당신을 멘토로 생각하는 제자들에게 지식뿐만 아니라 삶의 모든 부분에서 좋은 영향을 줄 수가 있어야 한다. 당신이 챌린지 100 프로그램으로 삶이 바뀌고 행복감을 무한히 느낄 수가 있다면, 당신의 제자에게도 알려주고 실천할 수 있도록 도와주기를 바란다. 당신의 훌륭한 가르침이 제자들에게 때로는 어둠 속의 등대가 되고, 삶에 올바른 길을 찾아갈 수 있는 나침반이 되어준다면 당신은 진정한 멘토르가 되는 것이다. 당신도 누군가에게 배움(인풋, in put)이 있다면, 누군가에게 또다시 가르침(아웃풋, output)이 있어야 한다. 당신에게 스승(멘토)도 있고 제자(멘티)도 있다면, 당신은 성장하기 위한 완벽한 시스템을 가진 셈이 된다. 가장 건강한 것은 순환되는 삶을 사는 것이다. 얻음이 있으면 주는 것이 있어야 하고, 배움이 있으면 가르침이 있어야 하고, 누군가에게 도움을 받으면 또 다른 누군가에게 도움을 줄 수가 있어야 한다. 이것이 인간이 할 수 있는 가장 아름다운 순환법칙이다. 모든 문제는 순환이 되지 않아서 생기는 것이다. 당신의 삶에는 순환법칙을 잘 실행하고 있는가? 지금부터라도 순환법칙을 잘 실행해서 주변관계를 더욱 건강하게 만들어 보자.

누군가에게 멘토가 되는 것은 단순히 지식만을 가르쳐주는 것이 아니다.

삶의 올바른 태도와 지혜를 알려주고, 그가 훌륭한 성장을 하기 위해 끊임없이 관심을 가지고 도움을 줄 수 있어야 한다.

제7장

좋은 기운
만들기

신앙

주변 사람 중에 남다르게 좋은 기운이 느껴지는 사람이 있다. 눈빛이 맑고, 건강하고, 행동에 적극적이고, 말에서는 에너지가 풍긴다. 좋은 기운을 가진 사람들에게는 건강한 믿음이 있다. 이것은 특정 종교를 이야기하는 것이 아니다. 기독교든, 천주교든, 불교든, 이슬람교든, 힌두교든 믿음이 있는 사람의 기운은 분명 다르다. 그들만의 믿음의 에너지가 있다. 필자의 경우에도 처음 기독 신앙을 가지게 된 것은 고등학교 때였다. 필자는 어릴 적 편모가정에서 자랐고, 삼촌들마저 모범이 되지 못하는 모습을 보며 자랐다. 그래서인지 세상에 나를 지켜주는 든든한 백이 하나도 없다고 생각하며 살았다. 늘 자신감이 없고, 소심했다. 내가 유일하게 좋아했던 것은 농구뿐이어서 마음이 답답한 날이면 하루 종일 혼자서 농구를 하며 스스로를 위로하며 지내왔었다. 그러던 어느 날, 친구가 자신이 다니는 교회에서 농구 대회가 열리는데 내가 참가해야 우승을 할 수 있다며 함께 가자고 유혹을 했다. 그렇게 친구를 따라서 교회에 갔고, 그것이 내 인생의 첫 예배가 되었다. 예배를 마치고 친구들과 신나게 농구를 하고 집으로 돌아오는데 내 몸에 보호막이 씌어지는 듯한 느낌을 받았다. 그 당시 필자만의 느낌이었지만, 너무나 따뜻하고 좋았다. '나에게도 든든한 백이 있구나.'라는 마음을 가지게 된 커다란 계기가 되었다. 그 이후로 나의 삶은 그 전과는 완전히 뒤바뀐 삶이 되었다.

신앙은 나를 더욱 긍정적이게 한다. 신앙은 나를 더욱 자신감 넘치게 한다. 신앙은 내 안의 두려움을 없애 주기도 한다. 신앙은 나의 마음을 따뜻하게 해주고 누군가의 마음을 따뜻하게 한다. 신앙은 나를 더욱 자유롭게 한다. **종교적 신앙 없이 사는 것은 마치 태어날 때부터 공짜로 얻을 수 있는 삶의 든든한 갑옷을 입지 않은 채 전쟁터로 나가는 것과 같다고 생각한다.** 당신에게 신앙이 없다면 꼭 가지기를 권한다. 믿음 하나로 얻을 수 있는 세상에서 가장 든든한 갑옷을 입고 삶의 안정감과 자유를 누리기를 권한다. 신앙은 강조되어서는 안 된다. 하지만 너무나 좋은 것이기에 꼭 권유하고 싶다. 당신이 삶의 어둠에 직면해 있거나, 무언가를 끊임없이 채워도 채워지지 않는 공허함이 있다면, 당신만의 신앙을 가질 것을 권한다. 우리의 마음속에는 두 개의 가치 탱크가 있다고 한다. 하나의 가치 탱크에는 눈으로 보이는 물질적인 것으로 채워지는 것이고, 다른 하나의 가치 탱크는 눈으로 보이는 물질로 채울 수 있는 것이 아니라 다른 무언가로 채워야만 채워지는 것이다. 그것은 바로 신앙이다. 당신이 눈에 보이는 물질로 끊임없이 채워도 채워지지 않는 공허함은 또 하나의 가치 탱크가 채워지지 않기 때문이다. 그것은 오직 신앙으로만 채워질 수 있다. 당신이 두 개의 가치 탱크를 모두 채우고 싶다면, 눈에 보이는 물질로만 채울 것이 아니라 눈에 보이지 않는 신앙으로 나머지 가치 탱크를 채워보길 권한다.

핵심요약

우리의 마음속 두 개의 가치 탱크

가치 탱크 하나 ☞ 눈에 보이는 물질로 채우는 가치 탱크
가치 탱크 둘 ☞ 눈에 보이지 않는 영성으로 채우는 가치 탱크
두 개의 가치 탱크 중 하나만 비어 있어도 우리는 공허함을 느끼게 된다.

덕을 쌓으면 삶의 기운이 좋아진다

살면서 한 번쯤은 "덕을 쌓으면 복이 온다."는 말을 들었을 것이다. 덕이란 무엇일까? 쉽게 설명하면 덕이란 베푼다는 뜻이다. 즉, 누군가에게 내가 가진 것을 넓은 마음으로 베푼다는 뜻이다. 자신이 가지고 있는 삶의 지혜를 나누는 것도 덕을 쌓는 것이고, 주변 사람들에게 친절하게 대하는 매너 또한 덕을 쌓는 것이고, 음식 하나를 나눠 먹어도 덕을 쌓는 것이고, 밝게 인사를 나누는 것도 덕을 쌓는 것이다. 자신이 가진 무형자산이든, 유형자산이든 좋은 것을 주변 사람들과 나누면 그것은 덕을 쌓는 것이 된다. 삼성전자 창업자 이병철 회장의 생가를 가보면 마당에 우물이 두 개가 있는데, 그중 우물 하나를 마을 사람들을 위해서 24시간 개방해주었다고 한다. 그 당시 물은 생명과도 같은 것이었다. 물이 있어야 농사도 짓고, 밥도 지어 먹고, 몸도 씻을 수가 있었기 때문이다. 이병철 회장의 집안은 4대째 우물 하나를 마을 사람들에게 돈 한 푼 받지 않고 이용하게 한 것이다. 이렇게 덕을 쌓아서 그런지 이병철 회장의 집안은 4대째 천석꾼이란 부자의 삶을 이어갔고, 지금까지도 세계에 명성을 떨치는 기업가로 번창하고 있다.

　필자의 경우에도 덕을 쌓아서 좋은 일을 경험한 적이 있다. 코로나 대유행 시절 모두가 마스크 하나를 구하기 위해 약국 앞에서 몇 시간째 기다리던 때가 있었다. 어느 날 필자가 운영하는 매장 앞의 길가에 사람들이 길게 줄을 서 있었고, 매장 입구까지 가릴 정도였다. 필자는 직원과 함께 양말을 가득 챙겨 와서 줄을 서 있는 사람들에게 나눠주었다. 줄을 서 있던 사람들은 우리가 매장 입구 주변이 복잡하니 비켜달라고 항의하는 줄 알고 눈치를 보며 슬금슬금 피하다가 양말을 나눠주는 것을 보고 감동의 눈빛과 인사로 직원과 필자에게 고마움을 표시하였다. 아직도 그 선한 감동의 눈빛은 잊을 수가 없다. 사랑이라는 감정은 받을 때 느끼는 감정이 아니라 줄 때 느끼는 감정이라고 어느 인문학책에서 본 것이 문득 생각이 났다. '이것이 사랑이구나. 이것이 진정한 사랑의 감정이고 너무나 따뜻한 사랑이구나.'라는 생각이 들었다. 그리고 시간이 흘러 코로나 재난지원금이 풀려서 너도나도 할 것 없이 지원금으로 쇼핑을 하였는데, 우리 매장은 그 어느 매장보다 매출이 좋았다. 오히려 코로나 유행 전보다 매출 기록을 달성하며 쌓여 있던 매장 물건이 단숨에 팔려나갔다. 약국 앞에서 줄을 서서 마스크를 구매하려다

얼떨결에 양말을 선물 받고 필자에게 진한 감동의 눈빛을 보낸 고객님도 오셔서 재난지원금을 우리 매장에서 모두 사용하셨다.

　또 하나의 경험을 공유한다면, 2023년 6월은 그 어느 때보다 더운 여름이었다. 우리 매장 앞에는 재래시장이 있어서 매주 목요일마다 목요 장이 열리는데, 그때는 주변에서 농사를 짓는 어르신들이 길거리에서 야채도 팔고 과일도 판다. 어느 장날 난전을 하던 어르신 한 분 중에 물을 구하려고 꾸부정한 등을 힘들게 이끌며 주변 상가를 배회하고 계셨다. 그러다가 우리 매장에 오셔서 다른 곳은 쉽게 물을 주지 않기에 여기까지 왔다며 물을 좀 얻을 수 없겠냐고 말씀하셨다. 우선 의자에 앉으시라고 하고 생수 한 병과 함께 물티슈와 손수건 하나를 챙겨드렸다. 그 어르신은 한참을 고맙다며 고개를 숙이면서 인사를 하시고는 자신의 난전 자리로 돌아가셨다. 한참 동안 필자의 머릿속에 그 어르신의 모습이 지워지지 않았다. 그래서 평소 거래하던 정수기 사장님께 사정을 말씀드리고 매장 앞에 정수기 한 대를 한여름 두 달 동안만 내어놓으려고 하는데 대여해 주실 수 있는지 물었고, 정수기 사장님은 흔쾌히 수락하셨다. 그렇게 해서 우리 매장 앞에는 현대식 우물터가 생겨나게 되었다. 난전을 하시던 어르신뿐 아니라 길을 가다가 목이 마른 학생부터 주변 주민들까지도 정수기를 자유롭게 이용하게 되었다. 하루에 수십 통의 물통을 교체해야 했지만, 또 한 번 주는 것에서 얻게 되는 따뜻한 사랑의 감정을 느낄 수가 있었다. 지금도 난전을 하시던 어르신들이 운동화가 낡으면 우리 매장만 찾으신다. 이렇게 덕을 쌓으면 진정한 사랑을 느낄 수 있는 값진 경험을 하게 되고, 분명히 자신의 삶의 기운이 좋아진다.

일본의 야구 스타이자 세계적인 야구 천재 오타니 쇼헤이라는 선수가 있다. 얼마 전 오타니 쇼헤이 선수가 고등학교 때부터 자신이 목표를 이루기 위해 적어둔 목표 달성표를 공개하였는데, 아마도 이것을 본 사람들 모두가 크게 놀랐을 것이다. 그가 고등학교 때 작성한 목표 달성표에는 몇 년 내에 이루고 싶은 가장 큰 목표 하나를 중간에 적어두고 이것을 이루기 위한 노력들을 나열해 놓았다. 그 나열된 노력 중에는 쓰레기 줍기, 인사 잘하기, 덕을 쌓기, 응원받는 사람이 되기 등등이 있었다. 이것을 본 사람들은 모두 오타니 쇼헤이 선수가 어떻게 야구세계의 중심이 되었고, 역사상 최고의 천재 야구 선수라고 엄지를 치켜세우는지를 알게 되었을 것이다. 자신의 목표를 이루기 위해서라도 덕을 쌓고 있는 오타니 쇼헤이를 보면, 그의 앞으로의 행보가 너무나 기대가 되고 응원하게 된다. "인성도 실력이다."라는 말이 있다. 필자는 덕을 쌓는 것도 실력이라고 생각한다. 자신이 가진 것을 무형이든 유형이든 다른 누군가에게 나눠주는 삶을 살 때는 그의 삶에 좋은 기운이 계속해서 생겨나는 것을 우리는 믿어야 한다.

독자 여러분들도 무형이든 유형이든 상관없다. 인사를 잘하는 것도 덕을 쌓는 것이고, 상대에게 고마움을 표시하는 것도, 진심을 담은 칭찬 한마디를 하는 것도, 길을 걷다 쓰레기를 줍는 것도, 자신이 가진 음식을 내 옆 사람과 나누어 먹는 것 모두가 덕을 쌓는 것이다. 《나를 바꾸는 챌린지 100》을 읽고 있는 모든 독자 여러분들이 덕을 쌓고 끊임없이 삶의 좋은 기운을 만들어 가길 바란다.

핵심요약

자신의 삶의 기운을 좋게 만들려면 덕을 쌓는 일에 게을리하면 안된다.
덕을 쌓는 것이란 특별한 수고가 더해지는 것이 아니다. 내가 가진 무형이든 유형이든 자신을 주변 사람들과 나누는 것이다. 부지런히 덕을 쌓으면 그로부터 얻게 되는 좋은 기운과 기쁨은 스스로에게 온전히 돌아오게 된다는 것을 기억하자!

인간의 네 가지 부류

인간에게는 네 가지 부류가 있다. 강한 사람, 약한 사람, 선한 사람, 악한 사람이다. 그중 삶에 가장 좋은 기운을 가지는 사람은 강한 사람이다. 선한 사람이라고 생각할 수도 있겠지만, 좋은 기운을 타고난 사람의 특징을 살펴보면 강함이 가장 큰 바탕이 된다. 그리고 선함을 갖춘다면 더할 나위 없이 좋은 기운을 가지게 된다. 선하지만 약한 사람은 좋은 기운이 생겨나다 사라지는 경우가 많고, 강하지만 악한 사람은 강한 기운이 나쁜 방향으로 흘러서 인생이 어느 순간 타락과 퇴보를 하게 된다. **강하고 선한 사람이 되어야 삶의 좋은 기운을 가지게 된다.** 이것은 필자의 경험과 기운에 관련된 전문서적을 종합한 필자만의 생각이니 절대적 진리라고 말할 수는 없다. 하지만 이 글을 읽는 대부분의 독자들은 고개를 끄덕이며 공감할 것이다.

우리는 주변 친구 중 너무 착하고 좋은 사람인데 가끔씩 좋지 못한 일들을 겪는 경우를 보게 된다. '하늘도 무심하시지.'라고 하면서 함께 안타까워하는 경우가 참 많다. 이는 선하지만 약한 기운을 가지고 있기 때문이다. 반대로 늘 에너지 넘치게 살아가는 사람들 가운데 인생이 술술 잘 풀리는 것처럼 보이는 좋은 기운이 넘치는 사람들의 삶의 내막을 들여다보게 되면, 그들에게는 선한 행위가 가득 차 있는 것을 볼 수 있다. 이처럼 강한 기운을 바탕으로 선한 마음을 가지고 살아간다면, 자신의 삶에 좋은 기운을 계속해서 만들어 갈 수가 있다. 어설프게 착하게 살면 안 된다! 강한 사람이 되어 주변에 선한 영향력을 줄 수 있는 삶을 살아야 한다! 어쩌면 선함보다 강함이 우선적으로 갖춰야 한다. 그리고 그 강한 에너지를 선한 곳에 쓸 수가 있어야 한다. 요즘 어딜 가도 MBTI 이야기로 넘쳐난다. 자신의 MBTI보다 자신이 강함, 약함, 선함, 악함 중 어떠한 성향을 가지고 있는지를 점검해보고 강인함과 선함을 갖추는 사람이 되길 바란다.

자신의 좋은 기운 테스트하는 법

강약 중 하나를 골라보자 ☞ 강 (　　　) 약 (　　　)

선과 악 중 하나를 골라보자 ☞ 선 (　　　) 악 (　　　)

웃음, 박수, 감사

　지금부터는 독자들에게 조금 신박한 정보를 주고 싶다. 당신의 삶에 좋은 기운을 만들어 주는 습관은 무엇이라고 생각하는가? 웃음, 박수, 감사이다. 장사가 잘되는 식당이나 옷가게에 가보면, 그곳에는 신바람이 있다. 신바람 나는 곳에는 웃음, 박수, 감사가 있다. 웃음, 박수, 감사는 하나의 패키지라고 생각해야 한다. 이 세 가지가 모이면 신바람을 만들어 낸다. 조직이든, 팀이든, 매장에서든 신바람을 만들고 좋은 기운을 만들고 싶다면 웃음, 박수, 감사를 잘 챙겨야 한다. 매장에 기운이 없고, 사기가 떨어지고, 생명이 없는 죽은 공간처럼 느껴진다면, 그곳에는 웃음, 박수, 감사가 없기 때문이다. 자신의 조직에 웃음이 넘쳐나고, 자주 박수를 치고, 매사에 감사하는 마음을 가진다면, 그 조직은 금세 좋은 기운을 회복하게 된다. 웃음, 박수, 감사는 양이 중요하다. 즉, 최대한 횟수를 조금씩 늘려나가야 한다. 최대한 자주 웃고, 최대한 자주 박수 치고, 최대한 자주 감사해야 한다. 물론 이것이 처음부터 실행하기가 쉬운 것도 아니고 어색하기도 할 것이다. 하지만 처음에는 의식적으로 노력해야 한다. 그리고 그 노력이 지속되면 우리 뇌에 자연스레 인식되어 우리의 본래 모습으로 기억된다. 그리고 시간이 지날수록 무의식적으로 반응하는 하나의 습관이 된다. 웃음, 박수, 감사를 할 때는 최대한 큰소리로 하는 것이 효과적이다. 활짝 웃으면서 큰 박수를 치며 호응을 하고 소리 내어 "감사합니다."라고 외친다. 이것이 습관이 되어 자주 그리고 많이 웃음, 박수, 감사를 실천하게 된다면, 당신이 속한 조직이나 팀은 그 어느 때보다 좋은 기운이 형성되고, 실적 또한 새로운 전성기를 맞이하게 될 것이다. 주변에서 좋은 기운을 가진 사람들 그리고 조직이나 팀을 관찰해보라. 웃음, 박수, 감사가 그들의 삶에 습관으로 자리 잡아 실천하고 있을 것이다.

행복하기 때문에 웃는 것이 아니라 웃기 때문에 행복한 것이다.
-윌리엄 제임스-

웃음에는 검증된 치료효능이 너무나 많다. 재미난 사실은 가짜 웃음에도 효능이 발생한다는 것이다. 가짜로라도 크게 웃으면 우리 뇌에서는 마치 좋은 일이 일어난 것처럼 착각을 한다고 한다. 그래서 좋은 일이 일어났을 때는 행복 호르몬이 생성되는 것이다. 건강에 가장 위협적인 각종 암의 주된 발병 요인은 스트레스라고 한다. 웃으면 스트레스가 일시적으로 해소된다. 이처럼 억지로라도 웃으면 스트레스가 줄어들고 행복 호르몬이 생성되는 효과를 볼 수가 있다. 크게 웃으면 더욱 효과는 크다고 한다.

두 번째로 박수는 경직된 몸을 풀어주고 긴장 해소, 기분 전환의 효능이 있다고 한다. 또한 자주 박수를 치면 정신적으로 좌뇌와 우뇌의 활동을 돕게 되어 머리가 좋아지고 창의력이 향상된다고 한다. 신체적으로도 소화기능이 좋아지고 통증이 완화되는 효과가 있다고 한다. 좋은 일이 있을 때, 누군가를 축하해줄 때 우리는 본능적으로 박수를 친다. 우리 뇌에서도 박수를 치면 좋은 일이 생겨났다는 신호를 감지하게 되어 행복 호르몬이 생성된다. 박수 또한 누군가를 축하해줄 때만 치는 것이 아니다. 상대의 이야기에 리액션을 크게 하면서 박수를 치는 것도 큰 도움이 된다. 박수 또한 힘을 주어 치면 더욱 효과가 크다고 한다.

세 번째로 감사는 우리의 몸에 일어나는 모든 좋은 호르몬을 한 번에 끌어모을 수 있는 강력한 힘을 가진 것이라고 한다. 감사는 좋은 것을 끌어당기는 가장 강력한 신호적 도구다. 감사할 일이 생겨났을 때 비로소 감사하는 것이 아니라 먼저 감사하라. 충분히 감사할 일들이 뒤따라 올 것이다. 감사하는 일들이 당신의 삶을 리드할 수는 없다. 먼저 감사하는 마음이 당신의 삶을 리드해야 한다.

이처럼 삶의 기운이 좋아지는 가장 신박한 습관인 웃음 박수 감사를 꼭 실천해보기 바란다.

핵심요약

당신이 속한 조직에 신바람을 만드는 법 세 가지

1) 웃음

2) 박수

3) 감사

이 세 가지를 최대한 많이 해보자!

5

올바른 과정이 올바른 미래를 만든다

　우리의 내면을 바꾸기 위해서는 목적지가 선해야 한다. 목적지가 선해야 목적지로 가는 여정 또한 선하게 된다. 가수이자 엔터테인먼트 CEO인 박진영 씨는 수년 전에 국세청으로부터 세무조사를 받은 적이 있다고 한다. 여느 때처럼 세무 조사관들은 해당 엔터테인먼트사를 샅샅이 조사하였고, 무려 2박3일에 걸쳐서 세법 위반 사항을 찾아내기 위해 작은 거래부터 모든 연결망을 조사하였지만, 위반사항이 하나도 나오지 않았다고 한다. 세무조사를 모두 마치고 국세청을 나서는 박진영을 향해서 조사관들은 고개를 숙이며 인사를 할 수밖에 없었다고 한다. 또한 박진영 씨는 새 사옥을 짓고 가장 먼저, 그리고 가장 많은 돈을 들인 곳이 직원들의 식사를 책임지는 사내식당이라고 한다. 그 식당은 1년 유지비용만 20억이 든다

고 한다. 대부분의 식재료는 유기농으로 하고, 육류는 국내산으로
만 한다고 한다. 아마도 박진영 씨가 돈이나 회사의 이익만을 좇으
며 비즈니스를 했다면 세법을 어겨서라도 더 많은 돈을 벌어들였을
것이고, 사내식당 또한 거금을 들여 만들지는 않았을 것이다. 많은
연예인들이 마약 복용으로 화제를 불러일으키고 잘못된 인성의 문
제로 뉴스거리가 되지만, 박진영 씨가 이끌어가는 엔터테인먼트 소
속 연예인들은 이러한 이슈로부터 예외가 된다. 박진영 씨가 했던
어록 중에서 "실력은 잠시 스스로를 반짝이게 하지만, 좋은 인성과
태도는 스스로를 지속하게 만든다."라는 말도 공감이 되었다. 또한
결과만 중요시되는 현시대에 과정이 더 중요하다고 가르치는 리더
는 거의 없다. 오직 결과만이 자신의 노력이 입증된다며 더 나은 성
과를 위해 계속적으로 팀원들을 밀어붙이는 리더가 판을 치지만,
박진영 씨는 과정이 옳아야 결과가 오래간다는 말을 하며 자신의
팀원들에게 진리에 가까운 훌륭한 교육을 시킨다. 세상은 멀리 보
고 크게 생각해야 한다. 누구나 단거리선수처럼 바로 앞만 보고 달
리고 있지만, 결국 인생은 길고 긴 마라톤 경기와 같아서 우리 모두
가 장거리 선수인 것이다. 반짝이는 성공은 장거리 게임에서는 빛
을 볼 수가 없다. 결국 긴 시간이 지나야 알 수 있는 승부의 세계
가 바로 우리의 인생이다. 길게 보면 우리는 반짝이는 성공을 그리
는 것이 아니라 올바른 미래를 설계해야 한다. 올바른 과정을 거쳐
야 올바른 미래를 만나게 된다. 잘못된 과정을 거쳐 올바른 미래를
만나는 경우는 없다. 만약 운이 좋아서 잘못된 과정을 거쳐 올바른

미래를 만났다면, 그것은 가짜이고 봄바람처럼 금방 사라질 성공이 된다. 조금 느리더라도, 때로는 답답하더라도 우리는 올바른 과정으로 올바른 미래를 향해 묵묵히 걸어가야 한다. 당신이 간절히 바라는 청사진이 있다면, 그 청사진으로 향하는 경로를 올바른 과정의 길인지 반드시 점검해보길 바란다.

핵심요약

올바른 과정을 거쳐야 올바른 미래를 만나게 된다. 당신의 과정이 올바른지를 점검하며 간다면 처음부터 다시 되돌아오는 일은 없을 것이다.

운의 경영법

인생은 운칠기삼이다. 이 말에 부정할 사람은 몇 안 될 것이다. 나보다 실력이 아무리 못하더라도 좋은 운을 가진 사람에게는 이길 수가 없다. 운×실력=성공이다. 성공이 운에 실력을 더한 값이 아닌, 곱하기인 이유는 운과 실력 중 하나가 아무리 100점 만점이라고 하더라도 남은 하나가 마이너스가 되면, 당신의 성공은 마이너스인 역행하는 삶이 되기 때문이다. 또한 운과 실력 중 하나가 100점이라고 하더라도 나머지 하나가 0이 된다면, 당신의 성공은 빵점이 되어 제자리걸음을 하게 된다. 결론은 당신의 성공지수를 높이기 위해서는 운과 실력 플러스 이상으로 모두 발전시켜 나가야 하는 것이다. 그중 운이 7할이고, 실력이 3할이다. 당신의 성공에는 운이 더 큰 영향을 미치게 된다. 운은 누구에게나 따르는 것이 아니다. 운 또한 잘 관리해야 한다. 운을 경영하는 법을 우리는 지금부터 배워야 한다. 누구에게나 품고 있는 운이 있다. 그 운을 잘 끄집어내어 자신의 성공에 훌륭한 도구로 사용해야 한다. 그럼 당신이 품고 있는 운을 세상 밖으로 끄집어내어 자신의 성공을 위한 훌륭한 도구로 삼는 방법은 무엇인가? 운을 경영하는 법은 무엇인가?

당신의 운은 다음 세 가지에 큰 영향을 받는다.

첫 번째가 정직함이다. 운은 당신의 정직함에 움직인다. 당신의 작은 정직함에 감동받고 움직인다. 운이 좋은 사람들의 특징 중 하나는 당당함이 있다는 것이다. 당당함은 스스로가 정직함을 가질 때 주변의 눈치를 보지 않고 자신의 뜻대로 당차게 움직이는 자신감에서 비롯된다. 정직함이 있어야 당당함이 생겨난다. 당신이 품고 있는 운을 세상 밖으로 끄 집어내기 위해서는 정직함을 지니는 것이 첫 번째 과제이다.

두 번째는 논쟁하지 않는 것이다. 논쟁에서 이기면 사람을 잃고, 지면 자존심이 상한다. 논쟁을 하지 않으면 적어도 사람을 잃거나 자존심이 상하는 일을 피할 수가 있다. 논쟁에서 이기면 상대에게 수치심을 주게 된다. 남에게 상처를 주면 품고 있던 운마저도 사라지게 된다. 불필요한 논쟁은 지금이라도 멈춰야 한다. 자신이 품고 있는 운이 달아나지 않게 하기 위해서라도 논쟁을 멈추고 진정한 소통을 해야 한다. 잘잘못을 따지고 옳고 그름을 따지는 논쟁이 아니라 상대의 마음에 공감을 하고 나의 마음을 잘 전달하는 소통을 나누어야 한다. 즉, 어설픈 지식으로 상대를 공격하는 것이 아니라 진심을 서로가 나누어야 한다.

세 번째는 감사하는 것이다. 감사는 해로운 것을 밀어내고 좋은 것을 끌어당겨 준다. 감사는 상대에 대한 고마운 마음이다. 상대에 대한 미움이나 비난은 운을 멀게 하지만, 고마운 마음은 당신이 품고 있는 운을 깨어나게 한다. 작은 것에도 감사하라. 당신의 감사하는 마음이 당신의 품에 안겨 잠들어 있는 운을 깨어나게 하는 아름다운 종소리가 되어 줄 것이다.

결국 나의 성공은 누군가를 위한 것이 아니다. 내가 원하는 것을 이루는 것이다. 내가 원하는 것을 이루는 삶은 곧 내가 원하는 삶을 사는 것이다. 내가 원하는 삶을 사는 인생이란 단 한 번뿐인 인생을 가장 의미 있고 행복하게 사는 것이다. 그래서 필자는 진정한 성공은 곧 진정한 행복을 찾는 것이라고 생각한다. 또한 당신의 진정한 성공은 정직함, 논쟁하지 않는 것, 감사하는 마음으로 운을 잘 경영하는 것과 모든 것에서 배운다는 마음가짐으로 실력을 쌓아나가는 것이 곱해져서 만들어진다는 것을 명심하자.

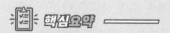

핵심요약

운×실력=성공
진정한 성공=진정한 행복을 찾는 것

복의 통로는 부모님

　생명의 시작은 수정이 일어난 지 약 일주일 후 수정란이 포배가 되어 자궁 내막에 파묻혀 달라붙는다. 이것을 임신이 되었다고 한다. 이렇게 착상이 되면 태반이 만들어져 이를 통해 태아와 모체 사이에서 물질 교환이 일어난다. 모체는 태아에게 끊임없이 산소와 영양소를 주고, 태아는 모체에게 이산화탄소와 노폐물을 보낸다. 즉, 엄마는 아이에게 끊임없이 생명에 필요한 영양소를 주고, 아이는 엄마에게 자신에게 불필요한 노폐물을 보내는 것이다. 엄마의 희생과 헌신은 이처럼 태아 때부터 시작된다. 그리고 10개월을 배 속에 품고 있다가 세상 밖으로 나오게 되면 평생을 아이를 위해 희생과 헌신을 한다. 아이가 남들보다 똑똑하든 똑똑하지 못하든, 잘났든 못났든 그것은 중요하지 않다. 그저 자신이 낳은 아이라

평생을 헌신하고 희생하며 책임진다. 진정한 헤세드 사랑을 아이에게 실천한다. 인간이 가진 여러 복 중에 태어나면서부터 타고나는 복은 생명이다. 살아 숨 쉬는 것. 이것이 인간이 가진 첫 번째 복인 것이다. 가장 근본이 되는 생명의 복은 부모님으로부터 받은 것이다. 우리는 살면서 이것을 늘 명심해야 한다.

주변 지인 중 사회생활을 너무나 잘하는 친구가 있다. 그는 자기가 다니는 회사에서 늘 좋은 실적평가를 받고 있으며, 회사 동료들에게는 인사성이 바르고 태도가 좋은 친구다. 하지만 그는 회사 밖에만 나오면 예민해지고, 회사에서 받은 스트레스를 부모님에게 푼다. 늘 받아주기만 하던 부모님은 어느새 병이 찾아와서 세상을 떠나게 된다. 밖에서만 인정받던 그 친구는 그제야 가슴을 치며 후회하지만, 좀처럼 무너진 마음이 회복되지 않는다. 늘 부모님께 예민하게만 굴었던 못난 자신의 모습이 마치 죄인처럼 느껴져 일상생활로 돌아가고 싶지만, 그것조차 쉽지가 않다. 그 친구가 뒤늦게 깨달은 삶의 가장 큰 각성은 자신이 여태껏 동아줄이 아닌, 썩은 줄을 붙잡고 살았다는 것이다. 물론 사회생활을 잘하는 것도 너무나 중요한 일이다. 하지만 우리는 태어나면서부터 붙잡고 있던 세상에서 가장 튼튼한 동아줄은 부모님과의 연줄이라는 것을 기억해야 한다. 태아 때부터 우리가 본능적으로 붙잡고 생명을 연명한 것 또한 부모님과의 탯줄이다. 우리에게 늘 좋은 것만 주셨지만, 우리는 태아 때부터 부모님에게 노폐물을 되돌려 주었다. 태어나 세상 속 삶이 시작되는 시점부터는 끊임없이 좋은 것을 되돌려 드려야 하는 존재가 바로 우리 부모님이다. 당신의 모든 복의 근원은 부모님이라는 것을 잊지 마라. 당신이 붙잡고 있는 세상에서 가장 튼튼한 동아줄은 바로 부모님과의 연줄이다. 당신의 삶에 복이 넘치기를 간절히 원하고 있다면, 당신의 부모님과의 줄부터 점검해보라. 지나고 나면 늘 찰나의 순간과도 같은 것이 우리의 인생이다. 당신이 생각하는 것보다 우리 부모님이 지금의 그 자리에서 우리를 웃으며 맞이해줄 수 있는 시간이 그리 많지 않다. 만일 이 글을 읽고 있는 독자들 중 부모님과의 사이가 좋지 않거나 서먹하다면 지금 당장 자신의 운과 복 타령을 멈추고 부모님과의 연줄을 다시금 점검하고 회복해야 한다. 당신의 자존감은 세상 밖에서 충전되는 것이 아니다. 당신의 자존감 충전소는 바로 당신의 가정이고 부모님이라는 사실을 잊지 말자. 밖에서 일을 잘하면 인정받지만, 집에서 잘하면 자존감이 충전된다. 세상에서 가장 튼튼한 동아줄, 그리고 복의 근원인 당신의 부모님과의 연줄을 건강하게 회복하길 바란다.

핵심요약

당신의 삶의 가장 튼튼한 동아줄은 부모님과의 연줄이다. 당신의 모든 복의 통로는 부모님이다. 부모님과의 좋은 관계가 당신의 복의 통로를 가장 안전하게 관리하는 유일한 방법이다.

제3부

- - - - -

나를 바꾸는 데
걸림돌이
되는 것들

손해의식과 피해의식

학창시절 친구 중 세창(가명)이라는 친구가 있었다. 이 친구는 청소시간이 되면, 다른 친구들에 비해서 늘 소극적인 태도로 행동했다. 이 모습을 보고 답답함을 느낀 우리 반 반장이 이 친구에게 좀 더 빨리 청소하자고 하면, 불만 가득한 표정으로 애써 조금 빠르게 하려는 시늉만 하는 친구였다. 학창시절을 되돌아보면, 다른 친구들에게도 세창이라는 친구의 이미지는 그리 좋지만은 않을 것이다. 그 후 시간이 흘러 다들 어른이 되었을 무렵 동창 모임에 참석했는데, 이 친구는 9급 공무원이 되어있었고, 오랜만에 자리한 동창 모임에서도 그는 자신의 직장 동료를 험담하기에 바빴다. 식사를 마치고 식사비를 계산할 때도 자신은 술을 마시지 않았으니 조금 덜 내겠다고 해서 각자 계산하기로 한 금액의 절반만 내고 집으로 가버렸다. 사실 오랜만에 봐서 그냥 웃으며 넘어가려고 했지만, 그의 모습은 다른 친구들 모두의 인상을 찌푸리게 했다.

오랜만에 봤지만, 그의 모습은 예전과 변한 것이 하나도 없었다. 시간이 지나도 매사에 소극적이고 이기적인 세창이의 마음속에는 어떠한 의식이 자리 잡게 되어 자신의 좋지 않은 모습을 방치하며 살아온 걸까? 단순히 성격 탓은 아닐 것 같았다. 필자의 생각에 세창이의 마음속에는 손해의식과 피해의식이 깊게 자리 잡고 있었던 것 같다. 손해의식은 자신이 남들보다 무언가를 더 큰 노력이나 수고를 하였을 때 마치 자신이 손해를 본다는 생각을 가지는 것이다. 이 같은 심리는 직장인들에게도 흔히 나오는 경우가 있다. 남들보다 조금 더 일찍 출근하는 것이 자신에게는 손해가 된다는 심리를 가지게 되고, 남들보다 조금 더 하는 수고나 헌신이 결국 자신만 손해를 본다는 생각을 가지게 된다. 손해의식에 갇혀 사는 이들은 남들보다 더 열정적으로 하거나, 팀을 위해 더 큰 수고를 하는 것이 손해라고 생각하기 때문에 늘 남들보다 더 큰 노력과 수고를 하지 않는다. 이들은 결국 열정 마비와 노력 마비에 빠져서 자신이 속한 조직이나 팀에서는 인정받기 어렵다. 늘 남들보다 뒤처지는 자신의 상황에 결국 피해를 보고 있다는 것에까지 이르게 된다. 손해의식은 결국 피해의식까지 부르게 된다. 이처럼 스스로의 노력과 수고를 거부하게 만드는 손해의식과 피해의식은 스스로의 변화를 만드는 데 가장 큰 장애가 된다.

함께 일을 하다 보면 두 가지 부류의 사람이 있는 것을 발견하게 된다. 자기중심적인 사람과 자기 주체적인 사람이다. 자기중심적인 사람은 늘 자기를 지나치게 보호하려는 경향이 있어 자신만을 생각하는 이기심에 빠지기가 쉽다. 내가 조금 더 노력하고 수고하는 것들이 나만 손해를 보는 것 같고, 나만 피해를 입는 것 같은 마음이 드는 것이다. 또한 자신의 노력과 수고가 특정 누군가에게만 그 이득이 돌아간다고 생각한다. 즉, 자신의 팀장이나 대표만 이득을 보게 된다고 생각하는 것이다. 그래서 스스로가 자신의 노력과 수고를 거부하고 짓누르게 된다. 분명한 경쟁 진리 중 하나는 "남들만큼 해서는 남들보다 앞서나갈 수가 없다."이다. 하지만 이들은 늘 자신의 노력과 수고를 아까워하기 때문에 남들보다 더한 성과를 내지 못해 늘 뒤처지는 삶을 살 수밖에 없다. 독자 여러분도 만일 이 같은 손해의식이나 피해의식에 사로잡혀서 살고 있다면 빨리 이것으로부터 벗어나야 한다. 손해의식과 피해의식은 자신의 노력과 수고를 마비시키는 주범이다. 반대로 자기 주체적으로 사는 사람들의 특징은 자신의 노력과 수고가 결국 자신의 성공에 큰 보탬이 된다고 생각한다. 남들보다 좀 더 일찍 출근하는 것은 오늘 하루를 좀 더 여유롭게 시작하고 싶어서이고, 남들보다 좀 더 많은 노력과 수고를 하는 것은 자신의 경험으로 자리 잡는다고 믿어서이고, 남들보다 더 큰 헌신을 하는 것은 팀에서 스스로가 좀 더 중요한 사람이라 생각하고 그 책임을 다하고 싶어서이다.

결론적으로 손해의식과 피해의식에서 갇혀 사는 사람들은 자기중심적인 사고를 가지고 있다. 반대로 손해의식과 피해의식에서 벗어나 자신의 노력과 수고로부터 자유롭게 살아가는 사람들은 자기 주체적인 사고를 가지고 있다. 독자 여러분들 중 스스로의 가치를 더 높이고 싶은 사람이라면 자기중심적인 사고에서 벗어나 자기 주체적인 사고를 가지고 삶을 살아야 한다. 지금 당신이 노력하고 수고하고 헌신하는 이 모든 것이 누구도 훔치지 못하는 자신만의 삶에 노하우와 추억으로 자리 잡게 된다는 사실을 명심하자. 당신의 모든 노력과 수고는 결국 당신에게 온전히 돌아간다는 사실을 잊지 말자.

핵심요약

나의 세상 속 가치를 더 높이고, 나를 더 나은 사람으로 바꾸기 위해서 가장 먼저 해야 할 일은 손해의식과 피해의식으로부터 완전히 벗어나는 것이다. 손해의식과 피해의식으로부터 완전히 벗어나기 위해서는 자기중심적인 사고가 아닌 자기 주체적인 사고를 가져야 한다. 지금 당신이 하는 모든 노력과 수고는 결국 당신에게로 온전히 돌아간다는 사실을 잊지 말자.

불평불만

불평불만은 당신의 성공과 행복에 큰 걸림돌이 된다. 우리의 마음속에는 두 마리의 늑대가 있다고 했다. 그중 한 마리는 긍정과 감사와 사랑을 먹고 사는 늑대이고, 다른 한 마리는 부정과 불평불만과 비난을 먹고 사는 늑대이다. 우리의 마음속 두 마리의 늑대 중 어느 것이 더욱 커져 있겠는가? 바로 당신이 밥을 주는 곳이 더욱 크게 자라나 당신의 마음을 지배하게 된다. 두 마리의 늑대 중 긍정과 감사와 사랑을 먹고 자란 늑대는 당신의 행복과 성공을 돕는다. 반대로 부정과 불평불만과 비난을 먹고 자란 늑대는 당신의 실패와 불행을 돕게 된다.

불평불만의 감정은 매사를 삐뚤어지게 보는 마음에서 생겨난다. 세상의 모든 일에는 문제가 발생된다. 독일의 철학자 니체는

"인간은 각기 저마다 자신만의 지옥이 있다."고 했다. 사람마다 각기 내용은 다르겠지만, 저마다의 문제가 있다. 그 문제는 우리의 인생을 망치는 것이 아니다. 그 문제를 해석하는 태도에 따라서 우리의 인생이 더욱 흥하기도 하고 망치게 되기도 한다. 즉, 자신의 문제를 해석하는 태도가 보다 긍정적이고, 도리어 그것에 감사하고 사랑의 감정으로 그 문제를 풀어나간다면 당신의 행복도 성공도 함께 성취하게 된다. 현재 처해있는 내 상황이 남들보다 불리하고 불행한 상황이라고 해석하고 불평불만을 가지면, 당신에게는 그 문제를 극복할 새로운 에너지가 생겨나지 않는다. 문제를 해결하기 위해서는 새로운 에너지원이 필요하다. 노력 마비, 열정 마비에서 빠르게 벗어나야 하는데, 불평불만을 가지고 살면 좀처럼 그 마비에서 벗어날 수가 없다. 불평불만에서 생겨나는 투덜거림은 결국 자신의 문제해결에도, 성장에도 도움이 되지 않는다. 불평불만은 자신의 성장 나무에 독약과도 같은 것이다. 투덜거림보다 자신이 처한 문제나 환경 그 안에서 기회를 찾아내고, 계속해서 자신의 목적지를 향해 전진할 수 있어야 한다. 더 이상 자신의 실패와 불행을 돕는 늑대에게 밥을 주지 마라. 오직 자신의 성공과 행복을 돕는 늑대에게 긍정과 감사와 사랑의 밥을 주어서 당신의 마음을 지배하게 해야 한다.

3

오래된 습관

나를 바꾸는 데 있어서 방해가 되는 것에는 "오랜 습관"이 있다. 과거로부터 지금까지 이어온 오랜 습관은 자신의 변화를 가로막고 있는 족쇄와도 같다.

세상은 너무나 빠르게 변하고 있다. 그 변화에 맞추어 리듬 있게 삶을 살기 위해서는 스스로가 세상의 변화 속도에 맞추어 변화되어야 한다. 하지만 과거의 오래된 습관은 또다시 자기유전이 되어 과거와 똑같은 생각으로, 똑같은 행동으로 살아간다. 우리의 뇌는 우리가 하루 동안 하는 행동을 기억하는 데 있어서 정해진 용량이 있다고 한다. 만일 하루 동안 열 가지 행동을 한다고 가정하면, 그중 80%인 여덟 가지는 늘 하던 습관 행동을 하게 되어있고, 나머지 20%의 두 가지는 상황에 맞는 각기 다른 행동을 한다고 한다.

결론적으로 말해서 삶의 패턴을 바꾸기 위해서는 우리의 여덟 가지의 고정된 습관을 수정하는 것이 중요하다. 고정된 습관을 수정하는 유일한 방법은 새로운 행동을 일정 기간 반복하는 것이다. 새로운 한 가지를 일정 기간 매일 반복한다면 그전의 여덟 가지의 고정된 습관 중 하나가 사라진다. 이렇듯 우리가 하루 동안 하는 행동의 80%는 고정된 습관의 반복인데, 그것 중 좋지 않은 습관을 제거하려면 새로운 좋은 행동을 반복하는 방법이 가장 빠르고 효과적이다. 예를 들면, 자신이 하루 동안 행동하는 80%의 고정된 습관 중 야식이 포함되어 있다면, 그 야식습관을 없애기 위해서는 단순히 먹는 것을 절제하는 것보다 그 시간에 운동하는 챌린지 100을 넣어서 수행한다면 분명 운동이라는 새로운 좋은 습관 하나가생겨나고, 야식이라는 좋지 않은 습관을 제거할 수 있게 된다.

필자와 함께하는 챌린지 100의 팀원 가운데 한 사람은 고정된 습관으로 자리 잡게 된 야식 때문에 체중도 늘고, 역류성 식도염으로 건강도 나빠진 것은 물론, 배달비를 포함한 야식비용이 많이 들어 저축은 생각조차 못 했는데, 챌린지 100 프로그램을 통해서 그 시간에 강둑 1시간씩 걷기를 시작했다. 챌린지 100 프로그램을 수행하면서 야식을 먹지 않게 되고, 1시간 걷기로 10kg의 다이어트에 성공했고, 야식비용이 지출되지 않아 저축도 하게 되었다. 단지 챌린지 100 프로그램으로 새로운 운동 습관 하나를 만들었을 뿐인데 야식을 끊게 되고, 건강을 되찾고, 다이어트에 성공하고, 저축도 하게 된 것이다. 그 챌린저는 지금도 하루 두 가지를 정해서 챌린지

100을 수행하고 있다. 자신감뿐만 아니라 미래에 대한 희망과 확신이 생겨나 하루하루를 행복하게 살고 있다고 스스로 고백을 한다. 필자 또한 챌린지 100 프로그램을 수행하면서 새로운 습관이 형성되면, 기존의 고정된 습관 하나가 사라지는 것을 경험했다. 더 놀라운 사실은 좋은 습관 하나가 생겨나면, 기존의 좋은 습관이 사라지는 것이 아니라 좋지 않은 습관이 사라지는 것이다. 즉, 좋은 습관 하나가 생겨나면, 그것만이 나의 삶에 유익함을 주는 것이 아니라 안 좋은 습관 하나를 사라지게 한다. 그래서 챌린지 100 프로그램으로 새로운 좋은 습관 하나를 만들고 기존의 좋지 않은 습관 하나를 제거하는 일석이조의 놀라운 효과를 보게 된다. 이처럼 나를 바꾸는 것에 방해가 되는 오래된 습관을 제거하기 위해서는 챌린지 100 프로그램을 통해서 새로운 좋은 습관 하나를 만드는 것이 유일한 방법이고 가장 빠른 방법이 되어 줄 것이다. '새로운 습관을 만드는 것이 말처럼 쉽나?'라는 의구심이 들 수도 있을 것이다.

챌린지 100 프로그램은 행동과학에 근거해서 만든 프로그램이라 누구나 쉽게 도전할 수 있고, 누구에게나 높은 수행률을 만들어 줄 것이다. 그것은 바로 챌린지 100 프로그램의 핵심요소인 T, G, B, P, S에 있다. 이 다섯 가지에 충족된 프로그램을 완성시켜 실험해보라. 스스로가 얼마나 수행능력이 뛰어난지를 알게 될 것이다. 이 글을 보는 독자들도 챌린지 100 프로그램을 만들어 실행해보라. 챌린지 100 프로그램을 통해서 새로운 좋은 습관이 만들어지고, 자신의 오래된 좋지 않은 습관 하나가 제거되는 놀라운 경험을 하게 될 것이다.

자만

　자만은 스스로 가득 찬 상태를 말한다. 오직 자신감으로 가득 차 있어서 타인의 조언이 귀에 들어오지 않고 스스로가 완벽하다고 믿고 있어 배움의 문이 닫혀버린 상태를 말한다. 자신감과 자만의 차이를 보면, 자신감은 "나도 할 수 있다!"란 마음이고, 자만은 "나만 할 수 있다!"란 마음이다. 나를 바꾸기 위해서는 새로운 지혜가 절실하다. 내가 가지고 있던 고집과 아집을 내려놓고 새로운 지혜를 받아들일 때 우리는 깨우침을 얻고 각성하게 된다. 우리의 삶이 성장하고 발전하는 계기는 각성을 하는 시점이라고 한다. 각성이라 함은 깨어 정신을 차림을 뜻한다. 깨어 정신을 차려야 우리는 성장하고 발전하게 된다. 자만하는 사람에게는 각성의 기회가 생겨나지 않는다. "겸손은 기회를 부르고 자만은 위기를 부른다."는 현자의 말이 있다. 스스로가 부족함을 알고 모든 것에서 배우려는 겸손의 마음가짐은 각성을 얻게 되어 새로운 기회를 불러오게 되지만, 스스로가 완벽하다고 믿고 배움의 문이 닫혀있는 자만을 가진 사람에게는 위기가 찾아오게 된다. 우리가 끊임없이 성장하고 발전된 모습을 통해 진정한 행복감을 성취하기 위해서는 분명 우리는 "나도 할 수 있다."는 자신감을 가지되, 스스로가 부족함을 알고 모든 것에서 배우려는 겸손의 마음가짐으로 살아야 한다. 또한 "나만 할 수 있다."는 자만에서 벗어나 각성을 할 수 있어야 한다.

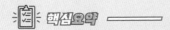 **핵심요약**

겸손은 기회를 부르고, 자만은 위기를 부른다. 스스로의 성장을 가로막는 자만에서 빠르게 벗어나자.

5

되면 한다

요즘 시대는 "하면 된다."의 정신이 아닌, "되면 한다."의 정신이 판을 치고 있다. 2030세대들에게 "하면 된다."는 말은 통하지 않는다. 이들은 "되면 한다."의 정신으로 자신의 노력과 미래를 점친다.

필자는 성공을 꿈꾸고 있고 그 성공을 위해서라면 그 어떠한 노력도 감수하겠다는 정신을 가지고 있는 사람들에게 매우 희망 넘치는 이야기를 해주고 싶다. "바로 지금, 당신은 성공하기 가장 쉬운 세상에 살고 있다."라는 말이다. 20년 전의 새로운 밀레니엄 시대에는 누구나 열심히 일했지만, 지금은 누구도 열심히 일하지 않는다. 지금의 대부분 2030세대들은 젊은 시절 열심히 살아서 결혼을하고, 아이도 낳고, 멋진 성공을 이루는 꿈을 애초부터 꾸지 않는다. 요즘 언론에는 연일 인구감소에 대한 문제가 핫이슈로 떠오르고 있다. 출산율 저하로 인구가 감소되는 사회적 문제는 우리나라 같이 특정 나라나 지역만의 문제가 아니다. 수년 전까지만 해도 인구가 넘쳐나는 중국에서는 1가구 1자녀까지만 출산을 허용하였고, 그 이상의 자녀를 출산할 시에는 벌금까지 내게 하며 출산율 저하에 노력하였다. 하지만 이런 중국조차도 지금은 출산율을 높이는 정책을 공격적으로 펼치고 있다. 출산율 감소와 인구감소는 지구촌 전체의 공통된 문제가 되었다. 전 세계의 각기 다른 문화가 이제는 하나의 문화로 바뀌고, 사회적 문제조차도 하나로 통일되고 있다. 이는 각종 미디어(넷플릭스 등등)와 SNS(페이스북, 틱톡, 인스타그램 등등)로 인해 전 세계가 함께 24시간 소통하고 있는 것 또한 한몫을 하고 있다. 즉, 각기 다른 수많은 나라의 문화가 하나로 뭉쳐지고 있고, 전 세계의 2030세대들의 생각이 점점 같아지고 있다는 것이다. 이들은 젊은 시절 열심히 살고, 청춘을 바쳐 결혼을 하고, 아이를 낳고, 멋진 미래를 준비하는 것을 마치 덧없는 노력과 손해라고 생각한다. 미래보다는 당장 지금 내가 좋아하는 것에만 집중한다. "하면 된다."의 정신은 분명 "하면"이 가정이기 때문에, 지금 내가 노력을 하면 언젠가는 내가 원하는 미래를 만들 수 있다는 마음이다. 반대로 "되면 한다."의 정신은 분명 "되면"이 가정이기 때문에, 결과적으로 될 가능성이 높아야 노력을 하겠다는 마음이다. 분명한 진리는 노력하는 과정에서 수많은 삶의 노하우와 수완을 터득하게 된다. 결과적으로 더 많은 "된다"를 만들어 낼 수가 있다. 하지만 될 가능성이 높은 것에만 나의 노력을 더 한다면 분명 그곳에는 경쟁자가 넘쳐날 뿐 아니라 사회적 기득권자들이 앞서 쟁탈한 뒤에서야 결승전에 도착하게 될 것이다. 결국 "되면 한다."의 정신으로는 얻을 것이 없다. 100년, 1000년이 지나도 "하면 된다."의 정신이어야 진정한 귀한 것을 얻을 수가 있다. 적어도 지금 이 글을 읽고 있는 독자들께서는 "되면 한다."의 정신을 버리고 "하면 된다."의 정신으로 자신의 노력을 더 하는 삶을 살기를 바란다. 분명 가까운 미래에 노력하고 고생한 보람이 찾아올 것이다.

핵심요약

"되면 한다."의 정신이 아니라 "하면 된다."의 정신이어야 귀한 것을 얻을 수가 있다.

고정형 마인드셋

인간의 마인드셋에는 두 가지 유형이 있다. 첫 번째 유형은 고정형 마인드셋이다. 고정형 마인드셋을 가진 사람들의 특징은 자신이 체험한 과거의 경험에만 의존하여 삶을 살아간다. 또한 새로운 노력이나 시도를 거부한다. 자신이 과거에 경험한 것만 믿고 그것을 토대로 생각하고 움직인다. 이들은 새로운 만남이나 새로운 미래계획 또한 불편해한다. 오직 과거의 방식이 최고이고, 과거의 모습을 유지하는 삶이 최선이라고 믿는다.

두 번째 유형은 성장형 마인드셋이다. 성장형 마인드셋을 가진 사람들은 분명 과거보다 미래가 더 나을 것이라는 희망을 가지고 새로운 노력과 시도를 즐겨한다. 과거보다 미래성장을 목표로 사고하고 행동한다. 이들은 새로운 정보나 배움에 늘 개방적이고 적극적이다. 또한 새로운 변화에 두려움이 아니라 설렘으로 스스로를 적극적으로 변화시켜 나간다. 필자는 "play to win!"이라는 문장을 좋아한다. 분명 우리는 이기기 위해 플레이하는 것이다. 목표가 비기는 삶이 되어서는 안 된다. 결과가 이기든, 지든, 비기든지 간에 우리의 목표는 이기는 것이 되어야 한다. 고정형 마인드셋을 가진 사람들의 특징은 존재나 능력이 마치 고정된 물체와 같아서 자신의 노력으로 바꿀 수 없다고 믿는 사고방식을 가진다. 재능은 타고 난다고 믿고, 사람의 능력치 또한 정해져 있다고 믿는다. 그래서 인간은 타고난 성품과 타고난 재능으로 삶을 살아가게 되어있어서 그 이상의 특별한 노력은 소용이 없다고 생각한다. 본인 스스로가 한계치를 정하고 더 이상의 노력을 할 수 없도록 고정된 프레임을 스스로에게 씌움으로써 성장을 할 수 없게 된다. 이들은 그 어떠한 노력에도 스스를 바꿀 수 없다고 믿고 있고, 바꾸는 것을 거부하는 사람들이다. 만일 당신이 성장을 원하고 성공과 행복을 갈구하고 있다면, 당신은 고정형 마인드셋으로부터 벗어나야 한다. 당신은 태어나서 지금까지 수만 번 변화를 통해 지금의 모습이 되었다는 것을 잊지 말아야 한다. 인간은 변한다. 스스로가 변하고 싶다면 더욱 빠르게 변한다. 우리의 삶도, 우리의 모습도, 자연도, 우주 만물도 시간이 흐름과 동시에 끊임없이 변한다. 우리의 재능도 노력이라는 영양을 먹고 끊임없이 자라난다. 당신은 지금 이 순간에도 자라나고 있다. 당신이 변한다는 사실을 믿는 순간 노력을 통해서 더 나은 모습으로 계속해서 바뀌어져 가고 있다. 그래서 당신은 스스로의 미래를 기대하며 오늘을 살아야 한다.

핵심요약 ━━━━━━━━

당신이 스스로를 바꾸기 위해서는 고정형 마인드셋으로부터 벗어나 성장형 마인드셋을 가져야 한다. 성장형 마인드셋을 가지는 순간 당신은 계속해서 더 나은 모습으로 바뀌어져 가게 될 것이다.

게으름

게으름은 행동이 느리고 움직이거나 일하기를 싫어하는 태도나 버릇을 말한다. 대부분의 인간들은 자신이 하고자 하는 것에는 매우 적극적이고 부지런하지만, 그 외의 것들에는 항상 미루는 경향이 있다. 여기서 우리는 게으름을 경계하여야 하지만, 게으른 사람을 비난할 필요는 없다. 인간의 본성은 원래부터가 이기적이고 게으르다. 게으름에서 벗어나 부지런한 사람이 칭찬받을 일이지, 게으른 사람들 비난할 필요는 없다. 인간이라면 누구에게나 인간의 본성인 게으름을 타고났기 때문이다. 그렇다고 필자가 게으른 사람을 칭송하는 것은 아니다. 단지 게으름에서 벗어나 매사에 부지런함으로 삶을 살아가는 사람들을 위대하게 생각하는 것이다. 게으른 사람들은 새로운 변화를 싫어한다. **게으른 사람들은 편안함을**

추구하고 동적인 것을 싫어한다. 게으른 사람들은 "내일부터!"라는 말이 습관이 되어있다. 무엇이든 내일부터 해야 마음이 편한 사람들이다. 반대로 부지런한 사람들은 정적인 것보다 동적인 것을 좋아한다. 새로운 변화나 시도를 즐겨 하고, 하고자 하는 일은 내일부터가 아니라 지금 당장 하는 것을 좋아한다.

주변에 자신의 삶을 진취적으로 살아가는 사람들을 보면, 그렇지 못한 사람들보다 항상 시작이 빠르다. 진취적인 사람들은 "시작이 반이다."라는 것을 절실하게 믿고 행동으로 옮긴다. 자신이 어떠한 프로젝트를 짜거나 계획한 것이 있으면 시작하는 템포가 빨라서 주변에서 진행 정도를 물어보면 기대치보다 항상 앞서나간다는 것을 실감하게 된다. 시작을 빠르게 하는 것! 이것은 그들만의 특별한 노하우다. 남들보다 더 나은 삶은 특별한 재능에 달려있는 것이 아니다. 1%의 차이가 100% 다른 삶을 살게 한다. 그 1%로는 시작을 빠르게 하는 것이다. 게으른 사람들에게는 늘 시작이 느리다. 그래서 마무리도 늦다. 게으른 사람들에게는 과거보다 더 나은 미래를 만나기가 너무나 어렵지만, 진취적이고 부지런한 사람들에게 더 나은 미래는 어쩌면 당연한 결과물이 된다. 게으른 사람들 모두가 실패하는 삶을 사는 것은 아니겠지만, 성공한 모든 사람들은 게으르지 않다. 게으른 것과 느린 것은 분명 다르다. 사람마다 삶의 리듬이 있고 자신만의 속도가 있다. 필자가 말하는 게으른 것은 리듬과 속도를 말하는 것이 아니다. 시작은 누구나 빠르게 할 수가 있다. 이것은 재능이 아니라 선택이기 때문이다. 계획이 서면 당신의 시작은 내일로 미루어서는 안 된다. 지금 바로 시작해야 한다. 내일 하겠다는 말은 하지 않겠다는 뜻으로 우리의 뇌는 인식을 한다. 지금 하는 것이 내가 통제 가능한 지금이라는 시간에 무언가를 생산해낼 수가 있다.

우리의 뇌는 내일로 미루면 막상 내일이 되었을 때 그중 30%만 기억하고 명령한다. 지금 하지 않으면 나의 생산성은 30%가 최대치가 되는 삶을 살게 된다. 나를 바꾸고 더 나은 내일을 만들기 위해서는 게으름에서 벗어나 진취적인 사람이 되어야 한다. 당신이 무언가를 시작하기에 가장 적당한 때는 바로 지금이다. 지금 바로 시작하라!

핵심요약

나를 바꾸고 더 나은 미래를 만들기 위해서는 게으름에서 벗어나 진취적인 사람이 되어야 한다. 무언가를 시작하기에 가장 좋은 때는 바로 지금이다. 지금 바로 시작하라!

포기

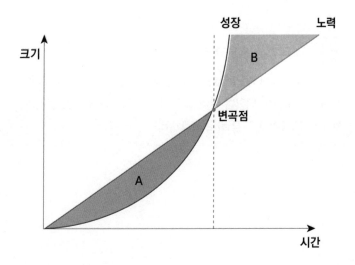

우리가 무슨 일을 새롭게 시작한다면, 위의 그래프의 법칙을 따

르게 될 것이다. 단, 자신이 꾸준한 노력을 했을 때만 이 조건이 성립된다.

그래프를 살펴보면, A구간과 B구간이 있다. 당신이 새로운 일이나 프로젝트를 시작하였다면, 당신이 노력을 꾸준히 한다는 가정하에 성장의 그래프는 당신의 노력에 비해 낮은 수치를 기록하게 된다. 즉, 처음부터 일정 시간까지는 노력에 비해서 성장의 결과치가 낮게 나오게 된다. 이 구간을 "마의 구간"이라고 생각해도 좋다. 스스로가 가장 힘들고 포기하고 싶은 구간이다. '나는 어차피 노력을 해도 안 돼!'라는 생각에 빠지기 쉽다. 그래서 대부분의 사람들이 A구간에서 포기를 하게 된다. 결국 자신의 노력을 포기하든지, 그 일이나 프로젝트를 포기하게 된다. 하지만 우리가 유심히 살펴봐야 할 곳은 변곡점이 지나는 이후의 구간인 B구간이다. 자신의 노력을 포기하지 않고 꾸준히 전진하게 된다면 변곡점을 지나는 시점부터는 노력의 수치보다 성장의 결과치가 더 높게 나오는 B간을 만나게 된다. A구간을 지나 B구간을 만나는 사람만이 달콤함 보상과 행복을 맛볼 수가 있다. 자신의 노력보다 결과치가 낮은 A구간을 견디지 못하면 결코 짜릿한 B구간을 경험할 수가 없다. 매사에 포기를 잘하는 사람들은 대부분 A구간에서 포기한다. 자신의 노력을 믿어서 포기하지 않고 변곡점을 지나 B구간을 한 번이라도 경험해본 사람들이라면 무슨 일이든 쉽게 포기하지 않는다. 당신은 어떠한가? 만일 포기에 익숙한 사람이라면, 당신이 매번 힘들어 포기하고 싶은 그 바로 다음 날이 변곡점을 지나 황금의 B구간의 출입구를 만나는 날이 될 수도 있다는 것을 명심하자. 터널의 끝은 곧 빛의 시작이다. 포기하지 말고 A구간을 지나 빛의 B구간을 꼭 맛보길 바란다.

핵심요약

포기하는 순간 또다시 마의 구간인 A구간을 벗어나지 못한다. A구간을 지나야만 B구간을 만난다는 것을 명심하자. 행복의 B구간을 만나기 전까지는 절대로 포기하지 말자.

우유부단

　직장인 상철 씨는 우유부단한 성격 때문에 매사 주변인들의 인상을 찌푸리게 만든다. 직장 동료들과 점심식사를 하기 위해 회사 주변 식당에 가면 상철 씨 때문에 언제나 메뉴 주문이 늦어진다. 상철 씨의 우유부단함은 먹는 것에만 적용되는 것이 아니다. 업무 처리에 있어서도 직책이 과장이라 후배들에게 때로는 복잡한 사안들을 정리하고 결정지어 주는 단호한 역할을 해야 하지만, 늘 결정을 하지 못해 부하 직원들이 스스로 결정해야 할 때가 많다. 상철 씨는 우유부단한 성격 탓에 회사에 입사한 지 10년이 넘었지만, 아직 과장직에 머물러 있다. 함께 입사한 동기들은 벌써 차장으로 승진되어 각자의 파트에 팀장이 되어있지만, 상철 씨는 과장이란 직책에 오래 머물러 있어서 입사 후배인 팀장의 업무지시를 받고 있다.

상철 씨도 자신의 우유부단한 성격이 너무나 싫지만, 좀처럼 바뀌지 않는 성격 때문에 스스로에게도, 주변 사람들에게도 답답함을 느끼게 한다.

독자 여러분들께서도 우유부단한 성격으로 삶의 불편함을 느끼며 살아간다면 이 글을 잘 읽어 보시길 바란다.

우유부단한 성격은 왜 생겨나는 것일까? 우유부단하다는 뜻은 어물어물 망설이기만 하고 결단성이 없다는 것을 뜻한다. 즉, 쉽게 결정을 잘 내리지 못하는 것이다. 그럼 우유부단한 사람들은 무엇 때문에 쉽게 결정을 내리지 못하는 걸까? 반대로 무언가를 결정하는 데 있어 단호하게 결정을 잘 내리는 사람들과는 무엇이 다른 걸까? 인간이 쉽게 결정을 내리지 못하는 이유는 두 가지가 있다. 후회의 두려움과 질책의 두려움 때문이다.

우유부단한 사람들의 내재된 심리에는 후회와 질책의 두려움이 있다.

첫 번째로, 후회의 두려움이란 자신이 어떠한 선택을 했을 때 후회를 하는 것에 대한 두려움이다. 더 나은 선택을 하지 못해서 후회할 것 같은 두려움이다. 이것을 극복하기 위해서는 우리의 고정관념을 바꿔야 한다. 인생에 최고의 선택은 없다. 단지 좋은 경험과 좋지 않은 경험만 존재 할 뿐이다. 후회의 두려움을 가지고 있는 사람들에게는 자신의 선택이 '최고의 선택이 아니면 어떡하지? 그럼 후회할 것 같은데.'라는 두려움 때문에 결정에 앞서면 매번 망설이게 되는 것이다. 기억하자. 인생에 최고의 선택이란 애초에 존재

하지 않는다. 단지, 자신이 선택한 것을 최고로 만드는 것만 존재할
뿐이다.

두 번째로, 질책의 두려움이란 자신이 무언가를 선택했을 때 그
선택으로 인해 주변 사람들에게 피해를 주거나 질책을 당하면 어떡
하지?라는 두려움이다. 이들에게는 과거의 질책받은 경험이 상처로
남아 하나의 트라우마로 자리 잡게 된 경우가 많다. 질책의 두려움
을 극복하기 위해서는 미움받을 용기를 가지는 것이 중요하다. 누
군가에게 질책을 받거나 미움을 받는 것에 대한 두려움을 가진다
면, 주변 사람들의 눈치를 보느라 스스로가 단호하게 결정을 내리
는데 너무나 큰 심리적 방해가 된다. 개의치 마라. 무언가를 결정할
때 그 결정의 의도가 남에게 피해를 주기 위함이 아니지 않은가?
세상에는 성공과 실패가 있는 것이 아니라 성공과 과정만 있을 뿐
이다. 자신이 어떠한 결정을 하든 그것에 나쁜 의도만 없다면 그 결
정은 무조건 옳다. 때로는 결과가 좋지 않아 주변의 질책을 받게 되
더라도 과정에서 최선을 다했다면 후회할 필요가 없다. 세상도, 우
리의 인생도 이러든 저러든 흘러간다. 너무 세세하게 남 눈치 보며
살지 마라. 의도만 나쁜 것이 아니라면 당신이 어떠한 결정과 선택
을 하든 남의 눈치를 볼 필요는 없다. 인생은 자기 주체적으로 살
아야 한다. 자기 스스로 생각하고, 선택하고, 결정을 내려야 한다.
혼자 결정하기 어렵거나 중요한 사안들은 주변의 현명한 사람을 찾
아가 고민을 털어놓고 조언을 구하는 것도 좋다. 하지만 간단하고
사소한 결정들은 어차피 과정만 조금 다를 뿐 목적은 같다. 이런

사소한 것들은 스스로가 단호하게 결정을 내려도 큰 무리가 없다.

필자 또한 20살 이전까지만 해도 매사에 소심하고 우유부단한 성격이었다. 하지만 지금은 우유부단함을 극복하여 반대로 지인들로부터 단호한 사람으로 평가받고 있다. 애초부터 최고의 선택이란 존재하지 않는다는 진리를 깨닫고부터는 결정이 너무나 수월해진 것 같다. 단, 내가 그 선택에 후회를 하지 않기 위해서는 내가 결정한 것에 대한 사랑과 책임이 뒤따르면 된다.

내가 결정한 것이 최고였다는 것을 입증하기 위한 노력은 분명 필요하다. 내가 결정한 것을 지극히 사랑하고 그것에 끝까지 책임을 진다는 마음으로 최선을 다한다면, 내가 어떠한 결정을 내리더라도 그 결정이 최고였다는 것을 입증할 수가 있게 된다. 그리고 남 눈치 보지 마라. 나에게 집중하기에도 너무나 모자란 시간이 우리의 삶이다. 결정의 의도만 나쁜 것이 아니라면, 주변 사람들의 시선은 참고만 할 뿐 스스로 눈치로 받아들여 자신의 상처로 만들 필요는 전혀 없다.

🗒️ **핵심요약**

나를 바꾸는데 우유부단함은 커다란 방해적 요소가 된다. 우유부단함을 극복하기 위해서 우리가 명심해야 할 것이 있다. 애초부터 최고의 선택이란 존재하지 않는다. 우리가 선택한 것을 최고로 입증하는 것만이 존재할 뿐이다.

편안함

편안함이란 누구에게나 달콤한 말이다. 누구나 편안함을 누리고 싶어 한다. 세상에는 우리를 유혹하는 것 중에 함정이 숨어있는 것들이 너무나 많다. 편안함에는 게으름과 나태함이라는 함정이 숨어 있다. **편안함을 지나치게 추구하면 게으름과 나태함으로 변질된다.** 예를 들어 설탕은 먹을 때는 달콤하고 좋지만, 결과적으로 우리의 몸을 망가뜨리는 주범이 된다. 즉, 우리가 지금 원하고 좋아하는 것일지라도 결국 스스로를 지금보다 더 좋지 못한 모습으로 변질되게 만드는 것들이 너무나 많다. 우리는 이것들을 잘 분별하며 살아야 그 함정에 빠져 후회하고 불행한 삶을 사는 것을 예방할 수가 있다.

요즘 행복에 관련된 책이나 영상이 홍수처럼 쏟아져 나오고 있다. 이것은 요즘 사람들의 주된 관심사가 행복이기 때문이라고 생각한다. 우리는 '어떻게 하면 단 한 번뿐인 인생을 더욱 의미 있고 행복하게 살 수 있을까?'라는 질문을 던지며 살아간다. 각자 저마다 행복의 기준이 다르겠지만, 대부분의 사람들은 지금 이 순간 기분이 좋으면 행복하다고 생각한다. 물론 그것도 틀린 말은 아니다. 하지만 기분 좋은 것에는 여러 가지의 감정이 있다. 기쁨이 있고, 즐거움이 있고, 쾌락이 있다. 우리가 조심해야 할 것 중 하나는 쾌락이다. 모든 쾌락이 나쁜 것은 아니지만, 순간적인 쾌락이나 물질적인 쾌락은 경계해야 한다. 이것에는 함정이 숨어져 있기 때문이다. 중독성이 있거나, 그것에만 의존하는 경향이 생겨나 스스로를 더욱 못난 사람으로 변질되게 한다. 마약이나 섹스 같은 것이 이들에 해당이 된다. 섹스의 경우 사랑하는 상대와 육체적인 교감을 하는 것은 커다란 의미와 행복이 있다. 하지만 자신의 욕구를 해소하기 위한 수단이 되어서는 안 된다.

다시 행복의 주제로 돌아가서, 우리는 편안함이란 단어의 개념을 잘 이해하고 구분할 수 있어야 한다. 편안함은 육체적인 편안함과 정신적인 편안함이 있다. 정신적인 편안함은 스트레스가 없는 상태를 말한다. 정신적 편안함은 누구에게나 필요하다. 하지만 지나치게 정신적인 편안함만을 추구하게 된다면, 때때로 우리에게 필요한 스트레스 또한 스스로 거부하는 현상이 생겨난다. 우리가 무언가를 성취하기 위해서는 반드시 어떠한 수고가 뒤따른다. 수고가 뒤따른다는 것은 스트레스가 동반된다는 것인데, 이것을 거부하게 된다면 우리는 그 무엇도 성취할 수가 없다. 이처럼 편안함만을 지나치게 추구한다면, 우리는 그 어떠한 심적 불편함이나 수고와 노력을 거부하게 된다. 이처럼 정신적인 편안함만 지나치게 추구하게 된다면 결국 정신적으로 게으름과 나태함으로 변질되게 된다. 육체적인 편안함 또한 마찬가지다.

누구나 육체적인 편안함을 추구한다. 하지만 이것 또한 지나치게 편안함만을 추구한다면 게으름과 나태함에 빠져들기 쉽다. 육체적인 움직임은 우리의 생산성을 높여준다. 편안함이 지나치면 결국 게으름과 나태함에 빠져서 자신의 생산성을 떨어뜨린다. 이처럼 편안함이 지나치면 게으름과 나태함으로 변질되어 스스로가 더욱 퇴보하는 삶을 살게 된다. 행복 또한 점점 멀어지게 된다.

편안함은 누구에게나 갈망의 대상이고 매력적인 말이다. 하지만 지나치면 안 된다. 지금 당신에게 삶의 슬럼프가 찾아왔다면 스스로 되돌아보라! 자신의 게으름과 나태함을 슬럼프로 착각하고 있는 것은 아닌지?

현자는 말했다. 편안함 속에 위기가 숨어있고 움직임 속에 기회가 숨어져 있다고. 편안함은 스스로를 바꾸고 변화하는 것에 커다란 방해가 된다는 것을 잊지 말자!

 **핵심요약**

편안함이 지나치면 게으름과 나태함으로 변질된다. 게으름과 나태함은 스스로를 바꾸고 변화하지 못하게 막는 걸림돌이 된다.

챌린지 메뉴판

챌린지 100 프로그램을 단 한 번이라도 수행해 본 챌린저라면 그다음 챌린지를 계속해서 수행하고 싶은 마음이 커질 것이다. 그 이유는 챌린지 100이라는 시스템이 자신의 삶에 커다란 변화를 만들어 줄 획기적인 도구라는 것을 믿게 되기 때문이다. 필자의 책 속에 있는 내용 중 "자신을 100% 믿지 마라!"라는 말을 기억하는가? 인간은 이기적이고, 게으르고, 관성에 의해 변화를 싫어하는 본성이 있어 스스로를 100% 믿게 된다면 자신이 원하지 않는 모습으로 변질되기가 쉽다.

자신을 100% 믿는 것은 위험한 일이다. 자신의 50%만 믿고 나머지 50%는 자신이 만들어 놓은 시스템을 믿어야 한다. 챌린지 100 프로그램도 자신의 하루 일과 중 하나의 시스템으로 자리를 잡는다면 당신의 미래는 분명 업그레이드될 것이다. 지금부터는 새롭게 시작하는 챌린저들과 수행을 끝내고 그다음 챌린지를 수행할 챌린저들을 위해서 상황에 따른 챌린지 메뉴판을 알려주겠다. 스스로 챌린지 목록을 정하는 것도 좋지만, 필자의 챌린지 메뉴판을 보고 자신을 바꾸는 데 있어서 도움이 될만한 챌린지 목록을 정하는 일도 필요할 것이다. 참고로 필자가 추천하는 챌린지 메뉴판은 실제로 수많은 챌린저들이 수행한 결과, 반응이 좋았던 것 위주로 작성하였다. 이 중 한 가지를 정하고 100일 동안 100번을 수행하면 된다. 매일 달성 시 인증샷이나 타임랩스 영상을 챌린지 단체방에 공유하고 며칠 차 달성하였는지를 올리면 된다.

다이어트와 건강에 도움되는 챌린지(택1)

☆ 하루 팔굽혀펴기 100회 하고 인증영상 타임랩스로 공유하기!

☆ 저녁식사는 5칼로리 곤약젤리 3팩으로 대체하기!(인증샷 공유 필수)

☆ 줄넘기 하루 200개씩 하고 인증영상 타임랩스로 공유하기!

☆ 윗몸일으키기 하루 100개씩 하고 인증영상 타임랩스로 공유하기!

☆ 하루 만보 걷기 하고 기록 인증샷 공유하기!

☆ 하루 5Km씩 걷고 인증영상 타임랩스로 공유하기!

☆ 하루 반신욕 20분씩 매일 하고 인증샷 올리기(옷 입고)!

☆ AB슬라이더(복근 운동기구) 하루 10개 ×5세트 매일 하고 인증영상 타임랩스로 공유하기!

☆ 공복에 아파트 계단 1층부터 맨 위층까지 걸어서 올랐다 다시 내려오고 인증영상 타임랩스로 공유하기!

☆ 매일 헬스장 가서 런닝 30분 + 웨이트 30분 하고 인증샷 올리기!

☆ 맨발로 하루 1Km씩 걷고 인증영상 타임랩스로 공유하기!

☆ 강아지와 매일 1Km씩 산책하고 인증영상 타임랩스로 공유하기!

부부관계를 좋게 하는 챌린지(택1)

☆ 하루 두 번(출근, 퇴근) 볼에 뽀뽀하고 인증샷 공유하기!

☆ 하루 한 번 배우자에게 카톡으로 감사표현의 글을 보내고 인증샷 공유하기!

☆ 하루 1시간 배우자와 대화 나누고 인증샷 공유하기!

☆ 배우자에게 하루 1장씩 편지 쓰고 인증샷 공유하기!

☆ 하루 한 번 배우자와 예쁜 카페에서 데이트하고 인증샷 공유하기!

☆ 배우자에게 하루 1만 원씩 선물로 주고 인증샷 공유하기!

☆ 배우자에게 하루 20분씩 다리 안마해주고 인증영상 타임랩스로 공유하기!

☆ 하루 20분씩 배우자의 대화를 경청하고 공감해주고 인증샷 공유하기!

☆ 하루 1번 장모님 또는 시어머니께 안부 전화하고 통화 인증샷 공유하기!

☆ 하루 5Km씩 부부가 손잡은 채 산책하고 인증샷 공유하기!

☆ 하루 독서 30페이지씩 하고 감상문 적어 공유하기!

☆ 하루 명상 1개씩 듣고 마음 정화하기 -> 인증영상 타임랩스로 공유하기!

☆ 하루 영어단어 10개씩 10번 쓰고 외우기 -> 인증샷 공유하기!

☆ 하루 수학문제 10개씩 풀고 채점 및 해답풀이 후 인증샷 공유하기!

☆ 토익문제 하루 10개씩 풀고 채점 및 해답풀이 후 인증샷 공유하기!

☆ 하루 동기부여 동영상 1개씩 본 후 감상문 쓰고 인증샷 공유하기!

☆ 자신의 분야에 관련있는 유튜브 영상 하루 1개씩 본 후 감상문 쓰고 인증샷 공유하기!

☆ 자신의 블로그에 글 하루 1개씩 올리고 인증샷 공유하기!

☆ 자신의 유튜브 하루 1개씩 제작해서 공유하기!

☆ 스승님에게 양해를 구한 후 하루 1개씩 질문하고 인증샷 공유하기!

☆ "나는 할 수 있다!"를 하루 100번 외치고 인증영상 타임랩스로 공유하기!

☆ 나의 목표를 하루 100번 쓰고 인증샷 공유하기!

☆ 하루 1개씩 취업지원서 내고 인증샷 공유하기!

☆ 하루 10개씩 면접 예비문항 만들고 대답 작성 후 인증샷 공유하기!

☆ 하루 10분 거울 보고 웃으며 "감사합니다."를 말하고 인증영상 타임랩스로 공유하기!

☆ 하루 1번 취업에 도움이 되는 유튜브 영상 본 후 감상문 쓰고 공유하기!

☆ 하루 100번 "취업시켜 주셔서 감사합니다."를 외치고 인증영상 타임랩스로 공유하기!

☆ 자신이 원하는 기업홈페이지에 하루 1개씩 글 남기고 인증샷 공유하기!

☆ 하루 10Km씩 뛰고 인증영상 타임랩스로 공유하기!

☆ 하루 1개씩 취업한 선배들에게 질문하고 인증샷 공유하기!

☆ 하루 아침에 일어나서 자신의 이부자리 정리 후 인증샷 공유하기!

☆ 하루 아침과 저녁 기도문 쓰고 인증샷 공유하기!

부자를 꿈꾸는 사람들을 위한 챌린지(택1)

☆ 매일 도시락 싸고 인증샷 찍어 공유하기!(식비 아끼기)

☆ 하루 1만 원 이하로 소비하며 가계부 쓰고 공유하기!

☆ 하루 1만 원씩 자유적금에 넣고 인증샷 공유하기!

☆ 부자에 관련된 책 하루 30페이지씩 읽은 후 감상문 쓰고 인증샷 공유하기!

☆ 부자에 관련된 유튜브 영상 1개씩 본 후 감상문 쓰고 인승샷 공유하기!

☆ 하루 "나는 100억 부자가 되겠다!"를 100번 쓰고 인증샷 공유하기!

☆ 자신의 비젼보드를 만들고 비젼보드 앞에서 인증샷 하루 1번 찍고 공유하기!

☆ 자신이 부자가 되기 위해 개선해야 할 점 10개를 작성한 후 그 10개를 매일 10번씩 반복해서 쓰고 인증샷 올리기!

☆ 매일 하루 금연하기 하고 내용 공유하기!

☆ 매일 돈에게 1통의 편지 쓰고 인증샷 공유하기!

☆ 성공과 관련된 책 하루 30페이지씩 읽은 후 감상문 쓰고 인증 샷 공유하기!

☆ 성공과 관련된 동기부여 영상 하루 1개씩 본 후 감상문 쓰고 인증샷 공유하기!

☆ 10년 뒤의 나 자신에게 하루 1통의 편지를 쓰고 인증샷 공유하기!

☆ "나는 반드시 성공한다!"를 하루 100번씩 쓰고 인증샷 공유하기!

☆ 출근시간 하루 10분 일찍 하고 인증샷 공유하기!

☆ 부모님께 하루 1번 감사표현 카톡으로 하고 인증샷 공유하기!

☆ 하루 한 번 자신의 멘토에게 감사표현하고 인증샷 공유하기!

☆ 자신의 연봉을 올리기 위한 10가지 행동노력을 작성한 후 하루 10번씩 반복해서 쓰고 인증샷 올리기!

☆ 하루 성취리스트(중요한 업무리스트)를 10가지씩 작성하고 실행여부 체크 후 인증샷 공유하기!

☆ 하루 10개씩 쓰레기 줍고 인증샷 공유하기!(운)

재활치료 중인 사람들에게 도움이 되는 챌린지(택1)

☆ 하루 1Km씩 보조기구로 걷기 후 인증영상 타임랩스로 공유하기!

☆ 하루 1번씩 의사선생님께 감사편지 카톡으로 작성하여 보내기! 인증샷 공유하기!

☆ 하루 1번씩 부모님께 감사편지 카톡으로 작성하여 보내기! 인증샷 공유하기!

☆ 의사선생님께 받은 훈련동작 하루 100번씩 반복하고 인증영상 타임랩스로 공유하기!

☆ "나는 할 수 있다."를 하루 100번씩 쓰고 인증샷 공유하기!

☆ "나는 건강하다."를 하루 100번씩 쓰고 인증샷 공유하기!

☆ 자신의 치료내용과 같은 영상을 하루 1개씩 본 후 감상문 쓰고 공유하기!

☆ 하루 삼시 세끼 남김없이 먹는 인증샷 공유하기!

☆ 하루 먹어야 하는 약 빠짐없이 먹는 인증샷 공유하기!

☆ 맨발로 하루 1Km씩 걷고 인증영상 타임랩스로 공유하기!

분노나 화를 참지 못하는 사람들에게 도움이 되는 챌린지(택1)

☆ 하루 아침, 저녁 1회씩 5분 명상하고 인증영상 타임랩스로 공유하기!

☆ 하루 감사일기 10가지씩 쓰고 인증샷 공유하기!

☆ 화를 누르는 방법에 관한 영상 하루 1개씩 본 후 감상문 쓰고 인증샷 공유하기!

☆ 용서일기(나는 누구누구를 용서합니다.)를 하루 5가지 쓰고 인증샷 올리기!(누군지는 가려도 된다.)

☆ "미안합니다.", "용서해주세요.", "고맙습니다.", "사랑합니다."를 하루 10번씩 쓰고 인증샷 공유하기!

☆ 하루 한 번 눈을 감고 자신이 가장 힘들었던 시절로 돌아가서 자아를 만나 위로해주고 실시한 내용 공유하기!

☆ 햇빛을 보며 하루 30분 걷고 인증영상 타임랩스로 공유하기!

☆ 화를 내면 손해가 되는 것 10가지를 작성한 후 하루 10번씩 반복해서 쓰고 인증샷 올리기!

☆ 하루 한 번 순수한 아이의 웃음 사진을 보고 인증샷 공유하기!

☆ 하루 고마운 사람을 떠올리고 명상 5분 동안 하고 내용 공유하기!

운동선수의 실력 향상을 위한 챌린지(택1)

☆ 한 가지 동작을 정해서 하루 100번 반복하고 인증영상 타임랩 스로 공유하기!

☆ 하루 성장일기를 쓰고 인증샷 공유하기!

☆ 자신의 미래 비전보드를 작성한 후 비전보드판 앞에서 인증샷 찍고 공유하기!

☆ 코치님이나 감독님께 하루 1개씩 질문하고 인증샷 공유하기!

☆ 잠들기 전 하루 10분 명상하고 인증샷 공유하기!

☆ 자기계발 책 하루 30페이지씩 읽고 감상문 써서 공유하기!

☆ 이 달의 목표를 3가지 작성한 후 하루 10번씩 반복해서 쓰고 공 유하기!

☆ 하루 쓰레기 10개씩 줍고 인증샷 공유하기!(운)

☆ 하루 영양제 챙겨 먹고 인증샷 공유하기!

☆ "나는 할 수 있다."를 하루 100번씩 쓰고 인증샷 공유하기!(자기암시)

☆ 훈련장에 하루 30분씩 일찍 가서 주변 정리와 준비운동하고 인 증샷 공유하기!

☆ 내가 개선해야 할 점 5가지를 정한 후 하루 10번씩 반복해서 쓰 고 인증샷 공유하기!

☆ 자신을 응원해주는 국민들이나 후배들에게 어떠한 선수로 기억 에 남고 싶은지를 정한 후 하루 10번씩 쓰고 인증샷 공유하기!

☆ 하루 공부 중요 스케줄 5가지 작성하고 실행여부 체크 후 인증 샷 공유하기!

☆ 하루 영어단어 10개씩 10번 반복해서 쓰고 인증샷 올리기!

☆ 하루 수학문제 30개씩 풀고 채점 및 해답풀이 후 인증샷 공유 하기!

☆ 하루 영어 듣기 문제 30개씩 풀고 채점 및 해답풀이 후 인증샷 공유하기!

☆ 하루 영어 영상 1시간씩 듣고 인증샷 공유하기!

☆ 자신이 가장 취약한 과목 선생님께 하루 1시간씩 공부하고 인증 영상 타임랩스로 공유하기!

☆ 하루 3시간씩 책상 앞 의자에 앉아있는 인증영상 타임랩스로 공유하기!

☆ 자신의 목표 대학을 정한 후 하루 100번씩 쓰고 인증샷 올리기!

☆ 자신의 목표 대학 정문에서 사진을 찍고 하루 1번씩 사진 앞에 서 인증샷 공유하기!

☆ 자신이 공부를 열심히 해야 하는 이유 10가지를 정한 후 하루 10번씩 반복해서 쓰고 공유하기!

☆ 하루 공부 동기부여 자극 영상 1개씩 본 후 감상문 쓰고 공유 하기!

《나를 바꾸는 챌린지 100》을 끝까지 읽어주신 수많은 독자분들께 고개 숙여 감사의 인사를 전하며, 《나를 바꾸는 챌린지 100》이라는 책과 프로그램으로 인해 당신의 삶에 가장 큰 전환점을 만들어 가기를 간절히 소망한다.

☆ 내가 바꾸면 내 삶이 행복해진다!

지금 이 시간에도 자신을 바꾸는데 열정을 다하고 있는 이 세상 모든 챌린저들을 위해 응원의 박수를 보낸다.

- 저자 우상권 -

정○○ 챌린저

평소 다이어트에 도전하고 싶었지만 내 의지만으로는 늘 작심삼일에 그치고 있어 "하루 줄넘기 200개 하기"로 챌린지 100 프로그램에 동참하게 되었다. 수행결과, 수행률 100%를 완성하였고, 몸무게 5킬로그램 감량, 야식습관과 평소 역류성 식도염 증상이 없어졌다.

우상권 챌린저

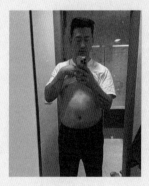

갑자기 불어난 몸무게로 자존감이 떨어져서 건강검진 결과 당뇨 경고, 통풍 경고, 비만 등등 건강이 나빠져 하루 AB슬라이더로 복근운동 10개×5세트 하기를 챌린지 100 프로그램에 동참하여 수행하였다. 그 결과, 수행률 99%를 달성하였고, 몸무게 9킬로그램 감량, 혈당수치 정상, 통풍위험에서 정상, 역류성 식도염이 없어졌다. 매일 하루 10분을 투자한 결과 평소 없었던 복근을 얻게 되었고, 자존감 회복과 건강을 되찾게 되었다.

챌린저 후기 ## 우○○ 챌린저

우재현 챌린지100
맨발걷기또는 계단15층오르기
69일차 완수하였습니다.

갑상선 암수술을 하고 난 후라 본인의 건강회복을 위해서 "하루 1Km씩 맨발 걷기"로 챌린지 100 프로그램에 동참하였고, 단 하루도 빠짐없이 수행률 100%로 수행하였고, 수행결과 체중감량 3킬로그램과 본인의 컨디션 회복이 눈에 띄게 좋아졌다고 한다.

챌린저 후기 ## 이○○챌린저

평소 영어공부를 하고 싶었으나 혼자의 의지로는 실천력이 떨어

이소연 챌린지100 5일차 완료 하였습니다 감사합니다!

져서 "하루 영어단어 10개를 10번 씩 적기"로 챌린지 100 프로그램에 동참하게 되었다. 단 하루도 빠짐 없이 수행률 100%로 수행 완료하였고, 수행결과 100일 동안 1,000개의 단어를 1만 번 적게 되었다.

우상권 챌린저

평소 사업을 하느라 바쁘다는 핑계로 아들에게 사랑표현을 할 수 있는 기회가 없었기에 "아들에게 하루 손 편지 1통 쓰기"로 챌린지 100 프로그램에 동참하였다. 단 하루도 빠짐없이 수행률 100%로 수행 완료하였고, 수행결과 100일 동안 진심을 담은 손 편지 100통을 아들에게 선물하게 되었다.

박○○ 챌린저

평소에 자기계발 독서를 너무 하고 싶었는데 혼자서는 좀처럼 꾸준히 읽게 되지 않아서 "하루 책 30페이지 읽고 감상문 올리기"

로 챌린지 100 프로그램에 동참하였고, 100일 동안 2번 누락한 98%의 수행률로 102일 만에 수행을 완료하였다. 그 결과, 평소 읽고 싶었던 자기계발 서적 10권을 정독하게 되었다.

박지민 챌린지100 93일차 완료했습니다

이○○ 챌린저

100일동안 홈쇼핑을 보면서 100% 발전 했음을 느꼈습니다. 우선 멘트가 달라지고 신선해졌으며, 창의성이 많이 열린 거 갔습니다! 다른 사람분들도 꼭 챌린지 100을 통해서만 재대로 할 수 있다보니 꼭 도전해서 본인의 성장도 매장도 함께 챙겼으면 좋겠습니다! 감사합니다~!!

    자신의 목표인 패션브랜드 판매왕이 되는 것을 이루기 위해서 "하루 쇼호스트 판매 1프로그램씩 보고 감상문 올리기"로 챌린지 100 프로그램에 동참하게 되었다. 단 하루도 빠짐없이 100% 수행률로 100일 만에 수행 완료하였고, 수행 결과 현재 판매실력은 스스로도 놀랄 정도로 성장했음을 느끼고, 판매왕 상금으로 더 많은 저축을 하게 되었다고 한다.

우상권 챌린저

우상권 챌린지100 "하루책5페이지씩적기" 11일차 완성했습니다~!

우상권 챌린저는 "하루 책 5페이지씩 글쓰기"로 챌린지 100 프로그램에 동참하게 되었고, 그 결과 단 하루도 빠짐없이 100일 동안 수행률 100%로 수행 완료하였다. 수행결과 100일 동안 책 한 권의 원고를 완성하게 되었다. 그 책은 지금 독자분들이 읽고 있는《나를 바꾸는 챌린지 100》이다. 바로 이어서 챌린지 100 프로그램을 통해서《성공대학 장사학과》라는 제목으로 또 다른 책 한 권의 원고를 써나가고 있다.

이○○ 챌린저

이용택 챌린지100 블로그 하루1개씩 올리기 97일차 달성하였습니다.

한주간 수고 하셨습니다. 모두들 감사합니다.

구미에서 빙상코치로 프리랜서를 하고 있는데 자신의 수강회원을 늘리기 위해 블로그를 꾸준히 만들어 올리고 싶었지만, 혼자의 의지로는 늘 꾸준하게 실행을 못 해서 "하루 수강 홍보 블로그 1개씩 만들어 올리기"로 챌린지 100 프로그램에 동참하게 되었다. 단

하루도 빠짐없이 수행률 100%로 수행 완료하였고, 수행결과 100일 동안 100개의 블로그를 만들어 올리게 되었으며, 현재 블로그 문의로 수강생이 100일 전보다 약 2배가 늘어났다고 한다.

이○○ 챌린저

이대진 상무 하루만보걷기 90일자 달성하였습니다.

갑자기 찾아온 공황장애로 인해 심적 불안함과 불면증으로 체력이 많이 저하되어서 걷기 운동을 하기 위해 챌린지 100 프로그램에 동참하게 되었다. "하루 1만보 걷기"로 챌린지 100 프로그램을 수행하게 되었고, 단 하루도 빠짐없이 수행률 100%로 수행 완료하였다. 수행결과 공황장애약을 먹지 않아도 심적 불안함이 많이 줄어들었고, 수면의 질도 좋아져서 꾸준한 걷기를 통해서 예쁜 몸매까지도 얻게 되었다고 한다. 지속되는 반복이 변화를 위한 가장 빠른 지름길임을 잘 알고 있지만, 챌린지 100 프로그램과 같이 실행력이 높은 프로그램은 처음 경험해 보았다고 한다. 현재도 챌린지 100 프로그램을 지속적으로 수행하고 있다.

이밖에도 수백 명의 챌린저들이 전국 각지에서 챌린지 100 프로그램에 동참하여 자신의 삶을 바꾸고 있다.

챌린지 100은 하루 최대 1시간을 넘기지 않는 간단하고 쉬운 행동들이다. 일상생활에서 전혀 무리가 되지 않는 것들이다. 그 작은 행동들이 매일 반복되어 거대한 변화의 동력을 만든다. 평소 꿈쩍도 하지 않던 내면의 자아가 깨어나고, 계속해서 더 나은 사람으로 나를 바꿔준다. 즉, 챌린지 100 프로그램을 통해서 여태껏 한 번도 느끼지 못했던 스스로가 진화한다는 느낌을 받게 될 것이다. 챌린지 100 프로그램은 돈으로 사는 프로그램이 아니다. 무리한 고통이 이나 노력이 따르는 것도 아니다. 누구나 손쉽게 시작할 수 있고, 누구나 실행 가능한 프로그램이다. 《나를 바꾸는 챌린지 100》을 통해서 "여태껏 살아온 나"가 아닌, 지금부터는 "살고 싶은 나"로 바꾸고 싶은 독자들은 유튜브 채널 《나를 바꾸는 챌린지 100》에 들어와 필자의 라이브 채널을 보고 참여하기를 바란다. 지금 이 시간에도 창업을 꿈꾸고 있거나, 삶의 중요한 선택을 앞두고 고민을 하고 있거나, 나의 삶을 바꾸고 싶은데 방법을 몰라서 힘들어하는 독자가 있다면 필자의 라이브 채널을 통해서 무료로 고민상담을 요청 해보길 바란다. 열린 소통으로 독자들의 삶에 작은 보탬이 되는 지혜를 줄 수 있다면 언제, 어느 곳이든 달려갈 준비가 되어있다. 결국 당신의 용기 있는 손길이 당신의 운명을 바꾸게 되는 것이다.